經盛鴻 著

遮蓋不了的罪惡

日本新聞傳媒與南京大屠殺

（上）

序　一部填補抗戰史研究空白的新著

茅家琦

　　經盛鴻教授是研究日本侵華史與南京大屠殺史多年的專家，曾在中國大陸與臺灣、香港地區以及美國、日本等發表與出版論著多種。近日，他又完成了新著《遮蓋不了的罪惡——日本新聞傳媒與南京大屠殺》，除導言外，共分九章，約 60 萬字，並結合內容，配刊多張珍貴的歷史照片，對戰時日本軍國主義當局實施的法西斯新聞政策，對日本新聞記者在日軍南京大屠殺期間的活動、思想與功能，對戰時日本新聞傳媒與南京大屠殺的複雜而深刻的關係及其影響，進行了全面的分析與論述。我讀了這部新著後的突出感受是，它以豐富的資料揭露了戰時日本新聞傳媒的真實性等於零，填補了海內外研究南京大屠殺史與抗日戰爭史的這一項空白。

　　日本有代表性的右翼人士、曾擔任過指揮日軍進攻南京的「華中方面軍」司令官松井石根大將秘書的田中正明在其《「南京大屠殺」之虛構》一書中，得意洋洋地說：「我，為了寫此書，專門將《朝日新聞》、《每日新聞》（當時稱《東京日日新聞》）、《讀賣新聞》三家報紙 1937 年 12 月至翌年 2 月，即發生所謂「南京大屠殺」那個時期的縮印版複製下來，對當時的新聞報導，進行了詳細查閱。……但翻遍這三家報紙的所有版面，卻不見有關殺人、強姦的片言隻語。」1937 年 12 月 13 日日軍佔領南京後的大屠殺暴行，經過西方記者與西方僑民的揭露及中國難民倖存者的控訴，傳遍海內外，激起了全世界人民的抗議與譴責；然而，在戰時的日本國內，為數眾多的新聞傳媒，包括報紙、通訊社、雜誌、廣播電臺、電影新聞紀錄片等等，卻對此幾乎沒有任何報導與記

載，日本廣大民眾更對此幾乎一無所知。直到 1945 年 8 月日本投降後，日本廣大民眾才從東京「遠東國際軍事法庭」對日本戰犯的審判中，得知這一駭人聽聞的血腥慘案。日本右翼勢力抓住這一現象大做文章，妄圖以此證明南京大屠殺是史無其事，乃是東京「遠東國際軍事法庭」的編造與中國人民別有用心的「虛構」。直到 2007 年 6 月 19 日，日本執政黨自由民主黨中約 100 名國會議員組成的「思考日本前途與歷史教育議員會」發表一份「調查報告」，仍公然聲稱：基於對當時（日本）官方文件和媒體新聞報導的調查來看，「我們無法確認南京大屠殺的事實」（見日本同盟社 2007 年 6 月 18 日發佈電文）。

為了駁斥日本右翼人士的謬論，維護人道，澄清南京大屠殺的歷史真相，必須對戰時日本當局的新聞政策與它對日本新聞傳媒的全面控制進行深入的研究，揭開它的滅絕人性的真面目。經盛鴻教授近年來以此為專題，進行了長達數年的調查與研究，先後在海內外各報刊雜誌上發表了多篇專題論文。在此基礎上，完成了這本學術專著。

本書以大量新聞事實為依據，揭露日本軍國主義當局在發動侵華戰爭的同時，加強對新聞傳媒的控制與利用。本書總結出日本當局防範本國新聞傳媒如實報導南京大屠殺等日軍暴行的各項政策與四種手法，即制訂各項新聞法規、嚴格審查文字報導與圖片報導，查禁外國報刊流入日本，嚴防回國官兵的「流言」等。在揭露日本當局嚴厲打擊、懲罰與鎮壓敢於「違規」報導南京真相的日本隨軍記者與作家時，本書以隨軍到南京採訪、寫出反映日軍暴行真相的紀實小說《活著的士兵》的作家石川達三為例。本書指出：「石川達三揭示的日軍的種種暴行是如此真實而鮮活。……事實證明，它正是日軍南京大屠殺的典型的真實的寫照。」然而，這樣一部講了一些真話的作品，立即引起了日本當局的震怒與嚴懲。此作品刊於《中央公論》1938 年 3 月號，雖已被編輯部刪除了不少內容，帶有很多「空鉛」，但是在雜誌出版後送審時，仍因「有反軍的內容，不利於時局穩定」而被當局查禁。接著，作者石川達三以「違反新聞法」被判徒刑。此後，再也沒有人敢於寫作有關日軍在南京

大屠殺真實情況的報導。石川達三及其《活著的士兵》事件成為日本侵華戰爭期間第一起「以筆取禍」的事件。

日本軍國主義當局嚴格控制與嚴厲鎮壓的結果，則是日本新聞傳媒充滿了謊言。本書以大量新聞事實為依據，總結出日本隨軍記者、攝影師、作家在日軍南京大屠殺期間歪曲真相、捏造事實的五項報導內容與惡劣手法，即憑空捏造南京的「祥和」景象，製造日軍的「恩德」與南京難民的「感激」，吹噓日軍尊重外國權益，將不能掩飾的日軍暴行嫁禍於中國軍民以及宣揚日軍整飭軍紀等。本書寫道：當南京在日軍大屠殺中成為屍山血海時，《東京朝日新聞》卻連續多日以大量的照片來報導南京被日軍佔領後迅速恢復和平的「祥和」景象，什麼〈回復和平的南京，熱烈歡迎皇軍〉、〈日軍保護下的難民群〉、〈接受治療的中國傷兵〉、〈領取食物的俘虜〉、〈日本軍官在給中國小孩分發糖果〉等等，「這類專題照片佔版面很大，共刊登七次之多。」日本記者是怎樣「製造」出這類照片的呢？本書引用了當時身處南京城內、目擊事實真相的西方中立國家僑民的記載對日本記者的造假新聞給予有力的揭露。1938 年 1 月 9 日，金陵大學鼓樓醫院美籍行政主管麥卡倫在日記中寫道：

> 有些（日本）報界人士來到一個難民營入口處，（向中國難民）分發餅乾、蘋果，並且拿出少許銅板給難民。還為這種善行拍了電影。就在同一時間，一夥日本兵爬越大院後牆，強姦了約 12 個婦女。這卻沒有拍電影帶回去。

1938 年 3 月 8 日，金陵大學美籍社會學教授史邁士在的一封信中揭露道：

> 我們也更加瞭解了日本的新聞宣傳！在他們濫施淫威的 1 月份，日本新聞小組在城裏演出日本士兵給小孩發糖和一名日本軍醫給 20 名孩子檢查身體的鬧劇，但這些舉動在照相機不存在時怎麼沒有重複呢？

　　本書明確指出：日本隨軍記者、作家、攝影師等在軍國主義當局淫威鎮壓下，以虛假報導「迎合日本當局的政策與需要，因而備受青睞，在日本各大小報刊上大登特登，幾乎控制了報紙的全部版面，成為當時日本新聞傳媒的主流輿論。」本書令人信服地論證，在充滿了軍國主義侵華戰爭狂熱的社會氛圍內，日本新聞傳媒在報導內容的真實性方面等於零！

　　本書還以大量新聞事實為依據，總結出日本政府對付西方中立國家新聞傳媒如實報導南京大屠殺等日軍暴行的五種手段：即收買西方記者，封鎖南京新聞源，監控上海電訊機構，威脅與迫害、抵賴與欺騙兩手並用等。本書指出，當時世界上新聞傳媒業最發達的國家與地區，無疑是西方美、英等國，有發達的經濟基礎與眾多的新聞傳媒機構，有先進的電信設備、四通八達的通訊網絡與大量高素質的新聞傳媒人才，號稱新聞傳媒大國。他們的新聞傳媒往往領世界之潮流，對全世界的輿論起導向的作用，對各國政府的外交政策也發生很大的影響，能發揮中國新聞傳媒與日本新聞傳媒界所不能起的作用。因此，日本當局在侵華戰爭與南京大屠殺期間，格外重視對西方國家新聞傳媒界的工作，並為此採取了各種手段。松井石根在率軍進攻南京期間，就向日本外交官直截了當地提出，「要操縱好駐上海的外國新聞記者」。松井石根自己親自出馬，多次專門會見英國倫敦《泰晤士報》記者弗萊扎和美國《紐約時報》記者阿本德，力圖對他們進行收買。因為這兩家報紙是當時西方規模最大、影響也是最大的報紙。日方甚至經天皇首肯，向阿本德贈送了日本武士銅像——這是一種至高無上的榮譽。然而曾幾何時，當阿本德等西方記者報導了日軍南京大屠殺的消息後，日方當局就惱羞成怒，對他們進行各種形式的威逼、刁難、恐嚇，甚至實施卑鄙兇殘的暗殺。1938年10月27日上午10時許，兩名日本憲兵來到阿本德住所，逼他回答「從上海發出過何種新聞，如何發出這些新聞」，以及他「獲取資訊的管道等等」。阿本德向日方提出強烈抗議，並就此事給美國駐上海總領事高斯寫了一封正式投訴信，寫道：「(日方)憲兵隊正在開展一場行動，

試圖威脅本地所有的報社記者。」本書指出，日方當局機關算盡，結果卻是事與願違。有著悠久的新聞自由與正義原則傳統的美、英新聞界，絕大多數人士是日方當局用花言巧語與金錢美女所收買不了的，也是以刁難與威脅搞不垮的；反而，他們憑著豐富的經驗與敏銳的職業眼光，很快地識破日本當局的用心，擺脫日本當局精心設置的種種騙局，嚴正而又巧妙地將日軍南京大屠殺的暴行報導出去，走向歷史的真實。日方當局最後只能落得失道寡助、煢煢孑立的可恥下場。

　　本書在總結日本當局與日本新聞傳媒的種種法西斯新聞政策與卑劣新聞手段時，分析了其背景、原因與用心，論述了其在日本、在中國、在西方各國政府與民眾中產生的一時的作用與長遠的影響，揭示了日本法西斯新聞政策與法西斯屠殺政策的密切聯繫，以及其最終必然失敗的命運。

　　本書揭示，日本軍國主義當局將全國的政治、軍事、經濟、文化，包括新聞傳媒，都納入到「極權專制下的舉國高度一致」，一切都要為推行與維護軍國主義統治者制訂的侵華國策服務，既用法西斯思想灌輸、腐蝕與引導新聞記者，又頒佈各種嚴密的政策法令，設立各種專門的特務機構，對整個社會，包括各新聞傳媒單位與記者個人，進行全天候的嚴格的監控與審查，不容許有任何不同的聲音，取締任何個人權利與任何新聞自由。在 1937 年 7 月日本發動全面侵華戰爭後，日本軍國主義當局更將上述政策與措施推向極端。戰時的日本是一片法西斯的高壓：一方面是對侵略戰爭歇斯底里的歌頌與叫囂，一方面是對任何敢於「違法」、「違規」的單位與人員實施嚴厲的打擊與迫害。而日本隨軍採訪的新聞記者、攝影師與作家中的大多數人，因長期受到日本當局的思想灌輸與教育，喪失了人類起碼的良知，具備了日本軍國主義者的一切思想特徵與行為特徵，充滿了侵略戰爭狂熱，成為日本當局對中國實施武力征服與屠殺恐怖政策的熱烈擁護者與宣傳鼓動者。在日本當局實施的法西斯新聞政策的引導與控制下，戰時日本新聞傳媒在南京大屠殺期間的活動與功能，就是扮演一個吃人惡魔的吹鼓手與辯護士的角色。這

是戰時日本新聞的主流。這些分析與總結，不僅高度概括，即準確、全面，又深刻、精彩，而且都是以往中外各種論著中從無論及的，本書的研究具有開創性的學術意義。

此外，本書在寫作上，努力注意文字的生動流暢、結構的嚴密與引人入勝，達到既有學術性，又有可讀性，是本書的又一重要特點。

經盛鴻教授早年先後就讀於我們南京大學哲學系本科與歷史系中國近現代史專業研究生，後分配到南京師範大學歷史系任教，長期致力於中國近現代史與中華民國史的教學與研究，近年來更專注於研究日本侵華史與南京大屠殺史。我與經盛鴻教授有多年的學術交往與學術切磋，對他的學術研究道路有較多的瞭解。我知道他別無所好，一生只是讀書與研究、寫作而已，除了社會調查，終年奔波忙碌於圖書館、檔案館與教室、書房之間，十分單調、枯燥，也十分辛苦。但這卻是一位真正的學者必須這樣生活與工作的。我們希望經盛鴻教授在今後的歲月裏，不斷地學習，不斷地提高與進步，為將日本侵華史與南京大屠殺史的研究推向新的高度而貢獻自己的力量。

（作者茅家琦，南京大學歷史系教授，江蘇省歷史學會會長）

目錄 ◆───────────

導論　戰時日本新聞政策與新聞傳媒 對南京大屠殺報導之研究

　　1937 年 7 月 7 日，多年抱著吞併與滅亡中國野心的日本軍國主義終於利用盧溝橋事變，發動了全面侵華戰爭。日本當局憑著甲午戰爭以來的經驗，企圖依靠其強大的經濟與軍事力量，對中國實施武力征服與戰爭威懾的恐怖政策，迅速迫使中國國民政府就像甲午時的滿清政府那樣，向他們屈膝求和請降。為了達到這個目的，他們在戰爭開始不久就將軍事打擊的重點與進攻的主要矛頭指向中國的首都南京：從 1937 年 8 月 15 日開始對南京進行了近 4 個月的猛烈空襲；在 1937 年 11 月 12 日佔領上海後，立即馬不停蹄地調動最精銳的數十萬陸、海軍及附屬航空隊，從四面八方向南京包抄圍攻；在 1937 年 12 月 13 日攻佔南京後，立即對近十萬放下武器的中國戰俘與無數手無寸鐵的平民百姓實施了 40 多天的血腥大屠殺，殺害中國軍民達 30 萬人，將南京變成了血海屍山的「人間地獄」……

　　南京大屠殺是日本侵華戰爭中最重要的歷史事件之一，也是第二次世界大戰史，乃至人類歷史上最血腥、最殘暴的大規模屠殺事件。

　　日軍對南京兇猛的軍事進攻與駭人聽聞的大屠殺暴行震驚了世界。全世界的目光都聚焦南京。作為廣大民眾眼睛與耳朵的各國新聞傳媒，包括中國的，日本的，以及西方美、英、德、法、義大利等所謂「中立國家」的，更都千方百計將自己採訪的重點放到南京，並以自己不同的立場、觀點、認識、方法進行各種報導與評論，寫出了大量的稿件，刊登在世界各國的報紙、刊物上，或者在各種廣播電臺上播送，並反映到各國政府的外交政策中，形成了圍繞「南京事件」的一場新聞大戰。這是繼南京攻守戰後的又一場「戰役」，是世界近代新聞史上的重大事

件，不僅在當時具有極重要的宣傳意義與輿論作用，而且它形成的大量的新聞資料，成為後人研究日本侵華史、南京大屠殺史乃至第二次世界大戰史與國際關係史的最寶貴的史料。

　　然而，在對侵華日軍南京大屠殺的學術研究中，中外學者對日方的有關資料，首先重視日本當局當時發佈的軍令、政令、戰鬥詳報、會議紀要等文書檔案，以及日方當事人的書信、日記和回憶錄等，其次，就是日方當時的報刊資料。比較起來，我們中國學者對日方在南京大屠殺期間的報刊資料卻研究與利用得不夠。這一方面是由於條件的限制，日方在南京大屠殺期間的報刊資料數量龐大，搜集與翻譯存在許多困難，另一方面，對其在研究中的重要性認識不夠。因此，在中國學者對侵華日軍南京大屠殺的學術研究中，幾乎沒有關於日方新聞傳媒及其報導方面的學術研究專著，有關的專題論文也很少。

　　而日本右派正是在這一薄弱環節，向中外學者、向中國人民與世界人民提出了學術挑戰。

　　1984 年，日本著名的右翼人士、曾擔任過指揮日軍進攻南京的「華中方面軍」司令官松井石根秘書的田中正明出版《「南京大屠殺」之虛構》一書，得意地說：

> 　　我，為了寫此書，專門將《朝日新聞》、《每日新聞》（當時稱《東京日日新聞》）、《讀賣新聞》三家報紙 1937 年 12 月至翌年 2 月，即發生所謂「南京大屠殺」那個時期的縮印版複製下來，對當時的新聞報導，進行了詳細查閱。……但翻遍這三家報紙的所有版面，卻不見有關殺人、強姦的片言隻語。[1]

　　日本右派提出的這一學術挑戰，引起了中外學者的重視。對戰時日本在南京大屠殺期間的報刊資料的研究被提到了中外學者的面前。

---

[1]　[日]田中正明著，軍事科學院外國軍事研究部譯：《「南京大屠殺」之虛構》，[北京]世界知識出版社 1985 年版，第 12 頁。

　　確實，1937 年 12 月 13 日日軍佔領南京後，對已放下武器的中國戰俘與手無寸鐵的南京市民實施數十天的大屠殺，殺害中國軍民達 30 萬人，經過西方記者與西方僑民的揭露及中國難民倖存者的控訴，這一血淋淋的暴行迅速傳遍海內外，激起了全世界人民的抗議與譴責。然而，在戰時的日本國內，為數眾多的新聞傳媒，包括報紙、通訊社、雜誌、廣播電臺、電影新聞紀錄片等等，卻對此幾乎沒有任何報導與記載，日本廣大民眾更對此幾乎一無所知。直到 1945 年 8 月日本投降後，日本廣大民眾才從東京「遠東國際軍事法庭」對日本戰犯的審判中，得知這一駭人聽聞的血腥慘案。對這一現象，近年來日本右翼勢力抓住大做文章，妄圖以此證明南京大屠殺是史無其事，乃是東京「遠東國際軍事法庭」的編造與中國人民別有用心的「虛構」。自田中正明的《「南京大屠殺」之虛構》一書問世後，日本右派的有關著作連篇累牘。

　　例如日本上智大學教授、右翼人士渡部升一說：

　　　　「南京大屠殺」這個戰後鼓噪鴉鳴的消息，我們在日本戰敗前卻從未風聞過。……南京是在事變後不到半年陷落的。事情過了七年之久，居然連這方面的謠傳都未聽到過，這究竟是為什麼呢？[2]

　　再如日本評論家、右翼人士村上兵衛說：

　　　　在遠東軍事審判中，所謂的「南京大屠殺」使日本人大為詫異。直到戰爭結束，日本人並不知道有過那麼回事。[3]

　　直到 2007 年 6 月 19 日，日本執政黨自由民主黨中約 100 名國會議員組成的「思考日本前途與歷史教育議員會」發表一份「調查報告」，

2　前引[日]田中正明：《「南京大屠殺」之虛構》，第 2 頁。
3　前引[日]田中正明：《「南京大屠殺」之虛構》，第 7 頁。

公然聲稱：基於對當時（日本）官方文件和媒體新聞報導的調查來看，「我們無法確認南京大屠殺的事實。」[4]

　　為了駁斥日本右派的謬論，維護南京大屠殺歷史的真相，必須對戰時日本當局的新聞政策與日本新聞傳媒進行深入的研究，揭開它的面紗，暴露它的真面目。為此，筆者近年來以此作為專題，進行了長達數年的調查與研究。

　　眾所周知，自人類社會進入 19 世紀，近代新聞傳媒就開始進入人類的政治、經濟、文化生活與國際交往中，發揮越來越大的影響與作用。20 世紀以後，隨著隨著國際間聯繫與交往的迅速擴大與日益密切，隨著通訊聯絡科學技術的發展，大眾新聞傳媒的技能水平不斷提高，報紙、雜誌的數量不斷增加，廣播、電影新聞、電視新聞等新型傳播媒介相繼出現，受眾普及面不斷擴大，深入世界各國與社會各界，因而它介入國際關係領域的積極性與發揮的社會影響力也都空前增強。它可以引導輿論，動員民眾，制衡政府，影響國際關係。它可以代表不同的國家或社會集團的利益與願望，或主持正義，表彰光明，揭露黑暗，抨擊時弊，呼籲和平，譴責戰爭與暴行，代表人類的文明、社會的良知與廣大民眾的呼聲；或反其道而行之，掩蓋真實，製造謠言，欺騙世界，強姦民意，鼓吹強權，謳歌侵略，讚美暴行，代表社會的黑暗與少數法西斯戰犯、極權獨裁者的聲音。它們對國際輿論與各國政府發揮著不同的、而又十分重要與無可替代的作用。可以說，大眾新聞傳媒成為國際政治與人類社會生活中不可或缺的組成部分與不可忽視的政治因素。這在戰爭時期尤其是這樣。

　　傳播學先驅、美國人拉斯維爾（Harold Dwright Lasswell）曾經說過，傳播本身並無所謂好壞，對於它的判定依賴於一個人的觀點，取決於宣傳資訊是貨真價實的還是弄虛作假的。[5]通過調查與研究，我認識

---

[4]　新華社 2007 年 6 月 19 日電文。
[5]　[美]拉斯韋爾：《世界大戰中的宣傳技巧》「譯者序言」，中國人民大學出版社

到，在任何極權國家，尤其是在法西斯與軍國主義的日本，總是強調與實施「舉國一致」，即將全國的政治、軍事、經濟、文化，包括新聞傳媒，都要納入到「極權專制下的舉國高度一致」，一切都要為推行與維護極權專制統治者制訂的最高國策服務，並頒佈各種嚴密的政策法令，設有各種專門的特務機構，對整個社會，包括各新聞傳媒單位與個人，進行全天候的嚴格的監控與審查，不容許有任何不同的聲音，取締任何個人權利與任何新聞自由，對任何敢於「違法」、「違規」的單位與人員迅速實施嚴厲的打擊與迫害。在 1937 年 7 月日本發動全面侵華戰爭後，日本軍國主義當局更將上述政策與措施推向極端。戰時的日本是一片法西斯的高壓：一方面是對侵略戰爭歇斯底里的歌頌與叫囂，一方面是對任何「反戰、反法西斯」聲音的無情的查禁與鎮壓。在這種社會氛圍內，日本的新聞傳媒在傳播內容的真實性方面等於零！對侵華日軍南京大屠殺暴行，日本所有的新聞傳媒沒有也不可能刊登片言隻字，日本的廣大民眾沒有也不可能瞭解事件真相，也就不足為奇了。

通過調查與研究，我對戰時日本軍國主義當局實施的法西斯新聞政策，對戰時日本新聞傳媒在日軍南京大屠殺期間的活動與功能，掌握了越來越多的資料，有了越來越深的認識。

事實證明，在日本軍國主義當局實施的法西斯新聞政策的引導與控制下，戰時日本新聞傳媒在日軍南京大屠殺期間的活動與功能，就是扮演一個吃人惡魔的吹鼓手與辯護士的角色。幾年來，我圍繞這個課題，先後在《光明日報》、《社會科學戰線》、《民國檔案》、《史學月刊》、《抗日戰爭研究》、《江海學刊》、《江蘇社會科學》、《南京社會科學》、《南京師大學報》以及臺灣《傳記文學》等報刊雜誌上發表了多篇專題論文，其中有多篇被中國人民大學複印本《中國現代史》等轉載，獲得學術界與有關方面的重視與好評。在此基礎上，我又經過數年努力，終於完成了這本學術專著，對戰時日本新聞傳媒與南京大屠殺的複雜而深刻的關

係及其影響,進行了全面的分析與論述。本書是關於此專題的第一本學術著作。毋庸諱言,由於主客觀條件的限制,本書不可避免地存在這樣或那樣的缺點或錯誤,歡迎讀者嚴肅認真、實事求是而又與人為善的批評。古人說:「智者千慮,必有一失!」更何況我遠非智者!我將不斷地學習,不斷地接受新事物,查閱新資料,確立新觀點,與時俱進,為不斷地將日本侵華史與南京大屠殺史的研究推向新的高度而貢獻我的微薄力量。

應該指出,近幾年來,日本右派不僅對戰時日本新聞傳媒發表了許多蠱惑人心的荒謬言論,而且對當時中國的新聞傳媒關於南京大屠殺的報導與評論、對當時西方中立國家的新聞傳媒關於南京大屠殺的報導與評論,也發表了許多蠱惑人心的荒謬言論。

例如對當時西方中立國家的新聞傳媒,田中正明在《「南京大屠殺」之虛構》一書中說:

> ……除日本 120 名特派記者和攝影記者外,其他各國的記者和攝影記者也在狹小的南京城內競相採訪。此外,在長江中還停泊有五艘美、英艦船,如前所述,還有 27 名外國人從戰前到戰爭期間一直留駐南京,進行監視。可以說日軍已置身於眾目睽睽之中,處處在人監視之下。然而,時過八年,一直到日本敗於大東亞戰爭,東京審判即將開始之前,沒有任何人報導過有關日軍在南京有組織、有計劃地屠殺 10 萬、20 萬或者 30 萬人的所謂大屠殺的消息。據說,松井大將回到上海後,中國報紙不言而喻,一些主要英文報紙、法國和德國報紙,他每天也都要流覽,他並未見到有關南京暴行事件的報導。另外,他在《獄中日記》中,追述說:「在上海舉行了兩次也有上述外國記者參加的記者招待會,記者團並沒有向我提出有關『大屠殺』的問題。」[6]

---

[6] 前引[日]田中正明:《「南京大屠殺」之虛構》,第 194 頁。

日本上智大學教授、右翼人士渡部升一說：

> 假如南京大屠殺是事實，為什麼沒有成為當時的國際問
> 題。在那時期，南京的平民遭到了屠殺，日本肯定會遭到各方
> 的責難，因為當時南京有很多歐美人。這些人住在國民政府的
> 首都，可以說都持反日立場。此外，在中國大陸，如路透社、
> AP、UPI 等大的通訊社以及新聞社派駐了大量的新聞記者。但
> 實際上，當時的國際社會沒有正式非難南京大屠殺的輿論，就
> 是連受害者──南京國民政府在國際聯盟的會議上也沒有提出
> 「南京大屠殺」。[7]

日本評論家、右翼人士村上兵衛說：

> 當時在南京的各國新聞記者、攝影記者有 150 人，但沒有一
> 人見到或者是聽說過這件事，最高指揮官松井石根大將在幾次會
> 見歐美記者中也未遇到關於這件事的質問。[8]

至於對當時中國的新聞傳媒，日本右翼人士也有許多荒謬言論。
例如，他們抓住 1939 年《中國年鑒》所刊中國國民政府領導人蔣
介石在 1938 年 7 月 7 日為紀念抗戰爆發一周年所寫的〈致友好國家的
聲明〉中「日本軍的殘暴行為」部分，沒有提及南京大屠殺，而只是「以
廣東為例」，因此，「說明沒有發生『南京屠殺』」。[9]

再例如，他們列舉當時發表在中國新聞傳媒上的中國共產黨的一些
論著，像毛澤東在 1938 年 5 月關於〈論持久戰〉的著名演說，認為「關
於『南京屠殺』事件，……也同樣沒有涉及」，「總而言之，日軍沒有對

---

[7] ［日］渡部升一：《真實昭和史的復甦》；轉引自日本「南京事件調查研究會」：
《南京大屠殺否定論的十三個謊言》，柏書房 1999 年出版；易青譯，未刊。
[8] 前引［日］田中正明：《「南京大屠殺」之虛構》，第 7 頁。
[9] ［日］東中野修道著，嚴欣群譯：《南京大屠殺的徹底檢證》，新華出版社 2000
年版，第 240 頁。

已成為甕中之鱉的南京城內支那軍全部殺害，這是毛澤東演說中所談到的。同時必須加以指出的是，毛澤東也未曾對日軍違反戰時國際法（南京屠殺）之事加以指責」[10]；其他像 1938 年武漢出版的《抗日軍政大學動態》、新四軍政委項英在 1939 年元旦發表的〈新四軍抗戰一年來的經驗和教訓〉等，也都沒有關於南京大屠殺的內容，從而推斷說，南京大屠殺是史無其事。[11]

對當時中國新聞傳媒上刊登的許多有關南京大屠殺的報導與中國難民的控訴，日本右翼人士則直斥為「捏造」。至於當時擔任國民政府「軍事委員會政治部第三廳廳長」的郭沫若在其抗日戰爭回憶錄《洪波曲》中所寫：「忽然一片淋漓的血景展開在我的面前，使我不能不睜大眼睛凝視，那是南京大屠殺的血跡！」[12]則被日本右翼人士指為「這只不過是一篇作文」。[13]

日本右翼人士的這些荒謬的言論遭到了中外一切正義人士的斥責與駁斥。日本著名學者井上久士指出：

> 這真是讓人驚訝的論述啊！雖然以聲明、報告、論文逐個為對象進行分析，但又完全無視南京的消息到底多大程度上得以流傳。這些文章雖然沒有涉及南京屠殺，但也不能完全證明南京大屠殺就不存在，這個簡單道理連小學生也明白。[14]

因此，為了駁斥日本右派的謬論，維護侵華日軍南京大屠殺歷史的真相，除了必須對戰時日本當局的新聞政策與日本新聞傳媒進行深入的研究外，還必須對戰時中國與西方中立國家的新聞傳媒進行深入的研

---

[10] 前引[日]東中野修道：《南京大屠殺的徹底檢證》，第 236 頁。
[11] 前引[日]東中野修道：《南京大屠殺的徹底檢證》，第 245、247 頁。
[12] 郭沫若：《洪波曲》，人民文學出版社 1979 年版，第 187 頁。
[13] 前引[日]東中野修道：《南京大屠殺的徹底檢證》，第 246～247 頁。
[14] [日]井上久士：《戰時中國也視之為問題》，刊日本「南京事件調查委員會」：《南京大屠殺否定論的十三個謊言》，柏書房 1999 年版；易青譯，未刊。

究。筆者在完成了這本學術專著後,將投入對後者的學術研究中去。我也敬請廣大讀者閱讀與批評。

最後要說明的是,本書在寫作中引用了大量日本與西方的報刊、檔案、文獻資料,其中譯文都在注釋中注明了譯者姓名與中譯版本。特向各位譯者表示深深的感謝。但我在使用這些譯文時,對其中少數譯文感到不夠滿意,常設法對照原文重新翻譯或修正。因此,在本書的引用譯文中,有許多地方與原譯文略有些不同。這多在注釋中作了說明,並望原譯者見諒。

第一章　日本戰時新聞政策與日本隨軍記者、作家群體分析

第一節　日本的新聞傳媒與日本的侵華歷史

自 1868 年日本明治維新、走上軍國主義道路後，直到 1945 年 8 月 15 日日本宣佈無條件投降，日本當局在向外擴張與侵略的近百年中，在窮兵黷武燒殺淫掠的同時，一直特別重視新聞傳媒與輿論控制的作用與意義。

近代新聞傳媒，主要應包括報紙、雜誌、通訊社以及較後產生的廣播電臺、電影新聞紀錄片與電視新聞紀錄片乃至網路傳媒等。

日本近代新聞傳媒產生於幕府末期，即 19 世紀中葉。在西方列強的影響下，日本當時出現了幾家最早的報紙與雜誌社。1868 年日本明治維新走上軍國主義道路後，隨著經濟的迅速發展與社會的近代化，尤其是日本對外擴張的需要，日本的近代新聞傳媒得到了迅速的發展與擴張。

首先是報紙。作為印刷傳媒與平面傳媒的報紙，是最早出現的近代新聞傳媒。到 20 世紀 30 年代，日本報社林立，逐步形成了五家全國性的大型報紙：《東京日日新聞》、《朝日新聞》、《讀賣新聞》、《產經新聞》、《日本經濟新聞》。這五家報紙都在東京、大阪或其他主要城市設立本社，在其他城市設立分社，出版的報紙面向全國發行，在日本新聞輿論界居主導地位。其中，《東京日日新聞》、《朝日新聞》、《讀賣新聞》為日本三大綜合性日文對開報紙，影響尤其深廣。

《東京日日新聞》。日本三大綜合性日文對開報紙之一。1872 年 2 月 27 日在東京淺草創刊，創辦人是條野傳平、西田傳助和落合芳幾。

該報一面世，就得到日本政府的重視與扶植，由政府專門發文向各府縣推薦與發送，發行到全國。1911 年與《大阪每日新聞》（1888 年 11 月 20 日創刊）合併，但兩報的報名不變。1936 年底，歷史悠久的《時事新報》被合併到《東京日日新聞》。該報在中日戰爭爆發前和戰時曾是日本第一大報。（1943 年該報改名為《每日新聞》）。

《朝日新聞》。日本三大綜合性日文對開報紙之一。1879 年 1 月 25 日在大阪創刊，創辦人村山龍平。草創時期為插圖小報，以「不偏不黨」為辦報方針。1888 年在東京增印《東京朝日新聞》，選用中國唐代書法家歐陽詢的書法《宗聖觀記》中的字，聯結起來作為該報的報頭字。該報廣泛刊登國際國內新聞，既注重速報，又致力於詳報和解說，一貫重視採用先進傳播技術。該報是日本第一個跨越兩個城市的報系。在中日戰爭爆發前和戰時是日本唯一能每月出一冊裝訂本的報紙。後該報在日本的一些地方又陸續創辦分社報紙。（1940 年 9 月 1 日該報在各地出版的報紙統一名稱為《朝日新聞》。）

《讀賣新聞》。日本三大綜合性日文對開報紙之一。1874 年 11 月 2 日創刊於東京，創始人子安峻。初為市井小報，持「俗談平話」的編輯方針，除了國內外新聞外，注重社會新聞、體育新聞，版面活潑，文字通俗，以刊載通俗小說為主要特色。1923 年關東大地震時該報損失慘重，翌年正力松太郎接辦後逐步振興。（1942 年《讀賣新聞》與《報知新聞》合併，更名《讀賣報知》，躍為東京第一大報。1946 年 5 月 1 日恢復《讀賣新聞》刊名）。

其次是雜誌。作為印刷傳媒與平面傳媒的雜誌，在日本是與報紙幾乎同時出現，並且在開始階段，二者並沒有嚴格的區分。日本最早的雜誌是 1867 年柳河春三創辦的《西洋雜誌》。後來雜誌的種類逐步增多，日益專業化、企業化。到 20 世紀 30 年代，日本雜誌業得到大的發展，出現了所謂雜誌出版的全盛時期，形成了幾家最有影響的重要期刊。其中以知識界為讀者對象的綜合性雜誌，有《太陽》雜誌，1895 年 1 月創辦，在日本思想界一直居於主導地位；「講談社」於 1928 年創刊的《富

士》，在 1929 年到 1930 年發行量達到 600 萬冊；《中央公論》，1899 年
1 月創刊，後來居上，取代了《太陽》的位置，儼然成為帶指導性的言
論機關，聲譽日增；《改造》，1919 年創刊，由山本實彥創辦，宣傳改
革，深受青年讀者的歡迎，影響一度壓倒《中央公論》；其他還有《文
藝春秋》，1923 年 1 月創刊，由菊池寬創辦，文藝出版社出版；《日本
評論》，原名《經濟往來》，1936 年改名《日本評論》等；專業性的《婦
女之友》，創辦於明治時期，等。在 1931 年「九一八」事變後，綜合性
雜誌「在編輯方針上開始向報紙看齊，傾向於報導與解說。」[1]

　　第三是通訊社。日本的通訊社最早產生於 1887 年，為東京急報社。
後來又先後出現了時事通訊社、東京通訊社、內外通訊社、帝國通訊社、
日本通訊社、日本電報通訊社、國際通訊社、東方通訊社、新聞聯合社
等。但在 20 世紀 30 年代以前，日本的通訊社力量弱小而分散，只有日
本電報通訊社與新聞聯合社為較大的兩家通訊社。日本的通訊社在業務
上不得不「依賴於英美，因而在九一八事變發生之際，日本政府才意識
到這不利於向世界表明日本的立場。於是便產生了在陸軍、海軍和外務
省之間設置國策通訊社的方案。日本政府為了建立一個與英國的路透社
及美國的 AP（美聯社）、UP（合眾社）兩通訊社相抗衡的強有立的國
家通訊社，著重於宣傳機構的組建，計畫合併當時日本的兩大通訊社：
日本電報通訊社與新聞聯合社。」在 1936 年 1 月，在「2‧26 事件」
確立軍國主義體制前後，日本政府的計畫實現了，終於將電報通訊社與
新聞聯合社等合併，成立了新的國策同訊社──「同盟通訊社」，簡稱
「同盟社」。日本政府稱之為「具有劃時代意義的改革」。「同盟成為唯
一強大的通訊社，在戰爭期間能夠強有力地推行言論上的國策的體制由
此得以形成，日本政府通過同盟邁出了控制大眾傳媒的第一步。同盟社
是一個擁有 1,750 人的大家庭，再加上日本、朝鮮兩個廣播協會，加盟

---

[1]　[日]山本文雄編著，諸葛蔚東譯：《日本大眾傳媒史》（增補版），廣西師範大
　　學出版社 2007 年版，第 149 頁。

的報社數量達到了 189 家。而且在國外各地有 80 個支局，擁有 7,000 條專用電話線和 750 台無線電機，同盟社由此確立了控制日本大眾傳媒的體制。同盟社在開始對國內報導進行控制的同時，也力圖強化對外宣傳和國內的外電業務。同盟播放的對外廣播在孤立的國際形勢下，通過通信省的無線台進行廣播，是日本面向全世界的唯一的聲音。同盟社與歐美一流的通訊社處於對等的地位，向世界表明日本的立場，與各國的通訊社進行新聞的無償交換。」[2]

第四是電影新聞紀錄片。電影在日本成為新聞傳媒是在 1896 年。[3]這是大眾新聞傳媒的革命。1900 年中國爆發義和團運動時，隨軍電影攝影師柴田常吉跟隨侵華日軍到中國，拍攝了日本最早的電影新聞紀錄片，在日本的主要城市巡迴放映。1903 年，日本出現了最早的常設電影院。到 20 世紀 20 年代，電影就像報紙、雜誌一樣，作為吸引大眾的強勢新聞傳媒迅速發展起來。1927 年，日本已有電影院 1126 家，有觀眾 1 億 6 千 4 百萬人。在眾多的電影公司中，「松竹」、「日活」是兩家最大的電影公司。1930 年以後，日本出現了有聲電影。在電視出現以前，電影是當時唯一能既訴之於視覺、又訴之於聽覺的新聞傳媒，因而影響越來越大。

第五是無線電新聞廣播。1925 年 3 月日本出現了訴之於聽覺的新媒介──無線電新聞廣播電臺。它不同於僅訴之於視覺的印刷媒介報紙、雜誌之類，無疑，它是大眾新聞傳媒的又一大革命，具有許多印刷媒介報紙、雜誌之類所沒有的特點與優點。1925 年 3 月至 6 月之間，經日本政府批准，東京廣播電臺（JOAK）、大阪廣播電臺（JOBK）、名古屋廣播電臺（JOCK）相繼開播。這是日本最早的三家無線電新聞廣

2　前引[日]山本文雄編著，諸葛蔚東譯：《日本大眾傳媒史》（增補版），第 156 ～157 頁。

3　前引[日]山本文雄編著，諸葛蔚東譯：《日本大眾傳媒史》（增補版），第 73 頁。

播電臺。[4]1928 年 6、7 月，又在廣島、熊本、仙台、札幌開設了廣播電臺。當年 11 月，建成了連接原有三台與新建四台的轉播線路，由此，日本全國廣播網路得以建成。日本全國在同一時間能收聽同一廣播節目，更發揮了廣播所具有的速報功能的重要性。[5]

日本軍國主義當局在對中國多年的侵略活動中，始終以對新聞輿論的控制、編造與利用，為其侵略戰爭與殖民統治服務。

日本軍國主義當局在對外侵略與擴張活動中，一直將中國作為它首選的與最重要的對象。這是由於中國鄰近日本的地理位置，由於她的遼闊領土、領海與極其豐富的自然資源與社會資源，由於當時中國政府的腐敗與社會經濟政治文化的全面落後可以給侵略者以可乘之機。自 1874 年的所謂「琉球事件」起，日本軍國主義對中國處心積慮地進行了連續多年不斷、各種形式、日益加劇的侵略：1894 年發動甲午戰爭，強迫中國滿清政府與日本簽訂了空前喪權辱國的《馬關條約》；五年以後，1900 年，又出動軍隊，參與組成八國聯軍，一舉攻佔了中國的首都北京與天津、河北、東北等廣大地區，迫使滿清政府簽訂了更加喪權辱國的《辛丑合約》，日本也獲得了巨額賠款與在北京、天津等地駐兵等更多的侵略特權。此後，日本隨著其國力與軍事力量的進一步增強，其對中國武力征服與戰爭威懾的侵略政策也日益猖狂與露骨：1903 年出兵中國東北，擊敗沙俄，從此控制了「南滿」地區，並逼迫中國滿清政府宣佈「中立」；1914 年 8 月利用第一次世界大戰爆發的機會，出兵霸佔中國的膠東地區與膠濟鐵路達八年之久，直到 1921 年 11 月 11 日至 1922 年 2 月 6 日由美國主持的華盛頓九國會議召開，制訂九國公約，才被迫交還中國；1927 年與 1928 年兩次出兵濟南，殘酷殺害南京國民政府派出的外交人員與濟南中國民眾，阻撓南京國民政府的軍隊北伐，

---

[4]　前引 [日] 山本文雄編著，諸葛蔚東譯：《日本大眾傳媒史》（增補版），第 127 頁。

[5]　前引 [日] 山本文雄編著，諸葛蔚東譯：《日本大眾傳媒史》（增補版），第 145 頁。

迫使國民革命軍屈辱地繞道前進，日陸軍參謀本部與內閣陸軍省共同擬定《對華方策》，公然狂妄地宣稱：「顯示皇軍的武威，使全中國感到震駭」；[6]1928 年 6 月，日本關東軍又以陰謀手段，炸死了奉系首領張作霖，企圖乘亂佔領中國東北地區；在 1931 年 9 月 18 日，日本關東軍在瀋陽發動「事變」，明目張膽地踐踏國際公約與國家間關係準則，迅速侵佔了整個中國東北地區，製造了一個傀儡政權──偽「滿洲國」，割裂與霸佔中國的大塊領土，使之完全成為日本的殖民地；接著又把侵略魔爪伸向中國的華北與長江流域地區，先後發動上海「一‧二八」事變與「華北事變」；到 1937 年 7 月 7 日製造「盧溝橋事變」，終於開始了蓄謀已久的全面侵華戰爭。

　　日本軍國主義當局在對中國多年的侵略活動中，首先利用日本國內日益龐大的新聞傳媒體系，包括報紙、雜誌、通訊社、電影、無線電廣播等，大造侵華輿論，報導侵華史事與人物活動，煽動反華狂熱，動員日本國民投入侵華戰爭等；在這同時，日本當局還策劃、佈置，將日本的新聞傳媒的觸角伸向中國的四面八方。

　　早在 1890 年，即在甲午戰爭前五年，日本就在上海創辦了日文報紙《上海新報》。甲午戰爭後，日本更以各種名目在上海、漢口、大連、天津、北京、廣州、瀋陽、長春、青島、濟南等幾十個城市創辦了幾百種日文報紙與漢文報紙。其中，由日本「東亞同文會」核心人物中島真雄於 1900 年 10 月在北京創辦的漢文報紙《順天時報》，後來成為日本在華的半官方報紙，存在了約三十年，產生了很大影響。抗戰時期一位中國專家評判此報，寫道：「講起日帝國主義者在華創辦的『掛羊頭賣狗肉』式的偽華報，那最大膽、最無恥、最『露出原形』的，便是 1901 年創刊，在中國輿論界整整搗亂了三十年方才歸於消滅的《順天時報》。」[7]1906

6　轉引自中國社會科學院近代史所：《日本侵華七十年史》，中國社會科學出版社 1992 年版，第 279 頁。

7　任白濤：《日本對華宣傳政策》，[重慶]商務印書館 1940 年出版；轉引自王向遠：《日本對中國的文化侵略》，昆侖出版社 2005 年版，第 243 頁。

年，中島真雄又到瀋陽創辦了漢文《盛京時報》，此報一直存在到 1944 年 9 月，歷時三十八年。1917 年，日方在中國創辦「東方通訊社」；此後日本在中國創辦的通訊社越來越多，到 1937 年 7 月盧溝橋事變前竟達二十多家，遍佈中國南北各大城市。[8]日方在中國辦的時間較長、影響較大的報刊還有漢文《上海週報》、日文《上海日報》、《大陸日日新聞》、英文《華北正報》等，有幾十種。在這同時，日本還在大連建立了無線電廣播電臺等。

至於日本國內的各大新聞傳媒機構，也爭先恐後地在中國各重要城市設立分支機構，派遣大量記者。到抗戰發生前，僅在南京——當時的中國首都一地，日本的國家通訊社——同盟通訊社，就在復興路 125 號建立「南京支局」，有社員五人；日本最大的報刊《讀賣新聞》在南京中山路 399 號建立「南京支局」，有社員三人；等。在上海等地，日本各大新聞傳媒機構設立的分支機構與派遣的記者更多。[9]

在這同時，日本當局還以很大的精力與財力，收賣與控制一些中國的報刊，使它們為日本政府服務，為日本的對華侵略政策服務。如天津的《庸報》等八家報刊、北平的《實報》等。

日本軍國主義當局在 1931 年 9 月 18 日在瀋陽發動「滿洲事變」並迅速侵佔中國東北廣大地區以後，在國際上遭到廣泛的輿論譴責。日本政府為統一與加強其侵略政策的對內、對外宣傳，在文化與意識形態領域採取了一系列的措施。其中，最重要的，就是在進一步強化日本的各種各類的新聞傳媒機構與人員力量、改進與提高日本新聞傳媒的設備與技術的同時，進一步嚴格管制新聞，加強對報刊、雜誌、電臺、通訊社的控制與利用。1932 年，日本政府建立了統一領導與監控全國新聞宣傳輿論工作的中央機構：由內閣的陸軍、海軍、外務、內務、文部等六

8　王向遠：《日本對中國的文化侵略》，昆侖出版社 2005 年版，第 252 頁。
9　日本東亞研究所編：《日本在支文化事業》（1940 年）；轉引自王向遠：《日本對中國的文化侵略》，昆侖出版社 2005 年版，第 247～248 頁。

個省派員聯合組成了一個「對內對外宣傳委員會」，1936 年 7 月改稱為「內閣情報委員會」，直屬日本首相。

1937 年 7 月日本發動對中國的全面侵略戰爭以後，日本當局則將這種對新聞輿論控制與利用的法西斯新聞政策推向了高峰。

第二節　盧溝橋事變後日本當局的戰時新聞政策

1937 年 7 月 7 日日軍在盧溝橋發動了對中國全面侵略戰爭後，日本最高當局在緊急調遣大量兵力前往中國南北各地、擴大戰爭的同時，迅速強化國內的軍國主義體制與法西斯統治，要求舉國一致投入侵華戰爭。其中，對日本全國的新聞宣傳工作也作出緊張的部署，一方面加強宣傳欺騙與輿論鼓動，煽動戰爭狂熱，另一方面加強新聞管制，嚴厲壓制與扼殺任何不同的聲音與反對的意見。日本軍國主義當局控制新聞報業的措施有：強化管理機構，限制報導內容，鎮壓不同聲音，控制紙張供應，強行合併報紙等。後來日本學術界將 1937 年 7 月到 1945 年 8 月這段時期稱為日本報業的「統制時代」，是日本新聞史上最為黑暗的時期。

1937 年 7 月 11 日，即在盧溝橋事變爆發後的第四天，日本內閣首相近衛文麿親自召集日本各新聞通訊社與報社的代表「懇談」，要求他們「協力」日本對華戰爭。1937 年 7 月 13 日，近衛文麿首相又召集日本幾家著名的雜誌社的代表，其中有《中央公論》、《改造》、《日本評論》、《文藝春秋》等，進行「懇談」，向他們提出了同樣的要求。[10]

在日本當局的要求與部署下，日本各報刊雜誌社、各新聞通訊社、各電影製片廠都將侵華戰爭放到其採訪報導工作的頭一位：不僅採用戰

---

[10]　中譯文引自王向遠：《「筆部隊」和侵華戰爭》，昆侖出版社 2005 年版，第 83 頁。

時編輯，開闢戰爭報導與戰場特寫的專欄，大量刊登有關的文章與圖片，而且組織與派遣大量記者、作家、攝影師、畫家、評論家前往中國各戰場採訪。

報社與通訊社。「報紙競相迅速報導戰況和由戰地發來的照片，在（盧溝橋）事變期間，《朝日新聞》、《大阪每日新聞》、《東京日日新聞》、同盟社派遣了大約 1000 人的從軍記者，《讀賣新聞》約 500 人，地方報派遣的人員也是九一八事變時的幾倍。此外，短波無線電的改良、飛機和電傳照片等機械的運用也令人注目。」[11]

雜誌社。「在盧溝橋事變爆發後，作為對時局的反映，雜誌上出現了許多關於事變的報導，從 7 月到 12 月達 6500 篇。……關於時局的書籍在增多，有大約 1000 種。」[12]

無線電廣播。在盧溝橋事變後，無線電廣播的「作用愈顯得重要。想知道戰爭的狀況的許多國民，尤其是把家庭中的成員送到戰場的人們更熱心於通過廣播來瞭解戰況。……國民的關心使聽眾數量迅速增加。……盧溝橋事變爆發後，以戰況的報導為中心的新聞的次數和時間都在增加，『新聞解說』也由此誕生。1937 年 12 月，東京的第一、第二高負荷的電力設施建立完成，電波所能達到的地區進一步擴大。1938 年，在東京和帶廣之間開始實施定時廣播節目轉播，在規模上，日本的廣播已能與世界各國的廣播相媲美。與此同時，廣播配合國民精神總動員運動，製作與時局相關的特別節目，國民精神總動員周特別講話時間等，『廣播時局讀本』是對內外局勢的簡明易懂的解說，內容在經過內閣情報部過目後再由廣播局進行廣播，由此向國民指明理解局勢的方向，廣播被用於思想統一的傾向愈發明顯。」[13]

---

[11]　前引[日]山本文雄編著，諸葛蔚東譯：《日本大眾傳媒史》（增補版），第 161 頁。

[12]　前引[日]山本文雄編著，諸葛蔚東譯：《日本大眾傳媒史》（增補版），第 166 頁。

[13]　前引[日]山本文雄編著，諸葛蔚東譯：《日本大眾傳媒史》（增補版），第

電影。「電影與其他大眾傳媒一樣，也被用於謳歌法西斯主義與戰爭。」[14]1937 年 9 月新成立的「東寶電影股份公司」，與老資格的「松竹電影股份公司」建構起了日本電影的黃金時代。從 1937 年 8 月起，日本各電影製片公司「在所有作品的一開始都必須出現『舉國一致』、『保衛後方』這種標題。同時，對於（盧溝橋）事變的關心帶來了新聞片熱，出現了新聞電影院。……後來，逐漸出現了把電影和戰爭政策結合起來的動向。情報局一直就想把電影作為有力的宣傳手段，試圖把文化電影掌握在手中。所謂文化電影是對不包括故事片在內的科學電影、記錄電影和新聞片等所有電影的總稱。」[15]

1937 年 8 月 24 日，日本內閣通過了《國民精神總動員實施綱要》；1937 年 9 月，日本各界人士聯合成立「國民精神總動員聯盟」，在日本全國民眾中進一步掀起了侵華戰爭狂熱。「1938 年 1 月，數十名作家、畫家被動員組成『筆部隊』，對戰地進行報導的戰爭也正式開展起來。」[16]

日本當局在動員與加強日本新聞傳媒投入侵華戰爭的宣傳力量的同時，進一步嚴格實施對日本新聞傳媒的管制、監督與審查。首先，在以往新聞法規的基礎上，又制訂了一些新的更為嚴厲的新聞法規。

1937 年 7 月 13 日，日本內務省員警保安局向各廳長官及各府、知縣發出了《處理有關時局報導的文件》，規定在宣傳報導中，對「反戰反軍的演說」、「離間軍民」的報導以及「有將日本對外政策喻為侵略主義之虞的內容」，要注意嚴查並加以取締；所有有關在華日軍的紀事、照片，除陸軍省外一概不許發表。[17]

---

164 頁。

[14] 前引[日]山本文雄編著，諸葛蔚東譯：《日本大眾傳媒史》（增補版），第 169 頁。

[15] 前引[日]山本文雄編著，諸葛蔚東譯：《日本大眾傳媒史》（增補版），第 169～171 頁。

[16] 前引[日]山本文雄編著，諸葛蔚東譯：《日本大眾傳媒史》（增補版），第 167 頁。

[17] [日]《出版員警報》，第 108 號第 10 頁，1937 年 9 月出版；中譯文引自陳安吉主編：《侵華日軍南京大屠殺史國際學術研討會論文集》，安徽大學出版社 1998 年版，第 142 頁。

1937 年 7 月 28 日，日本內閣陸軍省新聞報導班制定《新聞揭載禁止事項許可判定要領》。

1937 年 7 月 31 日，日本內閣通過了「新聞報刊法第 27 條」，規定陸相、海相、外相有權禁止和限制有關軍事、外交事項新聞報導的發表。

同日，日本內閣陸軍省根據「新聞報刊法第 27 條」的規定，公佈了相應的「陸軍省新聞報導禁止令」——「陸軍省令第 24 號」，規定：有關陸軍的新聞報導，應事先準備兩份，一份交給警視廳，一份交給各府縣員警機構，須得到陸軍省的許可後方可公開刊行；同時審訂了《新聞揭載禁止事項之標準》。

1937 年 8 月 16 日，日本內閣海軍省也根據「新聞報刊法第 27 條」的規定，公佈了相應的「海軍省新聞報導禁止令」——「海軍省令第 22 號」，援引 7 月 31 日日本「陸軍省令第 24 號」的有關規定。[18]

1937 年 8 月 24 日，日本內閣通過了《國民精神總動員實施綱要》，其中關於指導輿論的原則是「統一國家輿論，以收舉國一致之實」。

1937 年 9 月 9 日，日本內閣陸軍省新聞報導班正式發佈《報紙可否登載事項審訂綱要》，其中規定：

　　四、左列事項不許刊登
　　　（12）凡對我軍不利的通訊、照片。
　　　（13）對逮捕、審訊中國兵和中國人的通訊，可能給人以虐待感的照片。
　　　（14）慘不忍睹的照片；但如果是關於中國兵的慘虐行為的記事則無礙。
　　五、符合本綱要通過檢查的電影……[19]

---

[18] [日]粟屋憲太郎、中原裕編：《戰史新聞檢閱資料別冊》，近代史料社 1997 年出版；易青譯，未刊。

[19] [日]《現代史資料 41．宣傳動態 2》，東京，米斯支書房 1975 年出版；中譯文引自陳安吉主編：《侵華日軍南京大屠殺史國際學術研討會論文集》，安徽

日本當局對到中國戰場採訪的記者與各新聞報刊的管理條例規定：

> 本次出征是為了即將到來的東洋和平的一場聖戰。為實施聖
> 戰奔赴戰場的皇軍是以正義為宗旨的。參加報導的各位請牢記，
> 任何報導絕不允許有絲毫損害皇軍威信之處。可以報導的如皇軍
> 的赫赫戰果、皇軍官兵的立功故事、佔領地和平的恢復。一旦發
> 現報導有損皇軍體面，降低國民戰鬥意志等反戰言論，將堅決採
> 取相應措施。請與軍方合作。[20]

1937 年 9 月 25 日，日本內閣將主管全國新聞傳媒的最高機構「內閣情報委員會」升級為「內閣情報部」，以示對新聞宣傳工作的高度重視與進一步加強控制。這個直屬日本首相的機構的職責是：1）處理有關推行國策方面的事項，統一收集情報、監督報導、及組織宣傳；2）根據「國家總動員法」，對報紙及其他出版物進行管制；3）指導或取締廣播事項。[21]

為了「指導」與監督控制日本的各新聞傳媒機構在戰時的報導內容，日本內務省員警保安局專門創辦發行《出版員警報》。

為了從思想與組織上規定與約束日本新聞工作者的採訪報導與言論行動，由政府當局一手操控的日本新聞工作者團體「新聞聯盟」（後改名「日本新聞會」），仿照納粹德國的「新聞記者法」，制訂了日本的「記者規章」，要求日本記者須「明確國家使命」，才能有加入該團體的登記資格。

大學出版社 1998 年版，第 142 頁；參閱[日]粟屋憲太郎、中原裕編：《戰史新聞檢閱資料別冊》，近代史料社 1997 年出版；易青譯，未刊。

20 [日]曾根一夫：《我所記錄的南京屠殺（續）》；張憲文主編：《南京大屠殺史料集》（10），王衛星編：《日軍官兵與隨軍記者回憶》，江蘇人民出版社 2005 年版，第 254 頁。

21 鄭超然、程曼麗、王泰玄：《外國新聞傳播史》，中國人民大學出版社 2000 年版，第 417 頁。

1938 年初，中國國民黨中央宣傳部國際宣傳處派遣四位外國友人到日本秘密調查。這些外國友人在給國際宣傳處的報告中，寫道：「日本報紙完全處於（當局）控制之下，連任何一點暗示性的反面消息也未曾發表過。日本報紙上的大量戰爭報導，全都充斥著一個接一個的勝利消息，總是中國人的傷亡慘重，而日本皇軍的傷亡少到可以忽略不計。」[22]

對日本各報社，日本當局尤其重視《朝日新聞》、《東京日日新聞》與《讀賣新聞》這三大報系。因為這三家報系「擁有絕大多數的發行量，對輿論有指導作用，因此，日本政府試圖讓報紙服務於國策。」[23]

對雜誌與書籍的出版，「隨著思想管制的愈發嚴厲，對內容開始嚴加排查。根據內務省圖書審查科公佈的數字，1937 年……查封的冊數增加了 25 萬，達到了 150 萬冊，創造了審查科創立以來的最高記錄。而且，對批判戰爭、不表示積極協助戰爭的進行了無情的鎮壓。」[24]例如東京帝國大學教授、著名的經濟學家矢內原忠雄發表在 1937 年 9 月號《中央公論》上的〈國家的理想〉一文被日本內務省警保局勒令刪除。該文的中心思想是，正義高於國家，不遵從理想的國家，雖一時間看起來繁榮，但不久即會滅亡。而日本政府卻企圖通過鎮壓反對者的言論，進行單方面的宣傳，以此種手段達到全國上下一致。對於剛發生的盧溝橋事變，矢內原忠雄說，如果我們反過來設想一下，如果它是發生在日本的京都、奈良地區，那麼將會怎麼樣呢？──這被日本當局視為無視國家的危險思想，從而招致了筆禍。其後，同一作者在 1936 年 6 月由岩波書店出版的《民族與和平》一書，也被內務省警保局審出有「反戰」思想，擾亂安寧秩序，不僅加以禁止，而且要求文部省加以處罰。「當

---

[22] 《三名外國友人日本之行報告》（1938 年初），中國國民黨中央宣傳部檔案，藏中國第二歷史檔案館，全宗號 718（4），案卷號 4723；中譯文刊《民國檔案》2001 年第 1 期。

[23] 前引[日]山本文雄編著，諸葛蔚東譯：《日本大眾傳媒史》（增補版），第 161 頁。

[24] 前引[日]山本文雄編著，諸葛蔚東譯：《日本大眾傳媒史》（增補版），第 167 頁。

時對出版物的取締，除了出版法第 19 條中的『出版擾亂安寧秩序或者破壞風俗的文書、圖書時，內務大臣可以禁止其發行、傳播，並查封其刻板以及印刷品』這一行政處分之外，還有刪除處分、分期歸還等。這是政府對言論控制的最有力的武器。最後，矢內原忠雄於 12 月不得不提出辭職書，離開了東京大學。」[25]

　　無線電廣播從產生問世的那天開始，就始終處於日本官方的嚴格監管之下。盧溝橋事變後，日本官方的監管愈加嚴厲。電影拍攝與放映也是同樣的遭遇。「1937 年，在當時的環境下，以往描寫戀愛、小市民生活，表現享樂、社會陰暗面，或者有自由主義傾向的作品不得上映。作品必須以東亞建設為主線，國策成為最為基本的導向。」[26]

　　日本當局對日本新聞傳媒的空前嚴厲的控制是與日本當局對日本全國日益加劇的法西斯化管制相一致的。在日本發動對華侵略戰爭的幾乎同時，日本政府一方面加強法西斯輿論宣傳，一方面對國內持不同政見的和平民主人士進行了大規模的鎮壓。設在紐約的「美國援華之友協會」（American Friend of Chinese People）的機關刊物《今日中國》（The China Today）1938 年 1 月號刊登皮特・尼爾森寫的評論《南京大屠殺》，就指出：

> 　　強大的日本帝國政府進行的盲目的法西斯愛國思想宣傳，迷惑、誤導了一些人。有非常明顯的事實為證，最近（日本）有 370 名進步的自由人道主義者被逮捕了，其中包括因提倡限制生育聞名的石本男爵夫人，以及著名的社會大眾黨的大人物加藤勘十在內。這些人是因為「破壞了」操縱在三井、三菱、住友等一小撮大財閥和產業派閥手中的國家的「和平・秩序」而被逮捕的。

---

[25]　前引[日]山本文雄編著，諸葛蔚東譯：《日本大眾傳媒史》（增補版），第 167 頁。
[26]　前引[日]山本文雄編著，諸葛蔚東譯：《日本大眾傳媒史》（增補版），第 170 頁。

> 另一方面，軍國法西斯集團的荒木大將以及他的追隨者採取了恐
> 怖手段是非常重要的。[27]

日本軍國主義的大張旗鼓、欺騙造假的輿論宣傳，蠱惑人心、無孔不入的思想灌輸與法西斯的管制和鎮壓，使得日本的新聞傳媒與隨軍記者在侵華戰爭期間空前的「舉國一致」——淪落為日本侵華戰爭暴行的吹鼓手與辯護士。

第三節　「攻佔中國首都南京具有最大的價值」

1937 年 7 月 7 日盧溝橋事變爆發後，日本對中國的武力征服與戰爭恐怖威懾政策一再遭到挫折與失敗。它不再像 1894 年甲午戰爭、1900 年八國聯軍侵華戰爭、1928 年 5 月濟南慘案，甚至也不像 1931 年 9 月瀋陽事變與 1933 年華北危機那樣「靈驗」了。南京國民政府立即表明了堅決抗戰的態度，拒絕屈服求和。中國軍隊在各個戰場上頑強戰鬥。中國各階層人民更是掀起了前所未有、空前高漲的抗日救亡鬥爭。它使日本當局以一戰擊敗中國、迫使中國政府與中國軍民迅速地向日本求和乞降的美夢一次次失敗，化為泡影。

於是，日本最高當局把主要作戰方向從華北逐步移向上海方面。1937 年 8 月 13 日淞滬戰役開始。日本政府於 8 月 15 日發表聲明，宣稱「為了懲罰中國軍隊之暴戾，促使南京政府之覺醒」，不得不採取「斷然措施」；並於當日組成「上海派遣軍」，任命松井石根大將為司令官，率日軍第 3、第 11 師團等，協同海軍，赴上海增援，向中國守軍發動了前所未有的猛烈進攻。

---

[27] [美]皮特・尼爾森：《南京大屠殺》，刊《今日中國》（The China Today）1938 年 1 月號；張憲文主編：《南京大屠殺史料集》（6），張生編：《外國媒體報導與德國使館報告》，江蘇人民出版社 2005 年版，第 180～183 頁。

　　松井石根，日本名古屋人，1878 年 7 月 27 日出生於一個軍人家庭，早年先後入日本陸軍預備軍官學校、陸軍士官學校學習。1898 年以第二名的成績從陸軍士官學校畢業。後又入陸軍大學第九期，以第一名畢業。在日本陸軍士官學校與松井石根同期畢業生中，相繼有松井石根、荒木貞夫、真崎甚三郎、本莊繁、阿部信行共五人晉升陸軍大將。其中，荒木貞夫曾擔任陸軍大臣，晉封男爵；真崎甚三郎曾任軍事教育總監，是日本陸軍最高的職位之一；本莊繁歷任關東軍司令官、天皇侍從武官長，晉封男爵；阿部信行後來當了內閣總理大臣，歷任大政翼贊會總裁、朝鮮總督。松井石根卻沒有像這四位大將那樣登上陸軍中央最高職位，更沒有進入過內閣，而且在五人中第一個退役，於 1935 年成為預備役軍官。這次日本當局破格起用他。「對於已滿五十九歲，同時又是陸軍長老人物的松井大將來說，這是他建立軍功的最後機會了。」[28]我們將看到，松井石根不僅是日本陸軍進攻上海的最高指揮官，而且將是日本陸軍進攻南京的最高指揮官與南京大屠殺的罪魁禍首，「將以『南京劊子手』的醜名被載入史冊」。[29]

　　1937 年 8 月 23 日晨，日「上海派遣軍」所轄第 3、第 11 師團，在松井石根指揮下，在上海黃浦江入海口北岸的吳淞、川沙口登陸。8 月23 日晚出版發行的《東京朝日新聞》（1937 年 8 月 24 日晚刊）[30]，大量刊登日「上海派遣軍」在上海吳淞、川沙登陸的報導：〈我陸軍成功登陸上海，開始進擊掃蕩前敵〉、〈海空陸一齊總攻擊，增援部隊到達士氣大振〉等，報導一開始寫道：

---

[28] [日]笠原十九司著，李廣廉、王志君譯：《難民區百日》，南京師範大學出版社 2005 年版，第 15 頁。

[29] [美]大衛・貝爾加米尼著，張震久、周鄭、何高濟等譯：《日本天皇的陰謀》，商務印書館 1984 年版，第 50 頁。

[30] 按：當時日本的晚報以次日日期發行。

[上海 23 日特電]：23 日上午 10 時 40 分，某某報導部發佈：
帝國陸軍在海軍的緊密配合之下，於本月 23 日清晨，在某處登
陸成功，現在一邊掃蕩該處之敵，一邊向某某方向前進。[31]

　　由於中國守軍的頑強防守與浴血奮戰，使得日軍在上海的進攻連連
受挫。1937 年 9 月底到 10 月初，日本當局增調援軍第 9、第 13、第 101
師團抵達上海參戰，協同原在上海的第 3、第 11 師團，向中國守軍加
大攻擊力度。戰況之激烈殘酷，史所罕見。在中國守軍的英勇抗擊下，
日軍在上海傷亡慘重，戰事歷時兩個多月得不到進展。為改變這種局
面，日本當局再次向上海戰場增兵：1937 年 10 月 20 日，日陸軍參謀
本部秘密下令編組第 10 軍，以柳川平助中將為司令官，田邊盛武少將
為參謀長，下轄第 6 師團、第 18 師團、第 114 師團、國崎支隊，於 1937
年 11 月 5 日在杭州灣北岸金山衛，以偷襲的方式，在幾乎沒有遭到抵
抗的情況下，搶攤登陸成功，並立即分兵向滬杭鐵路線上的重鎮松江等
地迅猛進擊，嚴重威脅上海中國守軍的側背。

　　1937 年 11 月 6 日發行的日本《東京朝日新聞》11 月 7 日晚報，刊
登關於日第 10 軍在杭州灣成功登陸的報導如下：

[6 日正午，陸軍省發佈]：我陸軍之一部，在海軍的緊密而又
得當的配合之下，於 11 月 5 日拂曉，在杭州灣北部艱苦地強行
登陸，取得了極大的成功。

[6 日正午，海軍省發佈]：屬於支那方面艦隊司令官麾下之一
部分兵力，在某艦隊司令長官的指揮之下，非常隱蔽地護衛陸軍
運輸船隊，於昨 11 月 5 日拂曉進入杭州灣。該部在暗夜之中，
冒著不時襲來之濃霧，在海面上頂著強大的海潮，傾其全力掩護

---

[31] [日]本多勝一著，劉春明等譯校：《南京大屠殺始末採訪錄》，北岳文藝出版
　　社 2001 年版，第 24 頁。

在杭州灣北岸登陸之陸軍，取得了卓越的成果，達到了預期的
目的。

[6日發，上海特電]：（上海派遣軍）軍報導部6日正午發佈：

昨5日拂曉，相當龐大的陸軍部隊，在海軍密切而又得當的
配合之下，在杭州灣北岸一帶斷然發動奇襲，敵前登陸大獲成
功，擊潰了附近的敵軍，並且正在擴大戰果。[32]

當日的《東京日日新聞》晚刊刊登的報導，大字標題是：〈陸軍杭
州灣北岸敵前登陸〉，下刊〈昨曉勇敢衝破濃霧，快速挺進黃浦江，海
軍掩護下奇襲大成功〉。

1937年11月7日發行的《讀賣新聞》8日晚刊，刊登特派記者發
自上海的電訊，報導日本「上海派遣軍」利用氣球，向上海中外人士吹
噓「百萬日軍杭州灣北岸登陸」：

6日中午，在蘇州河北岸，忽然有巨大的氣球，升上高空。
與此同時，我軍在整個戰線上爆發出歡呼聲。看呵！在江南低迷
的雨雲之下緩緩遊蕩的氣球，上面不是清清楚楚地寫著「百萬日
軍杭州灣北岸登陸」麼！[33]

1937年11月7日，日陸軍參謀本部按預定方案，發佈「臨參命第
138號」，命令組建「華中方面軍」，司令官松井石根大將，參謀長塚田
攻少將，副參謀長武藤章大佐，統一指揮「上海派遣軍」與第10軍，
共9個師團及國崎支隊、重藤支隊與「滿洲國」軍2個旅，以及配屬的
第3飛行團，共約30萬人。

---

[32] [日]本多勝一著，劉春明等譯校：《南京大屠殺始末採訪錄》，北岳文藝出版
社2001年版，第1～2頁。

[33] [日]本多勝一著，劉春明等譯校：《南京大屠殺始末採訪錄》，北岳文藝出版
社2001年版，第3頁。

　　1937 年 11 月 9 日，日軍第 10 軍佔領松江，並派軍隊向滬寧線
的昆山方向進擊，配合日「上海派遣軍」，將對上海中國守軍形成包
圍之勢。

　　在此情況下，南京國民政府不得不於 11 月 9 日下令上海守軍全線
撤退。11 月 12 日，日軍佔領上海市區及嘉定等地。

　　在日軍佔領上海的第二天，即 1937 年 11 月 13 日，《東京朝日新聞》
早報刊登 12 日上海特電，標題是〈南市、南翔全部佔領〉，副題為〈北
起羅店，南起嘉善，蜿蜒五十英里已在皇軍控制之下〉。

　　1937 年 11 月 14 日，〈東京朝日新聞〉早報刊登報導，標題是〈嘉
定城終於陷落〉，副題為〈飯塚、津田、穀川、福井部隊突入，上海戰
局驚奇的進展〉、〈英國：戰局進展應重視〉。

　　在日軍佔領上海的第二天，1937 年 11 月 13 日，日方從華北戰場
調來的第 16 師團與重藤支隊在常熟白茆口長江沿岸登陸成功，該部被
編入「上海派遣軍」，向常熟、蘇州進窺。

　　在日軍猛烈進攻上海的數月期間，日本當局為了加大對中國政府的
壓力，加強對中國軍民的戰爭恐怖威懾，下令日本海軍所轄航空隊，從
1937 年 8 月 15 日開始對中國首都南京進行空襲。從這一天開始，日機
轟炸南京達數月之久。

　　在日軍完全佔領了上海除英、法租界以外的全部地區後，日「華中
方面軍」司令官松井石根於 11 月 14 日，下令所轄各部日軍向「蘇州—
—嘉興」的「制令線」追擊：「上海派遣軍」佔領福山、常熟、蘇州一
線，第 10 軍佔領平望鎮、嘉興、海鹽一線，即到「制令線」為止。所
謂「制令線」，是當時日本當局為上海日軍作戰所規定的區域界限。日
本當局的意圖是，在日軍完全佔領了上海地區後，如果中國政府屈膝求
和，也就是向日本乞降，簽訂城下之盟，簽訂新的中日關係條約，滿足
日本的全部要求，滿足日本多年想得到而未得到的對華各種權益，一舉
解決中日間多年的所謂「懸案」，則日方的用兵將暫定在「制令線」為
止，從而在短期內「光榮」地結束戰爭。

　　然而，日本最高當局的願望迅速落空了。

　　日軍進攻上海，歷時約三個月，付出傷亡 6 萬多人的代價。上海戰局的逆轉與日機對南京大規模的野蠻轟炸，都未使中國政府與中國軍民屈服求降。中國雖丟失了最大城市上海，中國軍隊也遭到了沉重的損失，但中國國民政府沒有乞降，而是積極部署保衛首都南京，準備長期抗戰。中國軍民的抗戰熱情更是空前高漲。

　　中國拒絕求和乞降、堅持抗戰的強硬態度，使日本最高當局更加惱怒。他們中有越來越多的人認為，為了進一步實施對中國的武力征服與戰爭恐怖威懾政策，為了更快地實現「以戰迫和」、「以戰迫降」，只攻佔北平、天津，甚至攻佔上海，還是不行的；必須攻佔南京，才能迫使中國政府與中國人民迅速而完全地屈服。

　　在日本當局對中國實施的武力征服與戰爭恐怖威懾政策中，攻佔南京被認為具有特殊重要的意義：因為南京不僅是中國歷史上最有影響的古都之一，而且濱江近海，地處中國最富饒的江南經濟帶，扼制著津浦、滬寧、寧蕪三條鐵路線與長江的交匯點，具有極重要的軍事戰略地位與經濟價值；更重要的是，它是中華民國的首都，是中國的政治、軍事中心，是指揮中國軍隊與中國人民抗擊日本侵略的司令部與大本營；同時它又是各國駐華外交使節的集中地，是國際觀瞻所在地——因而攻佔南京必將在中國國內與國際上產生極大的震撼力與極大的政治、軍事影響，對中國廣大軍民與中國政府的心理產生巨大的衝擊與壓力，使他們在失掉了經濟中心上海後，又失掉了政治中心與首都南京，才會深切地認識到抗戰是沒有前途的，抗擊強大的日本只能是自取滅亡，從而放棄抗戰，向日本求和乞降。正像美國著名記者白修德在當時所分析的那樣，日本最高當局「覺得中國首都之攻陷已經剜掉了中國抗戰的心臟，覺得蔣（介石）會願意講和。」[34]

---

[34] [美]白修德、賈安娜著，端納譯：《中國的驚雷》，新華出版社 1991 年版，第 58 頁。

　　早在 1936 年，日本軍事當局在秘密制訂侵華作戰計畫時，就有了攻佔南京的打算：以兩個軍兵力「策應向南京作戰，以實現佔領和確保上海、杭州、南京三角地帶。」[35]1937 年 7 月 7 日盧溝橋事變爆發後，7 月 17 日，駐上海的日海軍第三艦隊司令官長谷川清中將致電日本海軍軍令部，稱為了置中國於死地，「華中作戰應以必要的兵力確保上海和攻佔南京。」[36]

　　日軍佔領上海後，日本軍政當局中有更多的人要求乘勝攻佔南京。他們認為，淞滬作戰吸引了南京國民政府的幾乎全部精銳部隊，在歷時三個月的殘酷戰爭中，日軍雖重創了這些部隊，但卻未能全殲這些部隊的骨幹力量。淞滬戰役結束後，從上海戰場上撤退下來的中國軍隊多集結於南京地區進行整補。這是南京國民政府所剩下來的最重要的軍事力量，也是南京國民政府賴以生存與進行抗戰的最重要的物質基礎與軍事基礎。若聽任這些部隊在南京休整補充訓練，則要不了多久，就會重整軍威，向上海反撲，成為日本佔領區最危險的敵人；而且南京國民政府必賴此而不會改變強硬態度，中國人民也會賴此而存在抗戰勝利之希望。只有在佔領上海之後立即乘勝追擊，直抵南京城下，不給中國軍隊以喘息機會，在其尚未休整補充之前就打擊、全殲之，使中國徹底喪失最後的武裝力量，從而也就喪失最後的抵抗意志與抗戰信心，中國政府才會不得不向日本政府屈服求和乞降；即使不立即投降，也只能成為一個失去首都、失去有力之軍隊、偏處一方、苟延殘喘之地方政府，將無力、無法繼續組織與指揮中國的抗日戰爭，中國的抗日運動將會迅速低落乃至熄滅；日本將在南京或其他地方扶植一個新的政府——一個完全聽命於日本的傀儡政府；日本將通過這個政府對中國的遼闊疆土與億萬百姓進行有效的統治。

---

[35] 日本防衛廳防衛研究所戰史室編，田琪之、齊福霖譯：《中國事變陸軍作戰史》第 1 卷第 1 分冊，中華書局 1979 年版，第 93 頁。

[36] 日本防衛廳防衛研究所戰史室編，田琪之、齊福霖譯：《中國事變陸軍作戰史》第 1 卷第 1 分冊，中華書局 1979 年版，第 169 頁。

　　擔任進攻上海的日軍最高指揮官的松井石根大將，就是一個強烈要求攻佔南京以征服中國的強硬派代表人物。早在 1937 年 7 月盧溝橋事變爆發後不久，松井石根在對「東亞聯盟」的幾次公開講演中，就「一直主張大膽地溯長江挺進，攻克中國的首都南京。」他說：「迅速拿下南京，隨之實行人道的佔領政策和公正的市政管理，這將說服中國公眾摒棄蔣介石，把他們的命運託付給日本的領導人。」[37]8 月 15 日，日本當局組織「上海派遣軍」，任命松井石根為司令官，向上海大規模發兵。這時，松井石根就有了在攻佔上海後再以武力攻佔南京的決心與打算，打敗不肯屈服而敢以武力抗擊日本侵略的南京國民政府，「舉起鐵錘逼迫支那當局反省」[38]，迫使它屈服乞降或使它垮臺。「當松井被任命為上海軍司令官離東京赴戰地時，他已經想好了在預定的佔領上海後就進兵南京。他在離東京前，要求給『上海派遣軍』五個師團。因為他早就對上海和南京附近的地形作過調查，所以他對進攻南京作了實際的準備。」[39]在戰前，松井石根曾作為日軍高級情報人員在中國活動多年，是日軍中有名的「中國通」，直到 1936 年 3 月還到南京對國民政府各要人作過多次訪談。他對南京各方面的情況都作了深入瞭解與充分準備。1937 年 8 月 17 日，松井石根在被裕仁天皇召見時，陳述了他率軍到上海後的軍事計畫與戰略目標：「別無他途，只有拿下南京，打垮蔣介石政權，這就是我必須完成的使命。」[40]1937 年 8 月 19 日，松井石根離東京赴上海前線時，向前往車站送行的陸相杉山元再次表露了他這次出征不僅要拿下上海、而且要攻佔南京的「雄心」與計畫：「此番無論如何也

---

[37] [美]大衛·貝爾加米尼著，張震久、周鄭、何高濟等譯：《日本天皇的陰謀》，上冊，商務印書館 1984 年版，第 52 頁。

[38] [日]松井石根：《陣中日記》；張憲文主編：《南京大屠殺史料集》(8)，王衛星編：《日軍官兵日記》，江蘇人民出版社 2005 年版，第 22 頁。

[39] 張效林譯：《遠東國際軍事法庭判決書》，群眾出版社 1986 年版，第 342 頁。

[40] [美]大衛·貝爾加米尼著，張震久、周鄭、何高濟等譯：《日本天皇的陰謀》，上冊，商務印書館 1984 年版，第 54 頁。

要打到南京去！」[41]「無論如何要攻打南京，使國民政府屈服，這是膺懲支那的特殊使命決定的。」[42]1937 年 10 月 23 日，松井石根在指揮日軍向上海猛攻時，再次向日本陸軍省提出進攻南京的要求。他說：「目前，日本的核心任務就是要推翻南京政府。」「在江南地區作戰的最終目標就是南京。因此，所有計劃都應該為這方面做準備。」松井石根提出，為了進攻南京這個「作戰的最終目標」，必須增加兵力，「必須組建方面軍及兩個軍」。[43]在日軍佔領上海後，松井石根更加積極地要求乘勝追擊，迅速攻佔南京。他對從東京來到上海的參謀本部戰略指導課課長河邊虎四郎說：「我意已決，非打下南京來給你們看看！」11 月 15 日，他又對參謀本部謀略課課長影佐禎昭與陸軍省軍務課課長柴山兼四郎面呈「進攻南京的必要」。[44]11 月 25 日，他公然狂妄地對外報記者宣稱，如果中國政府不停止抵抗，日軍將繼續進攻南京、漢口，甚至重慶。[45]

　　但是，日本軍政上層中有一些所謂「慎重派」，在日本發動對華戰爭後，一直主張要考慮到日本的國力與日本面臨的國際形勢，在戰爭的進程中要適可而止，不要毫無節制。他們在日軍攻佔上海後，主張將戰事限制在上海地區一帶，在「蘇州──嘉興」一線劃了一條「制令線」，要求日軍不得超越此線，更不得向中國的首都南京發動攻擊。1937 年 11 月 7 日，日本東京參謀本部以臨命第 600 號給日「華中方面軍」下達命令：「華中方面軍作戰地區大概定為聯結蘇州、嘉興一線以東。」「這只是掃蕩上海附近之敵，決不是攻佔首都南京那樣積極的任務。」[46]參謀次長多田駿還專就這條「制令線」向「華中方面軍」參謀長塚田攻作了如

---

[41] [日]吉田裕：《天皇的軍隊與南京事件》，青木書店 1985 年版，第 71 頁。

[42] [日]笠原十九司：《亞細亞的日本軍》，大月書店 1991 年出版。

[43] [日]松井石根：《陣中日記》；前引《南京大屠殺史料集》(8)，第 107 頁。

[44] [日]吉田裕：《天皇的軍隊與南京事件》，青木書店，1985 年版，第 67 頁。

[45] 轉引自韓信夫、蔣克夫主編：《中華民國大事記》第四冊，中國文史出版社 1998 年版，第 205 頁。

[46] 日本防衛廳防衛研究所戰史室著，田琪之、齊福霖譯：《中國事變陸軍作戰史》第 1 卷第 2 分冊，中華書局 1983 年版，第 94 頁。

下的解釋:「將作戰地域定為蘇州──嘉興一線以東,意在預期方面軍主力不超過該線。」[47]因此,在1937年11月14日,松井石根不得不下令各部日軍向前追擊時,「上海派遣軍」佔領福山、常熟、蘇州一線,第10軍佔領平望鎮、嘉興、海鹽一線,即到制令線為止。

然而,持這種「慎重」主張的人在日本軍政界越來越失去影響。被攻佔上海的「勝利」所鼓舞與膨脹起來的戰爭狂熱與因中國政府、中國軍民不肯屈服而更加強烈的「武力征服、以戰迫降」的殖民侵略慾望,已不可遏止地在日本軍政界迅速高漲。而越過「制令線」、迅速攻佔中國首都南京,充分顯示日本強大的軍力與軍威,徹底粉碎中國軍民與中國政府的抵抗意志,迫使中國政府像甲午戰爭那樣迅速派出代表向日本乞和──實際就是乞降,從而迅速而圓滿地結束這場戰爭。──日益成為當時日本軍政界的主流意識。

最先提出與實施突破「制令線」、向南京進擊的,是日第10軍的將佐。

1937年11月15日夜,日第10軍司令官柳川平助中將在松江召開幕僚會議,研究佔領上海後日軍的戰略。因為第10軍不像「上海派遣軍」那樣,已在上海戰場血戰三個月,傷亡慘重,而是自在杭州灣登陸以來,進展順利,戰果赫赫,自身損失較少,士氣極旺,氣焰囂張,認為中國軍隊不堪一擊,極盼乘勝追擊,攻佔南京,建立更大的功業,因此,會議的結果是要求廢止日參謀本部於11月7日下達的「制令線」命令,決定「以軍的主力獨自果斷地向南京追擊」。其理由是,日軍在太湖以東地區的作戰並不徹底,「湖東戰役未達預期目的」,未能殲滅中國軍隊主力,但造成了中國軍隊的重大損失與潰退,「如果抓住這個變動著的戰機一舉斷然進行追擊,據判斷有二十天的時間可以佔領南京。」[48]隨後,第10軍在11月17日制訂了《從嘉興向南京追擊的作戰指導要綱》,在11月

---

47 日本防衛廳防衛研究所戰史室著,田祺之、齊福霖譯:《中國事變陸軍作戰史》第1卷第2分冊,中華書局1983年版,第99頁。
48 日本防衛廳防衛研究所戰史室著,田祺之、齊福霖譯:《中國事變陸軍作戰史》第1卷第2分冊,中華書局1983年版,第107頁。

18 日秘密下達所轄各部，命令積極準備，「不失時機一舉向南京追擊」。在這同時，第 10 軍向東京參謀本部與「華中方面軍」報告所部「以全力向南京追擊」的部署，以既成事實向日本最高當局施壓。

這是日方現地軍第一次提出攻佔南京的要求，並制訂了作戰計畫。

在日方現地軍的指揮下，日軍各部隊迅速向「蘇州——嘉興」制令線發動進攻：1937 年 11 月 19 日，日第 10 軍的第 18 師團攻佔嘉興，第 6 師團佔領南潯；「上海派遣軍」的第 9 師團佔領蘇州，第 16 師團與重藤支隊佔領常熟。日軍已進抵並控制了從嘉興到蘇州的「制令線」。

在此情況下，日第 10 軍司令官柳川平助中將下令所轄各部日軍，立即實施沿太湖南岸「向南京追擊，一舉殲滅敵軍」的計畫，「命令以全力向南京追擊」，並向東京參謀本部報告了該軍的作戰行動。

在各部日軍在事實上已突破「制令線」、並分別向南京進擊時，一直有著「打下南京，打垮蔣介石政權」的強烈使命感的日「華中方面軍」司令官松井石根，於 1937 年 11 月 22 日，以「華中方面軍」的名義，正式向東京剛成立的大本營與陸軍參謀本部發出了必須攻佔南京才能真正打敗中國軍隊、征服中國政府與中國人民、從而迅速解決事變的報告。松井從軍事、政治等方面講述了攻佔南京的重要意義：「為了使事變迅速解決，乘現在敵人的劣勢，必須攻佔南京。」「現在敵之抵抗在各陣地均極其微弱，很難斷定有徹底保衛南京的意圖。在此之際，軍如停留在蘇州、嘉興一線，不僅會失去戰機，而且將使敵人恢復鬥志、重整戰鬥力量，其結果要徹底挫傷其戰鬥意志將很困難。從而事變的解決越發推遲，國民也將無法諒解軍的作戰意圖，有害於國民輿論一致。為此，利用目前的形勢攻佔南京，當在華中方面結束作戰。」松井尤其強調，南京作為中國的首都，較之中國任何其他城市都有更重要的意義，「為了要解決事變，攻佔中國首都南京具有最大的價值。」為此，「華中方面軍」願「以現有的兵力不惜付出最大犧牲」

投入戰鬥。松井石根並向參謀本部保證,「估計最遲在二個月以內可以達到目的。」[49]

　　1937 年 11 月 24 日,日「華中方面軍」司令部制訂了《第二期作戰計畫大綱》,命令所轄的「上海派遣軍」與第 10 軍在攻佔「無錫──湖州」一線後,應於 12 月上旬完成一舉攻佔南京的準備。在松井石根的指揮下,日「華中方面軍」司令部立即行動,向全軍正式頒佈了進攻南京的作戰計畫與兵力部署的命令。除以第 101 師團留守上海一線外,「華中方面軍」所轄兩個軍的全部兵力都投入到進攻南京的戰役中去。

　　日軍參戰部隊戰鬥序列如下:

「華中方面軍」:

司令官松井石根大將;

參謀長塚田攻少將,副參謀長武藤章大佐。

下轄「上海派遣軍」與第 10 軍。

「上海派遣軍」:

司令官由松井石根大將兼任,後由朝香宮鳩彥親王中將繼任;

參謀長飯沼守少將;副參謀長上村利道大佐。

該軍下轄第 3、第 11、第 9、第 13、第 16 師團與重藤支隊等,共計 5 個師團、1 個支隊及其他輔助部隊。

第 3 師團(名古屋師團)師團長藤田進中將參謀長田尻利雄大佐。下轄:

步兵第 5 旅團,旅團長片山里一郎少將;

步兵第 6 聯隊,聯隊長倉永辰治大佐;

步兵第 68 聯隊,聯隊長鷹森孝大佐;

步兵第 29 旅團,旅團長上野勘一郎少將;

步兵第 18 聯隊,聯隊長石井嘉穗大佐;

---

[49] 日本防衛廳防衛研究所戰史室著,田祺之、齊福霖譯:《中國事變陸軍作戰史》第 1 卷第 2 分冊,中華書局 1983 年版,第 106 頁。

步兵第 34 聯隊，聯隊長田上八郎大佐；

騎兵第 3 聯隊，聯隊長星善太郎中佐；

野炮兵第 3 聯隊，聯隊長武田精一大佐；

工兵第 3 聯隊，聯隊長中島三棲夫大佐；

輜重兵第 3 聯隊，聯隊長栗岩尚治中佐；

衛生隊；第 1 至第 4 野戰醫院；兵器勤務隊。

第 11 師團（善通寺師團），師團長山室宗武中將，參謀長片村四八大佐。下轄：

步兵第 10 旅團，旅團長天谷直次郎少將；

步兵第 12 聯隊，聯隊長安達二十三大佐；

步兵第 22 聯隊，聯隊長永津佐比重大佐；

步兵第 22 旅團，旅團長黑岩義勝少將；

步兵第 43 聯隊，聯隊長淺間義雄大佐；

步兵第 44 聯隊，聯隊長和知鷹二大佐；

騎兵第 11 聯隊，聯隊長田邊勇中佐；

山炮兵第 11 聯隊，聯隊長山內保大佐；

工兵第 11 聯隊，聯隊長山內章大佐；

輜重兵第 11 聯隊，聯隊長大河原定中佐；

野戰重炮兵第 5 旅團。

通信隊；衛生隊；第 1 至第 4 野戰醫院。

第 9 師團（金澤師團）。師團長吉住良輔中將，參謀長中川廣大佐。下轄：

步兵第 6 旅團，旅團長秋山義允少將；

步兵第 7 聯隊，聯隊長伊佐一男大佐；

步兵第 35 聯隊，聯隊長富士井末吉大佐；

步兵第 18 旅團，旅團長井出宣時少將；

步兵第 19 聯隊，聯隊長人見秀三大佐；

步兵第 36 聯隊，聯隊長脅阪次郎大佐；

騎兵第 9 聯隊，聯隊長森亞吾雲大佐；

山炮兵第 9 聯隊，聯隊長芹川秀大佐；

工兵第 9 聯隊，聯隊長野中利貞大佐；

輜重兵第 9 聯隊，聯隊長三田村正之助大佐；

通信隊；衛生隊；第 1 至第 4 野戰醫院等。

第 13 師團（仙台師團），師團長荻洲立兵中將，參謀長畑勇三郎大佐。下轄：

步兵第 26 旅團（沼田支隊），旅團長沼田德重少將；

步兵第 58 聯隊，聯隊長倉森公任大佐；

步兵第 116 聯隊，聯隊長添田浮大佐；

步兵第 103 旅團（山田支隊），旅團長山田栴二少將；

步兵第 65 聯隊（白虎部隊），聯隊長兩角業作大佐；

步兵第 103 聯隊，聯隊長田代元俊大佐；

騎兵第 17 大隊，大隊長小野良三中佐；

山炮兵第 19 聯隊，聯隊長橫尾闊中佐；

工兵第 13 聯隊，聯隊長岩淵經夫少佐；

輜重兵第 13 聯隊，聯隊長新村理市少佐；

通信隊；衛生隊；第 1 至第 4 野戰醫院。

第 16 師團（京都師團）：師團長：中島今朝吾中將，參謀長中澤三夫大佐。下轄：

步兵第 19 旅團，旅團長草場辰已少將；

步兵第 9 聯隊（京都），聯隊長片桐護郎大佐；

步兵第 20 聯隊（福知山），聯隊長大野宣明大佐；

步兵第 30 旅團，旅團長佐佐木到一少將；

步兵第 33 聯隊（久居），聯隊長野田謙吉大佐；

步兵第 38 聯隊（奈良），聯隊長助川靜二大佐；

騎兵第 20 聯隊，聯隊長笠井敏松中佐；

野炮兵第 22 聯隊，聯隊長三國直福大佐；

工兵第 16 聯隊，聯隊長今中武義大佐；

輜重兵第 16 聯隊，聯隊長柄澤畔夫中佐；

通信隊；衛生隊；第 1 至第 4 野戰醫院。

重藤支隊支隊長重藤千秋少將。下轄

臺灣守備司令部；

臺灣步兵第 1、第 2 聯隊；

臺灣山炮兵聯隊；

臺灣第 1、第 2 衛生隊；

臺灣臨時自動車隊；

臺灣第 1、第 2 輸送車隊。

（該支隊於 1937 年 9 月 7 日以日臺灣守備司令部所屬部隊編成，9 月 9 日劃歸「上海派遣軍」指揮。）

第 10 軍

司令官柳川平助中將，參謀長田邊盛武少將；

該軍下轄第 6、第 18、第 114 師團、獨立山炮第 2 聯隊、野戰重炮兵第 6 旅團，第 1、第 2 後備步兵團；另指揮國崎支隊，共計 3 個師團、1 個支隊及其他輔助部隊。

第 6 師團（熊本師團）師團長谷壽夫中將，參謀長下野一霍大佐。下轄：

步兵第 11 旅團，旅團長阪井德太郎少將；

步兵第 13 聯隊，聯隊長岡本保之大佐；

步兵第 47 聯隊，聯隊長穀川正憲大佐；

步兵第 36 旅團：旅團長牛島滿少將；

步兵第 23 聯隊，聯隊長岡本正臣大佐；

步兵第 45 聯隊，聯隊長神田正種大佐；

騎兵第 6 聯隊，聯隊長豬木近太大佐；

野炮兵第 6 聯隊，聯隊長藤村謙中佐；

工兵第 6 聯隊，聯隊長中村誠一大佐；

輜重兵第 6 聯隊，聯隊長長川真田國衛大佐；

通信隊；衛生隊；第 1 至第 4 野戰醫院。

第 18 師團（久留米師團）師團長牛島貞雄中將，參謀長小藤惠大佐。下轄：

步兵第 23 旅團，旅團長上野龜甫少將；

步兵第 55 聯隊，聯隊長野富昌德大佐；

步兵第 56 聯隊，聯隊長藤山三郎中佐；

步兵第 35 旅團，旅團長手塚省三少將；

步兵第 116 聯隊，聯隊長片岡角次中佐；

步兵第 124 聯隊，聯隊長小界方松中佐；

騎兵第 22 大隊，大隊長小池昌次中佐；

野炮兵第 12 聯隊，聯隊長淺野末吉中佐；

工兵第 12 聯隊，聯隊長井澤新大佐；

輜重兵第 12 聯隊，聯隊長川內益實大佐；

通信隊、衛生隊、第 1 至第 4 野戰醫院。

第 114 師團（宇都宮師團）師團長末松茂治中將，參謀長磯田三郎大佐。下轄：

步兵第 127 旅團，旅團長秋山光三郎少將；

步兵第 66 聯隊，聯隊長山田常太中佐；

步兵第 102 聯隊，聯隊長千葉小太郎大佐；

步兵第 128 旅團，旅團長奧保夫少將；

步兵第 115 聯隊，聯隊長矢崎節三中佐；

步兵第 150 聯隊，聯隊長山本省重中佐；

騎兵第 18 大隊，大隊長天城幹七郎少佐；

野炮兵第 120 聯隊，聯隊長大塚昇中佐；

工兵第 114 聯隊，聯隊長野口勝之助少佐；

輜重兵第 114 聯隊，聯隊長中島秀次少佐；

通信隊；衛生隊；第 1 至第 4 野戰醫院。

國崎支隊（由第5師團〈廣島師團〉第9旅團等部編成）支隊長國崎登少將。下轄：

步兵第41聯隊，聯隊長山田鐵二郎大佐；

獨立山炮兵第3聯隊（欠第2大隊）

騎兵小隊；

工兵小隊；

輜重兵中隊；

通信兵隊；衛生隊；醫院。

日「華中方面軍」動用了其全部兵力的絕大部分來圍攻南京，計有八個師團、兩個支隊及各輔助部隊，共約三十多萬人。

日「華中方面軍」的作戰計畫是：將其全部兵力分為北、中、南三路，協同日海軍，對南京地區進行迂迴、包抄、合圍與猛烈攻擊：

北路日軍由「上海派遣軍」的第13師團與第11師團的天谷支隊組成。此路日軍沿長江南岸與滬寧鐵路以北，向西攻擊；在佔領江陰後，以第13師團的第26旅團為骨幹，組成沼田支隊，從江陰渡過長江佔領靖江，再西攻揚州；其餘部隊攻佔鎮江後，以第11師團天谷支隊從鎮江渡長江，協同沼田支隊攻佔揚州，切斷大運河，再西攻六合、浦口，切斷津浦線；以第13師團的第103旅團為骨幹組成山田支隊，從鎮江沿長江南岸，進攻龍潭、棲霞山、烏龍山、幕府山、燕子磯，包抄南京城的東北部。

中路日軍由「上海派遣軍」的第16師團、第9師團、第3師團組成。此路日軍沿滬寧鐵路以南與太湖北岸，從無錫、常州、丹陽經金壇、句容一線，直撲南京城的東部與東南部。第16師團、第9師團與第3師團的一個先遣隊是進攻的主力。第3師團的主力作為整個方面軍的總預備隊。

南路日軍由第10軍的各個師團組成。此路日軍從嘉興一線出發，沿太湖南岸，攻佔湖洲、廣德後，以第114師團由宜興經溧陽、溧水直

撲南京城南陣地；以第 6 師團、第 18 師團沿寧國、蕪湖公路進攻蕪湖，斷南京守軍沿長江西撤的退路；然後以第 18 師團留守蕪湖，而以第 6 師團回攻南京；以國崎支隊經郎溪，在太平渡過長江，東攻江浦與浦口，從西北面包抄南京。

另以日本海軍第 3 艦隊第 11 支隊從上海、江陰溯長江西上，控制南京江面，斷中國軍隊渡長江北撤的退路；以航空兵協同作戰。

在前線日軍迅速向前推進的勝利形勢鼓舞下，日本最高當局在相繼接到第 10 軍與「華中方面軍」的報告後，也隨之振奮與狂熱起來，擺脫了「慎重派」的種種疑慮與猶豫，迅速下定了一舉攻克南京、徹底征服中國的決心。1937 年 11 月 20 日，日本軍事當局在天皇御殿上正式宣告成立大本營，以便統一指揮對中國的戰爭。11 月 24 日，裕仁天皇親自召集與主持大本營的第一次會議，討論對華戰爭的軍事戰略。參加會議的都是日本當時掌握陸、海軍指揮權、野心膨脹、氣焰囂張的軍界巨頭，絕大部分是對華持強硬派政策的代表人物，有陸相杉山元、海相米內光政、陸軍參謀總長閑院宮載仁親王、參謀次長多田駿、作戰部長下村定、海軍軍令部總長伏見宮親王等人。內閣首相近衛文麿以下的文職閣員未能參加會議。這個完全由日本昭和軍閥巨頭們召開的國策會議，表面上雖「並未考慮一舉到達南京」，但已明顯地表示出要取消「制令線」、擴大戰爭、奪取南京的戰略決策走向。當天，日陸軍參謀本部就以「大陸指第 5 號」發出指令：「廢除以臨命第六百號指示的華中方面軍作戰地域」，即廢止「制令線」，日軍可以佔領湖州、無錫一線及其以西若干地區，但不得再向西面擴大。──這是日本當局在擴大侵華戰爭與進攻中國首都南京方面，又跨出了重要的一大步，雖然他們還留有一點餘地。但很快，這點餘地就被取消了。

各路日軍攻勢凌厲，連連攻城拔地。11 月 24 日，日第 10 軍的國崎支隊攻佔湖州；11 月 25 日，日「上海派遣軍」的第 11 師團天谷支隊攻佔無錫，日第 10 軍的 114 師團攻佔長興。11 月 28 日，第 114 師團佔領宜興。11 月 29 日，日第 9 師團、第 16 師團佔領常州。11 月 30

日，日第 18 師團佔領廣德，向蕪湖進擊。日海軍艦隊猛攻江陰長江封鎖線。12 月 1 日，日第 13 師團攻佔江陰要塞。

1937 年 11 月底 12 月初，日軍已形成了對南京的三面合圍之勢。日軍前鋒部隊已推進至離南京不足 100 公里的週邊防線陣地前。在前線日軍順利進展消息的不斷推動下，日本最高當局對發動進攻南京之戰終於取得了一致意見。

1937 年 11 月 28 日，謹慎的日陸軍參謀本部同意放棄「制令線」的約束，攻擊南京，向日「華中方面軍」下達了「向南京追擊」的電令，該電令由參謀次長多田駿電告松井石根。松井石根得到此電令後十分振奮，在當天的《陣中日記》附記中寫道：「參謀本部次長電告攻克南京之決定。日前余呈報之意見業已奏效，不勝欣喜。若兩軍之後方聯絡暢通無阻，命令一下，至遲可於 12 月 5 日許下令全軍出擊。」[50]

接著，在 1937 年 12 月 1 日，由裕仁天皇親自批准，加蓋日本國璽，日本最高當局正式下達了攻佔南京的書面命令──「大陸命第 8 號」的敕令，並由參謀次長多田駿親自乘飛機到上海面交松井石根。其主要內容是：

> 華中方面軍司令官須與海軍協同，攻佔敵國首都南京。[51]

一場進攻與保衛中國首都的血戰即將在南京城下展開。

第四節　松井石根、朝香宮對新聞報導的具體措施

侵華日軍在華中戰場的最高指揮官松井石根，既是日本最高當局對中國實施武力征服與恐怖威儡的侵略戰爭與大屠殺政策的指揮者，也是

---

[50] [日]松井石根：《陣中日記》；轉引自[日]田中正明著，軍事科學院外國軍事研究部譯：《「南京大屠殺」之虛構》，世界知識出版社 1985 年版，第 114 頁。

[51] 日本防衛廳防衛研究所戰史室著，田祺之、齊福霖譯：《中國事變陸軍作戰史》第 1 卷第 2 分冊，中華書局 1983 年版，第 109 頁。

日本最高當局戰時宣傳與新聞傳媒政策的鼓吹者與執行者。他對戰時的宣傳工作與新聞傳媒非常重視，對那些隨軍到上海、南京前線進行採訪與報導的記者、作家、評論家非常重視，對在上海等地採訪的西方與中國的記者也非常重視。

　　早在1937年8月16日，即松井石根剛剛從日本天皇那兒接受了「上海派遣軍司令官」的職務的第二天，正準備率軍前往中國「舉起鐵鎚逼迫支那當局反省」[52]之時，就在謀劃軍事的同時，也在謀劃戰時的宣傳工作與新聞傳媒工作。他向日本的陸、海軍首腦「就軍隊的宣傳工作，陳述了與海軍緊密協作的必要性」，並要求海軍軍令部向「上海派遣軍司令部」派遣合適人選，特別是犬塚大佐是最合適人選，一同進行戰時宣傳工作。松井石根的要求基本得到了海軍方面的同意。[53] 8月17日，松井石根在拜會日本內閣諸閣僚時，又「提及派遣軍的宣傳工作」，「表示希望得到外交官員的協作，並建議約請大使館參事官和上海總領事館領事幫助派遣軍司令部從事這項工作。這點也得到了外相的許可。」松井石根在和外相廣田弘毅會談時，「說起要有人負責上海的宣傳和外交工作，並提議任用佐藤安之助氏和萱野長知氏。」松井石根稱這是他「心裏一直思忖的方案」。該方案也得到了日本當局的同意與支持。當天，松井石根在與其幕僚商討當前形勢與派遣軍的工作時，對宣傳工作提出了更明確的要求與規劃：

1、宣傳工作的機構的領導至少是少將，並設為特別機構。

2、對於上述工作，希望得到海軍與外務的協作。關於約請適當人員幫助派遣軍司令部從事工作一事，由派遣軍司令部貫徹執行。

3、計畫約請佐藤、萱野和岡田尚為派遣軍司令部工作。……[54]

---

52 ［日］松井石根：《陣中日記》；前引《南京大屠殺史料集》（8），第22頁。

53 ［日］松井石根：《陣中日記》；前引《南京大屠殺史料集》（8），第24頁。

54 ［日］松井石根：《陣中日記》；前引《南京大屠殺史料集》（8），第26頁。

　　松井石根於 1937 年 8 月 23 日率軍到達上海，立即對中國守軍發動連續數月的瘋狂的進攻。在此以後的數月期間，他在軍務倥傯之中，始終念念不忘戰時宣傳，尤其是新聞傳媒的宣傳工作，不僅多次下達各種指示，而且多次親自出馬，接見日本與西方的新聞記者，發表談話。他力圖將日本與國際新聞傳媒的宣傳導向控制在自己的手中，按照其意願開展工作。

　　在松井石根的直接指揮下，在「上海派遣軍」，後來是「華中方面軍」司令部轄下，組建了「特務部」、「宣傳部」、「報導部」等直屬機構。其中，「特務部」由原田熊吉少將負責，「報導部」由深堀遊龜中佐任部長。這些機構負責戰場的宣傳、安撫與新聞報導的發佈、審查等工作。

　　1937 年 10 月 23 日，松井石根在向日本陸軍省提出進攻南京的要求時，指出，除了增加兵力，「必須組建方面軍及兩個軍」外，「特別需要配屬一個強有力的特務機構。除了對於作戰需要進行策劃宣傳外，佔領地的維持治安工作、人民的撫慰和指導工作都需要特務機構進行策劃。這是戰爭狀態下極為需要做的緊急事務。」[55]

　　1937 年 12 月 1 日，由裕仁天皇親自批准，加蓋日本國璽，日本大本營正式下達了攻佔南京的書面命令——「大陸命第 8 號」的敕令。日本陸軍參謀本部次長多田駿中將親自攜帶裕仁天皇「攻擊敵國首都南京」的「敕令」，從東京飛抵上海，向「華中方面軍」司令官松井石根大將下達。

　　同一日，日本大本營就進攻南京戰役中的宣傳謀略與新聞報導工作下達命令：

　　　　宣傳謀略及一般諜報由方面軍司令部所屬少將負責。但報導以『報導部發表』的形式，謀略將另做指示。[56]

---

[55]　[日]松井石根：《陣中日記》；前引《南京大屠殺史料集》(8)，第 107 頁。
[56]　《大陸指第 9 號》，臼井勝美、稻葉正夫編：《現代史資料 9・日中戰爭 2》，

稍後，在「對外宣傳」的「具體宣傳綱要」中又規定：

> 應宣傳帝國軍隊有紀律的行動、武士道的態度以及在佔領地的仁慈行為。[57]

1937年12月2日，升任「華中方面軍」司令官的松井石根根據大本營命令，下達進攻南京的作戰命令，採用迂迴包圍戰術，所轄「上海派遣軍」於12月5日開始行動，第10軍於12月3日開始行動。就在當日，松井石根召來負責宣傳工作與特務工作的原田熊吉少將與楠本大佐，就加強進攻南京戰役中的宣傳謀略與新聞報導工作，指示要進一步加強華中方面軍的特務部、宣傳部等指導機構，制訂具體方案大綱如下：

一、特務部的構成
   由原田少將指揮。
二、外事部的構成
   主要任務是與上海的外國有關部門以及大使館聯繫。
三、地方宣傳安撫工作
   分方面軍直轄區域和各軍佔領區域，有特務部和兩軍做宣傳和安撫工作。
四、宣傳部
   擴大和強化原有機構。
   ……[58]

東京米斯支書房1964年9月30日第一版，第217頁；中譯文引自程兆奇：《南京大屠殺研究》，上海辭書出版社2002年版，第30頁。

[57] [日]山中恒：《戰時國家情報機構史》，東京，小學館2001年1月1日第一版，第283頁；轉引自程兆奇：《南京大屠殺研究》，上海辭書出版社2002年版，第30頁。

[58] [日]松井石根：《陣中日記》；前引《南京大屠殺史料集》(8)，第143頁。

　　在組建與強化其司令部的宣傳報導指揮機構的同時，松井石根指示在上海等日軍控制區增設或創辦中文、日文報紙，以加強日本在中國佔領區的新聞陣地與對中國民眾及日本僑民的宣傳工作。

　　在戰前，日本在上海設立的新聞機構，只有日本同盟社上海分社，這是在 1937 年 6 月，在原聯合通訊社的基礎上改組而成，社長松本重治，分社社址設在愛多亞路（今延安東路）大北公司樓上；以及由日商經營的《上海日報》（報社社址在北四川路白保羅路，今新鄉路）、《上海日日新聞》（報社社址在乍浦路 121 號）和《上海每日新聞》（報社社址在湯恩路，今哈爾濱路 1 號）三家日文報紙[59]，讀者主要是日本僑民，影響有限。當時上海約有 3 萬多日本僑民，主要居住在虹口、楊樹浦一帶。

　　　　日「上海派遣軍」司令部下令將《上海日報》、《上海日日新聞》和《上海每日新聞》三家日文報紙強行合併，改出日文《上海合同新聞》，以便指揮與統一口徑。但不久，因原三家日文報紙的日商極力抗爭，《上海合同新聞》解體。到 1938 年 1 月 1 日，日文《上海日報》、《上海每日新聞》恢復獨立出版。《上海日日新聞》則悄然告終。

　　在這同時，日軍司令部下令，由其軍報導部與特務機關，利用原《上海日日新聞》的機器設備，於 1937 年 10 月 1 日在上海創辦發行大型中文日報《新申報》，面向中國民眾，宣傳日本的侵華有理與武力征服、恐怖威懾的國策，宣揚日軍的所向無敵的軍威等。日軍報導部為何將報名定為《新申報》，當時在上海租界開設診所的著名中醫陳存仁說：

---

[59]　《上海一覽》，至誠堂 1924 年版；轉引自陳祖恩：《尋訪東洋人》，上海社會科學院出版社 2007 年版，第 232 頁。

> 日本軍部，也辦了一張華文報紙，名叫《新申報》，因為當
> 時上海有兩大華文報紙，一張是《新聞報》，另一張是《申報》，
> 他們就以這兩張報紙的名字，各取一字，名為《新申報》。[60]

但本書作者認為，日本侵華的重要理論之一就是宣稱要建造一個「新中國」，因此，日軍所佔領各地，都辦起了以「新」字為標榜的報紙，如《南京新報》、《蘇州新報》、《蚌埠新報》等，日軍在上海也不例外，就在影響最大的《申報》前加一「新」字，以示日軍給上海人民帶來一個「新天地」。後來日軍當局於 1939 年 1 月 1 日在上海又辦起了一家日文《大陸新報》，其意也如此。

《新申報》先後由日人福家俊一、阪尾與市、上野祝二任社長，日高清麿磋、奧宮等主持編務。報社社址設在上海虹口日軍佔領區乍浦路455 號，另在公共租界南京路哈同大樓內設立分局。全報社工作人員約三十人，多數是日本人，少數是漢奸文人。日出兩大張，逢星期一和例假日出一大張。該報第 1 版刊載時論與軍政新聞，經常刊登日軍當局的命令、通告及日軍頭目的講話等；第 2 版刊載國際新聞、譯稿及播音稿；第 3 版刊載日方的「大上海電臺」播音節目、譯稿及本市花絮；第 4 版為副刊《新光園地》，多載文藝小品與戲劇，也刊載長篇連載小說，如《玉珠緣》等；其他各版刊有各地通訊、日語講座、經濟新聞、廣告及行市價格等。該報成為日方在上海的對外宣傳大本營。[61]

《新申報》是當時日軍當局在華中地區直接控制與主持的唯一的一份中文大型日報。日軍當局對《新申報》十分重視，大力支持。開始，《新申報》打不開局面，無人問津，「銷路不出虹口，初期在租界上是買不到的，只有少數小漢奸，拿著報紙到人家拍門而入，硬銷一份而已。」[62]日

60　陳存仁：《抗戰時代生活史》，廣西師範大學出版社 2007 年版，第 53～54 頁。
61　參閱馬光仁主編：《上海新聞史（1850-1949）》，復旦大學出版社 1996 年版，第 876～877 頁。
62　陳存仁：《抗戰時代生活史》，廣西師範大學出版社 2007 年版，第 54 頁。

軍當局就在日軍佔領區內，以向廣大居民、商店、企業與偽政府各機關「強派」、「強賣」、「贈送」、「獎銷」等方法，強行推銷該報：他們或者雇用報販每天將《新申報》送各商店、企業與居民住戶，並不立即收費，而是等每月月底派遣日本浪人按戶上門索取報費，對於拒交者則扭送至《新申報》社或日軍憲兵隊；或者派出日本浪人和中國流氓到各商店、企業與居民住戶強行征訂，或是強迫購買，若有不從，則施以暴力威脅，甚至要求不從者到《新申報》館面見日本經理，說明理由。日軍的報紙也像日軍的刺刀一樣，時時顯現著霸道與殺氣。當時在上海的著名中醫陳存仁回憶說：

> 一天，忽然有三個人到我診所來，氣勢洶洶，強迫要我訂閱《大陸雜誌》和《新申報》。《大陸雜誌》是一本日本式的大型書刊，《新申報》是日本人主辦的中文報紙。我診所中的掛號先生見了這班人，嚇得呆了，立刻付款訂閱，因為不訂閱就會有麻煩找上門來。後來知道，全市的店鋪和住宅，家家戶戶都有人上門推銷，要是拒絕訂閱，他們就用恐嚇的話來威脅，要是出言稍有不遜，他們就會拳腳交加，打到你服貼為止。……《大陸雜誌》……出了三期便停辦了。……《新申報》天天派到，從未中斷。[63]

《新申報》還用增加印張的方法吸引讀者，《新申報》的每天印張後來增加到 8 大張。據說其銷售量最高達到 8 萬份。[64]當時有中國專家評價《新申報》，寫道：「上海的『新申報』是漢奸報紙中的『大王』，因為上海是敵人文化侵略的中心，是敵新聞戰鬥的大本營，因之不惜特出資本創辦這樣大規模的報紙，每天出版三大張，編排形式與敵國『讀賣新聞』有些相象。」[65]（《新申報》於 1939 年 4 月 29 日改組為日方

---

[63] 陳存仁：《抗戰時代生活史》，廣西師範大學出版社 2007 年版，第 141～142 頁。

[64] 《新聞學》季刊第 1 卷第 1 期。

[65] 任重：〈我所知道的漢奸報紙〉，刊《國民公論》第一卷第十、十一號，1939

在上海創辦的日文《大陸新報》的中文版，直到 1945 年 8 月日本投降後才停刊）

1938 年 1 月 1 日，日方當局令「同盟通訊社上海分社」升級為「同盟通訊社華中華南總分局」，除上海外，還分管南京、廣東、香港等地的同盟分社，成為日本控制華中、華南新聞報導的中樞機關。[66]

新聞傳媒是由記者、編輯、攝影師、評論家等主持與編排的。因此，松井石根十分重視正在上海、南京前線進行採訪與報導的日本與各國記者，力圖通過他們的筆與照像機影響各新聞傳媒，影響日本與世界的輿論。

1937 年 10 月 1 日，正是上海戰事最激烈的時期，松井石根在司令部會見日本駐上海的外交官時，直截了當地提出，希望他們要「收買」、「操縱好駐上海的外國新聞記者」。[67]

1937 年 11 月 29 日。正當松井石根指揮數十萬日軍，氣勢洶洶地從上海分三路向南京包抄攻擊之時，他特地召來同盟通訊社上海分社社長松本重治，「指示他從側面做西洋人與支那人的工作」。[68]這就是要松本重治利用他的記者身份，對西方新聞傳媒與中國新聞傳媒的同行進行收買拉攏工作。

松井石根還幾次親自出馬做西方記者與日本記者的工作。1937 年 10 月 9 日與 10 日，他先後邀請了日本記者與西方記者到他的「上海派遣軍」司令部談話。1937 年 11 月 11 日與 11 月 30 日，在日軍佔領上海後又瘋狂地向南京進攻時，松井石根又先後兩次接見西方記者，發表談話。其目的與其內容，就是貫徹日本當局的戰時宣傳政策，控制與利用日本的新聞傳媒與世界的新聞傳媒，傳達日本當局的聲音，鼓吹日本

年 5 月 6 日出版；延安「時事問題研究會」:《日本在淪陷區》一書轉引此文，解放社 1939 年 10 月出版；上海人民出版社 1958 年重印，第 238 頁。

66 張銓、莊志齡、陳正卿:《日軍在上海的罪行與統治》，上海人民出版社 2000 年版，第 226 頁。

67 [日]松井石根:《陣中日記》；前引《南京大屠殺史料集》(8)，第 82 頁。

68 [日]松井石根:《陣中日記》；前引《南京大屠殺史料集》(8)，第 140 頁。

的侵華有理的理論與日軍所向無敵的軍威，為日本的侵略政策與戰爭政策辯護。

其中，在 1937 年 10 月 9 日，松井石根與十幾名日本報社記者談話，表明日本當局對這些隨軍進行採訪與報導的日本記者、作家與評論家，不僅在組織上嚴密地控制，而且在思想上加強軍國主義與侵華有理等種種理論的灌輸。松井石根在其《陣中日記》中作了如下記載：

> 今天下午，邀請了十幾名日本報社的記者來到軍司令部，進行了第一次會見。會見時的談話內容主要有以下幾點：
>
> 由於我國政府在支那問題上一直堅持不擴大方針，因此預先沒有計劃向上海方面派遣陸軍。大概在 8 月中旬的時候，海軍事件發生之後，由於支那軍的行為極其殘暴，反而給海軍造成了威脅。政府為了保護居留民安全，才緊急派遣陸軍到此地。我剛接受此重大使命時，由於行程倉促，只得先率領做好準備的隊伍匆忙出發了。完成急救上海的任務後才開始致力於鞏固全軍作戰基礎的工作。經過一個月來的努力，直到最近才總算備足了全軍兵力。
>
> 因此，派遣軍計畫於近期對上海附近的敵軍發動總攻擊，與敵軍進行決戰。由於我軍這場戰鬥會產生涉及國內外的很多問題，且很多問題必須由我親自發表意見。不過，主要內容在申明和公告上都有了，今天就不想再說了。現在，我滿腔熱血都傾注在作戰上，沒有閒暇顧及其他事情。如果說有什麼事是與祖國息息相關的話，可以說非此事莫屬。現在除了深深感謝我國國民熱情的鼓舞和支持外，並不想對祖國再說什麼，宗旨就是少說多做，一心一意地設法順利完成任務。
>
> 請各位等待著不久的將來，我們將在上海附近再舉行一次會談。等等。

各個報社通訊員都能夠很好的領會我的意思，他們在散會前都表示要以對付緊急事態的態度努力做好其通訊報導工作，並積極配合做好支援我軍的工作。

另外，今天上海各報社以及同盟、朝日新聞、每日新聞的代表都來到我處，代表其全體報社記者向我全軍將士呈交感謝信，並一同合影留念。[69]

在 1937 年 12 月 13 日日軍佔領南京後不久，日「華中方面軍」的報導部隨軍進駐南京，設在中山北路 77 號，在日軍「上海派遣軍」總部近旁。日「華中方面軍」報導部的南京分部則設在南京中山路原《中央日報》社內。

1937 年 12 月 20 日晚，日本「上海派遣軍」司令官朝香宮親王中將在南京召見其參謀長飯沼守，就宣傳南京攻略戰的新聞報導工作作出指示，說：「要在報紙上大肆報導建立戰功的部隊和個人等。」[70]

1938 年 2 月松井石根、朝香宮被調回國內後，日本「華中方面軍」、「上海派遣軍」等改組為「華中派遣軍」；1939 年 10 月又改組為「中國派遣軍」，總部設於南京中山北路原國民政府外交部大樓裏。日軍「報導部」則設於寧海路北口原德士古石油公司舊址，緊靠日軍總部，部長先後由谷獲那華雄大佐、今井武夫大佐、馬淵逸雄大佐擔任。「報導部」成為日本當局在南京貫徹與監督日本戰時新聞政策與宣傳內容的最高指導機構。

根據上述日本最高當局的文件、綱要的精神，以及日軍在華中戰場最高指揮官松井石根、朝香宮親王的多次具體指示，我們可以看到，日本當局在攻略南京、實施南京大屠殺的時期，實施了一套嚴密的控制新聞與操縱輿論的新聞政策。日本最高軍政當局在進攻南京前，早就計畫好要在南京──中國的首都實施猛烈的攻擊與瘋狂的屠殺，以「膺懲」

---

[69] [日]松井石根：《陣中日記》，前引《南京大屠殺史料集》(8)，第 92 頁。
[70] [日]飯沼守：《飯沼守日記》；前引《南京大屠殺史料集》(8)，第 211 頁。

中國抗日軍民，威懾中國政府。為此，他們對戰時南京的新聞報導與宣傳輿論作了精心的策劃與準備。其主要內容有如下幾點：

第一，在日本國內加強新聞管制，嚴格貫徹其新聞指導思想，嚴格規定新聞報導內容——宣揚日本對中國「膺懲」的侵略有理，宣揚日本的「國威」與日軍所向無敵的「軍威」，宣揚日軍「南京戰」的赫赫戰果及其對中國軍民的的「仁慈」、「恩德」等；嚴格封鎖與嚴禁洩露日軍的種種戰爭暴行；對中國軍隊的「殘暴行為」則要大肆宣揚。

第二，組織派遣大量日本記者與作家到南京戰地採訪；由日「華中方面軍」報導部直接出面指導與審查關於「南京戰」的新聞報導。

第三，嚴格控制新聞的發佈。在南京等中國佔領區，將日本的國家通訊社——日本同盟社華文部作為新聞發佈的唯一機關，規定各地的各種報紙都要採用同盟社的稿件。

第四，在中國的重要佔領區由日本特務機關創辦新的、直接為日本侵華政策服務的報刊。同時，收買、扶植中國的親日與漢奸報刊。在各地偽政權建立後，則幫助偽政權建立起各種新聞傳媒機構，由退居幕後的日軍報導部指導與控制。

第五，嚴厲鎮壓中國抗日新聞傳媒。

第六，收買西方新聞傳媒記者，阻撓、破壞力圖報導戰爭真相的西方新聞傳媒記者的採訪報導。

第五節　隨軍來到南京前線的日本記者、作家群體

在 1937 年 7 月 7 日日本發動全面侵華戰爭後，在日本軍國主義當局的煽動下，日本各新聞傳媒掀起了侵華戰爭狂熱。

美國《紐約時報》1937 年 8 月 17 日報導寫道：

日本報紙對戰爭比平時更加狂熱，它們敦促政府立即對中國實施「懲罰」。即便是溫和的自由派人士《朝日新聞》也說：「日本必須訴諸武力。」

呼籲政府「動用一切軍事力量對中國實施懲罰」之聲不絕。

《日日新聞》報斷言，中日和平不可能維持，除非中國領導人蔣介石遵循的鼓勵反日運動的政策被武力阻擋，如果必要的話。該報說，「現在要它採取自衛的措施已經太遲了」。[71]

在日本發動全面侵華戰爭後不久，日本各大新聞傳媒單位，包括各大、小報社、通訊社與各重要雜誌社，遵照日本當局的指示，迅速組織、派遣大量記者、攝影師，隨軍到中國前線進行採訪與報導；同時，又邀請大批作家、詩人、評論家、畫家等，作為「特派記者」，隨軍到中國前線進行採訪與報導。這些記者、攝影師、作家、詩人、評論家、畫家，是日本所謂「筆部隊」的前身。

僅從日本一家地方報紙《福島民友新聞》在 1937 年 9 月 21 日的報導〈隨軍記者市野出征在即〉，就可看到當時日本社會各界，尤其是新聞界與隨軍記者的侵華戰爭狂熱：

> 本社政治部長市野直治，作為支那戰區的隨軍記者，擔負著穿過硝煙將皇軍戰況發回祖國的重任，不日他即將精神飽滿地奔赴戰地。20 日早他將在家鄉二本松町群眾的歡呼聲中由當地出發。眼下，他正忙於出征前的準備。
>
> 「我要用這個來猛砍敵人！」雖說腰間的日本刀是最靠得住的，但是這位筆戰的勇士不久便要向諸位讀者揮筆縱談，報導戰況。市野的眉宇間已透出擔負重任的凜然的決心。

---

[71] 報導：〈日本關閉駐南京大使館〉，刊《紐約時報》1937 年 8 月 17 日；張憲文主編：《南京大屠殺史料集》(29)，楊夏鳴編：《國際檢察局文書・美國報刊報導》，江蘇人民出版社 2007 年版，第 321 頁。

　　在這段報導的旁邊，還刊登了一張新聞照片，說明文字是：「贈給隨軍記者市野的帶有署名的國旗」[72]。

　　1937 年 8 月 13 日以後，上海、南京等華中地區成為日本侵華最重要的戰場。在日軍於 11 月 12 日佔領上海，接著迅速發起進攻南京戰役後，日本各大新聞傳媒單位急忙調遣大量記者、攝影師、作家、詩人、評論家等，在日「華中方面軍」報導部的統一指揮下，隨各師團部隊行動，採訪、寫作與報導南京戰場的各種消息。

　　據日本有關資料，當時參與南京戰事報導的日本主要新聞傳媒單位有日本同盟社，有日本當時的三大報紙，即《東京朝日新聞》、《東京日日新聞》、《讀賣新聞》，以及《大阪朝日新聞》、《大阪每日新聞》等多家報社；雜誌社有《中央公論》、《文藝春秋》、《主婦之友》、《日本評論》、《改造》等。

　　首先，這些日本新聞傳媒單位派出了大量本報社最能幹、最有經驗、最能採訪與寫作的專職記者、攝影師以及為記者、攝影師服務的無線電報務員、聯絡員、汽車司機等，隨軍來到南京前線，形成一個人數眾多的特殊新聞群體。僅《東京朝日新聞》社派往戰地的各種人員就有 80 多人，《大阪每日新聞》社的有 70 多人。[73]單就記者、攝影師的人數，同盟通訊社最多，有 30 人。該社記者前田雄二說：「與其他報社相比，我們派出了比他們多兩倍以上的隨軍記者。……其他的社一般只有 10 到 15 名成員，所以我們（同盟）社為第一大陣容」。[74]《朝日新聞》社「派有 20 多名記者，專事採訪。」[75]

---

[72]　報導：〈隨軍記者市野出征在即〉，刊《福島民友新聞》1937 年 9 月 21 日報導；張憲文主編：《南京大屠殺史料集》（34），張生等：《日本軍國教育‧百人斬與駐寧領事館史料》，江蘇人民出版社 2007 年版，第 103 頁。

[73]　〈向南京進軍！進軍！──新聞匿名月評〉，刊[日]《文藝春秋》1938 年 1 月號；前引《南京大屠殺史料集》（6），第 256 頁。

[74]　[日]前田雄二：《在戰爭的激流中》，東京善本社 1982 年 8 月 1 日版；張憲文主編：《南京大屠殺史料集》（33），王衛星編：《日軍官兵回憶》，江蘇人民出版社 2007 年版，第 437、446 頁。

[75]　[日]田中正明著，軍事科學院外國軍事研究部譯：《「南京大屠殺」之虛構》，

各新聞單位中較著名的記者有：

日本同盟社上海分社社長松本重治，同盟社南京野戰支局長中村農夫，記者新井正義、前田雄二、深澤幹藏、伊岡健一郎、大鋸時生、樋口憲吉、小阪武司、加藤松、村上達、細波孝，攝影部部長不動健治，攝影師枚川親茂、高崎修、稻津巳喜二，電影新聞紀錄片攝影師淺井達三、荒木秀三郎、牧島貞一，無線電報務員菊地久太郎、鵜澤邦男；《東京朝日新聞》社記者橫田省巳、今井正剛、中村正吾、足立和雄、守山義雄、平松、近藤、角野、攝影師濱野嘉夫、小島忠郎、上野、林，電影新聞紀錄片攝影師田端、前田恒；《東京日日新聞》社社會部副部長金子義雄、記者淺海一男、鈴木二郎、五島廣作、安養寺友一、栗原千代太、高柳，攝影師佐藤振壽（跟隨第16師團）、金澤喜雄（跟隨第9師團），電影新聞紀錄片攝影師神原政雄，原南京分社社長志村冬雄；《大阪每日新聞》社的攝影師松尾邦、京都分局記者光本；《讀賣新聞》社記者渡邊峰雄、波岡、浮島、田邊、吉島、小俣行男，攝影班班長佐佐木，電影新聞紀錄片攝影部部長、攝影師真柄、電影攝影師森；《福岡日日新聞》社的記者北山國雄、豐福一喜、藏原、攝影部部長小澤；《報知新聞》社記者二村、中山；東寶映畫株式會社的攝影師白井茂、錄音師藤井慎一等。

下面將一些重要記者的有關情況作一簡明扼要的介紹：

同盟社上海分社社長松本重治。此人是日本資深的新聞界頭面人物。出生於大阪名門望族，其爺爺是明治元勳松方正義，其父親松藏曾任日本九州電氣軌道株式會社社長。1932年12月，松本重治來到上海，任日本聯合通訊社上海支局長，並常駐上海。1935年聯合通訊社上海支局改稱上海分社，松本重治任分社社長。同年12月，日本同盟通訊社成立。1936年1月1日，聯合通訊社上海分社改為同盟社上海分社，松本重治任分社社長。他長期在中國工作，與駐上海的中、西新聞記者

有密切的關係與交往，憑其特殊的身份和廣泛的人脈，躋身於國民黨上層及世界各大國駐華使團之間，成為中日關係舞臺上最活躍的角色。日本侵華戰爭爆發後，他是內閣首相近衛文麿的「智囊」之一，一個「超派閥的重量級人物」。在 1937 年 8 月到 11 月日軍進攻上海期間，他曾與著名的英國《曼徹斯特衛報》記者田伯烈等一同參與籌建上海南市難民區。1937 年 11 月 29 日。松井石根特地召見他，「指示他從側面做西洋人與支那人的工作」。可見他不僅是個新聞記者，還承擔著日本文化特務的工作。他於 1937 年 12 月 17 日到南京採訪，參加了松井石根主持的所謂「忠靈祭」，聽到了松井石根對部屬的訓話，回上海後寫了有關報導。他後來參與對汪精衛誘降活動。他在戰後寫了回憶錄《上海時代──記者的回想》，作為一部蘊涵著回憶與反思雙重意義的著作，承認日軍在南京有屠殺的行為，但認為不是軍隊有組織的行為，被屠殺的中國受害者只有一、兩萬。

　　同盟社記者前田雄二。他在 1937 年 12 月隨日軍採訪南京戰役，並最先於 12 月 13 日傍晚進入被日軍佔領的南京，曾親眼目睹了日軍大屠殺的暴行，直到 12 月 21 日奉命回國，乘口海軍水雷艇「鴻」號離開南京去上海。但他在戰後寫的回憶錄《在戰爭的激流中──從華中到法屬印度支那》中，雖記述了一些他親眼目睹的日軍在南京屠殺中國戰俘的恐怖場景，但他認為，「『處死和殺害俘虜』，這事有過，但這當以戰鬥行為相論。大量屠殺非作戰人員的事實是沒有的。有人無中生有地加以宣傳，甚至還編進教科書裏，對此，不能置若罔聞。歷史為什麼被如此歪曲？這要歸罪於戰後的東京審判。」[76]

　　《東京朝日新聞》記者今井正剛。他在戰前曾在南京大方巷「朝日新聞社南京分社」工作過。1937 年 12 月他隨日軍採訪南京戰役，並於

---

[76] [日]前田雄二：〈正確地對待歷史〉，原刊[日]《世界與日本》第 413 號；轉引自[日]田中正明著，軍事科學院外國軍事研究部譯：《「南京大屠殺」之虛構》，世界知識出版社 1985 年版，第 38～39 頁。

1937 年 12 月 13 日最早進入南京城，目睹了日軍大屠殺的暴行與 1937 年 12 月 17 日日軍在南京舉行的「入城式」。他率先報導了「入城式」的「盛況」，刊登在《東京朝日新聞》的頭版頭條。但在戰後，他較早覺悟，首先打破沈默，在日本《文藝春秋》1956 年 12 月號特輯《我在現場──目擊者的證言》上發表〈南京城內的大屠殺〉，以其親眼目擊的事實，揭露與論證了日軍在攻佔南京後實施數十天大屠殺的暴行。他成為戰後第一個揭露日軍南京大屠殺真相的隨軍記者。

《東京朝日新聞》記者足立和雄、守山義雄。他們在 1937 年 12 月隨日軍採訪南京戰役，並最早進入南京。他們目睹了日軍大屠殺的暴行後，「悲憤交織，震顫不已」，感到「像這樣的日本已將失去戰勝的資格了」。守山義雄回日本後，指責日軍在南京的暴行。《朝日新聞》社恐怕他會受到軍部的迫害，調他到德國擔任駐柏林分局局長。他仍然十分愁苦煩惱。他在柏林對正在那裏研究德國哲學的日本留學生篠原正瑛表示：「對新聞記者這個職業感到絕望，並苦惱了好幾天，想到斷筆返回日本。」[77]戰後他們對日本的侵華暴行進行了深入的反省。足立和雄寫下了〈南京大屠殺〉一文。

《東京朝日新聞》攝影師濱野嘉夫。此人隨日軍參加淞滬戰役，因第一個拍攝到日軍戰車佔領上海市政府的照片、搶先報導日軍攻佔上海市政府的新聞而聞名。1937 年 12 月 8 日在南京城南門外雨花臺戰場被中國坦克擊斃。

《東京日日新聞》記者淺海一男。他隨日軍第 16 師團採訪，從常州到丹陽，再到句容，最後到達南京紫金山下，曾以其為首，連續採訪報導了日軍兩個青年軍官向井明敏與野田毅開展刀劈百人比賽──所謂「百人斬」的暴行。戰後他對日軍的侵略戰爭暴行有所反省。

---

77 [日]篠原正瑛：〈西方有納粹主義，東方有軍國主義〉，刊《日中文化交流》
1971 年 8 月號（總 157 號）；中譯文轉引自[日]洞富雄著，毛良鴻等譯：《南京大屠殺》，第 61 頁；譯文略有改動。

《東京日日新聞》記者鈴木二郎。他隨日軍第 16 師團採訪，曾參與採訪報導了該師團兩個青年軍官開展刀劈百人比賽──所謂「百人斬」的暴行。1937 年 12 月 13 日他在日軍佔領南京的當天，就進入南京城。「他在（南京）城內待了 4 天，目擊了日本軍的許多殘酷屠殺的行為。」[78]戰後他對日本軍國主義發動的侵華戰爭有所認識與懺悔，寫下了回憶與揭露日軍南京大屠殺的文章〈我目睹了那次「南京的悲劇」〉，刊登在日本雜誌《丸》1971 年 11 月特大號《日中戰爭全貌》上。這是繼《東京朝日新聞》隨軍記者今井正剛之後，第二個以親身經歷寫出日軍南京大屠殺證詞的日本隨軍記者。

《東京日日新聞》攝影師佐藤振壽。他先後跟隨日軍第 101 師團、第 9 師團、第 16 師團等部隊，從上海一直到達南京。他參加了日軍進攻南京戰役的全過程，曾為淺海一男關於日軍兩個青年軍官開展刀劈百人比賽──所謂「百人斬」的報導，拍攝了這兩個青年軍官手撐軍刀的合照，刊登在《東京日日新聞》上。他於 12 月 13 日從中山門進入南京城內，目睹了日軍南京大屠殺的許多暴行。他寫的隨軍日記《步行隨軍》，逐日記錄了他在南京戰役中的所見所聞，其中有日軍屠殺中國軍民的暴行資料。

《東京日日新聞》記者五島廣作。他於 1937 年 12 月 13 日隨日軍第 6 師團進入南京，經歷了日軍南京大屠殺的日子。但他在戰後仍堅持日本軍國主義侵略者的立場，於 1966 年在《熊本廣播》上連載發表題為〈第六師團的「南京慘殺事件」毫無根據〉的長篇文章，斷然否認有南京大屠殺事件，指責今井正剛的《目擊者的證言》是根據「似乎發生過」或「無疑發生過」的傳聞，用推理小說的手法虛構事實，憑興趣寫出來的。

---

[78] [日]洞富雄著，毛良鴻、朱阿根譯：《南京大屠殺》，上海譯文出版社 1987 年版，第 63 頁。

　　《東京日日新聞》原南京分社社長志村冬雄。此人在戰前長期在南京採訪與工作，是個「南京通」。他在日軍進攻南京時，隨日軍行動，利用熟悉南京的便利，十分活躍，寫出了多篇憑空捏造的報導，如〈南京痛苦顫慄的一個月〉等。

　　《讀賣新聞》社電影新聞紀錄片攝影部部長、攝影師真柄。他在1937年10月底上海日軍強渡蘇州河激戰中，拍攝到任赤羽工兵隊伍長的話劇演員友田恭助被中國軍隊的機槍擊中胸部，抱著船槳死去的過程。在隨軍進攻南京時，他「使用遠攝鏡拍攝了攻進光華門先頭部隊的紀錄片」。[79]

　　《讀賣新聞》社電影新聞紀錄片攝影部的攝影師森。他在日軍進攻上海戰役中，與該部部長真柄一道拍攝了日軍強渡蘇州河的激戰。他還拍攝了轟炸南昌的日海軍航空兵一架在空戰中折了一隻機翼的戰機，返還上海基地安全著陸整個過程的特訊，取名〈用單翼返航的堅村機〉。[80]

　　《讀賣新聞》記者小俁行男。他是在1938年1月作為隨軍記者被派往中國華中戰場的。當時他25歲。他剛從日本陸軍省得到「隨軍執照」，第二天《讀賣新聞》晨報就刊登了他與另一位被派往華北戰場的記者船越的照片及一則報社增派兩名記者的通告，稱：「華北方面軍南下，華中方面軍開始北上，到處都翻滾著同中國軍隊決戰的風雲，因此決定派遣兩名特派員。」[81]小俁行男出發時，《讀賣新聞》社社長正力松太郎到東京車站送行。他於1938年1月13日到達上海，立即聽到了從南京歸來的報社同事講述的許多關於日軍南京大屠殺「駭人聽聞的事

---

[79] ［日］小俁行男：《侵略——中國戰線從軍記者的證言》；前引《南京大屠殺史料集》（10），第508頁。

[80] ［日］小俁行男：《侵略——中國戰線從軍記者的證言》；前引《南京大屠殺史料集》（10），第508頁。

[81] ［日］小俁行男：《侵略——中國戰線從軍記者的證言》；前引《南京大屠殺史料集》（10），第498頁。

情」。1938 年 8 月他來到南京實地採訪。戰後他寫了回憶錄《侵略——中國戰線從軍記者的證言》。

《大阪每日新聞》社的攝影師松尾邦。他跟隨日第 10 軍第 6 師團、第 114 師團與藤田實彥的輕戰車隊，從杭州灣登陸，一直到進攻南京。他「跟隨藤田部隊拍攝過進攻中華門的照片」，「跟隨第 10 軍步兵第 66 聯隊（宇都宮）一起率先進入中華門」。[82]

《大阪每日新聞》京都分社記者光本。此人跟隨第 16 師團從日本出征，從華北戰場，到轉往華中戰場，在常熟白茆口長江沿岸登陸，經常熟、無錫、常州、句容，到攻擊南京，寫出了一系列關於第 16 師團的報導。

「東寶映畫株式會社」的攝影師白井茂。此人原是日本《朝日新聞》社的朝日製作部的攝影師。在 1937 年 8 月調任 PCL 電影公司的第二製作部的攝影主任，在攝影所內工作。1937 年 9 月，PCL 電影公司與寫真化學研究所、東寶配給、J‧O 共四個公司合併，成立東寶映畫株式會社，白井茂隨之成為東寶映畫株式會社第二製作部（文化電影部）的攝影師。1937 年 12 月中旬，他奉命與錄音師藤井慎一、計畫人員米澤秋吉一道，帶著一部電子管攝影機，一部轉頭型攝影機，一部 35 毫米攜帶型攝影機，以及大量膠片，經上海，於 12 月 14 日到達南京，拍攝日軍佔領南京的新聞，歷時約二十餘天，於 1938 年 1 月上旬回到上海，1 月中旬回到日本。他以在南京拍攝的資料，與同事一道製作成一個小時的電影新聞紀錄片《南京》，由秋元憲編輯，江文也配樂，藤井慎一錄音，德川夢聲解說，於 1938 年 2 月 20 日完成。[83]

同時，許多日本新聞傳媒單位還千方百計邀請與組織了為數眾多的作家、詩人、評論家、畫家等，作為這些新聞傳媒的「特派記者」，隨

---

[82] ［日］佐藤振壽：《步行隨軍》；張憲文主編：前引《南京大屠殺史料集》（10），第 489、471 頁。

[83] ［日］白井茂：《攝影機與人生——白井茂回憶錄》；前引《南京大屠殺史料集》（33），第 418〜425 頁。

軍到南京採訪、寫作與報導。日本歷史學家洞富雄說：「在佔領南京後不久，除隨軍記者之外，作家、評論家等特派記者共有一百數十名撰稿人進入南京城。就以《東京日日新聞》社為例，大宅壯一、林芙美子和其他記者一起組成的四十名記者陣容進入了南京城。」[84]其他著名的作家、詩人、評論家還有木村毅、西條八十、杉山平助、石川達三、秦賢助、中村正常等。下面對其中較著名的幾位作簡要介紹：

大宅壯一（1900-1970）。日本著名的報告文學作家與新聞評論家，在 1920 年代末曾將蘇俄作家高爾基的長篇小說《四十年》翻譯成日文出版。1937 年 11 月，他應邀擔任《東京日日新聞》社特派記者團團長，帶領該社 30 餘名特派記者和攝影記者，隨日軍採訪，從上海到南京，經歷了日軍進攻南京的全過程。不過他本人並不到危險的最前線，而是在日軍作戰部隊的後方採訪。他寫出了報告文學《從香港到南京入城》，發表在日本《改造》雜誌 1938 年 2 月號上。其中，「第一章」，專寫他在香港的生活；「第二章」，則專門描寫日軍攻陷南京的情況。關於他寫的戰地記錄，日本著名記者本多勝一評論道：「它在內容上，對日軍的描寫遠不及火野洋平和石川達三，對中國民眾的描寫則幾乎沒有，只有對一塊兒去的新聞記者和文化人以及與他有過來往的軍人情況，進行了詳細的描述。因為他幾乎不採訪，也不去火線，所以只有流彈偶爾飛到後方時的體驗，毫無緊迫感。」[85]1940 年，他將他在中國戰場寫的戰地通訊結集，題為《外地的誘惑》，由日本萬里閣出版。戰後他一直對發生在南京的日軍大屠殺暴行緘口不言。但在 1966 年訪華期間的一次座談會上，他不得不吞吞吐吐地承認：「我認為，在入（南京）城前後，或到入城為止，曾有過大規模的屠殺，這是事實。殺害了 30 萬人啦，

84　[日]洞富雄著，毛良鴻、朱阿根譯：《南京大屠殺》，上海譯文出版社 1987
　　年版，第 414～415 頁。
85　[日]本多勝一著，劉春明、包容、吳德利等譯校：《南京大屠殺始末採訪錄》，
　　北岳文藝出版社 2001 年版，第 234～235 頁。

燒毀了三分之一的建築物啦，雖然這些數字有點不可信，但是，我作為一個目擊者，也可以絕對有把握地說，曾發生過大規模的屠殺。」[86]

木村毅（1894-1979），日本著名作家、記者。1933 年 2 月曾由日本《改造》社特派來華採訪蕭伯納，魯迅受內山完造委託，安排他與蕭伯納會面。日本侵華戰爭爆發後，他於 1937 年 8 月 21 日作為《大阪每日新聞》、《東京日日新聞》的隨軍記者，再次來到上海採訪，親歷淞滬戰爭，寫了許多反映戰況的生動報導。集結這些文章的《上海通信》於當年 11 月 8 日在日本出版發行，其時淞滬會戰即將結束，該書可以說是在第一時間完整記敘這場戰爭的著作，史料價值彌足珍貴。

西條八十（1892-1970）。20 世紀三十年代前後日本詩壇的象徵主義詩人，1915 年畢業於早稻田大學英文科，1931 年至 1934 年任早稻田大學法文科教授。1919 年出版第一部詩集《砂金集》，後又出版了譯詩集《白孔雀》（1920），詩集《蠟人形》（1922）。他曾與日夏耿之介、萩原朔太郎、佐藤春夫等組成大正詩壇上的藝術詩派。其詩風受象徵主義的影響，但其風格又與象徵主義詩人不同。他的詩多幻想、空想、明快、華麗、無象徵詩的幽暗。日軍攻佔南京時，他受《讀賣新聞》社派遣，於 1937 年 12 月 17 日趕到南京，專事參觀、採訪日軍舉行的「南京入城式」。他寫出了報告文學《盛大的南京入城式》，刊登在日本《談話》雜誌 1938 年 7 月臨時增刊《支那事變一年史》上；還寫了一首歌頌日軍南京入城式的詩，發表在日本文藝春秋社發行的雜誌《話》上。

杉山平助（1895-1946）。散文家。他作為《朝日新聞》的特派作家，到過天津、蒙古、北京、上海、南京等地採訪戰地新聞，是日本「筆部隊」中在前線待的時間最長的人。他於 1937 年 12 月 27 日傍晚來到位於南京大方巷的《朝日新聞》社南京分社，在南京採訪了四天，逗留到 12 月 31 日，然後返回上海。他將在南京的見聞與感想寫成隨筆〈南京〉，

---

[86] 章開沅：《南京大屠殺的歷史見證》，湖北人民出版社 1995 年版，第 252 頁。

刊登在日本《改造》雜誌 1938 年 3 月號上。[87]後來他將此文與其他在中國戰場採訪的文章結集成隨筆集《支那、支那人與日本》，於 1938 年 5 月由改造社出版。他在《支那、支那人與日本》一書的「前言」中說：「現在，無論做怎樣的和平主義的念佛，無論愚蠢地念它一百萬遍，現實也不會有一步進展。而且企圖搞垮日本的國際上的重壓，像無形的鋼刀，懸在我們的頭上。我在〔中國〕現場直接感受到了這一點。直面這一事態，就會使一切退卻無為的消極態度變得失去意義。即使在精神的領域，我也從來主張拋棄優柔寡斷的態度，轉為積極的進攻，此外別無選擇。這本書是我支那旅行的報告，同時，在這個意義上也是我思想的一個側面。」後來，他又跟隨海軍，溯長江而上，在日軍攻佔武漢時，隨軍入城。杉山平助以自己在武漢一帶的從軍經歷，撰文向《東京朝日新聞》投稿，回國後整理出版了《揚子江艦隊從軍記》。杉山平助在上述兩本書中，極力宣揚對華侵略，抨擊當時日本國內的一些人的所謂「和平主義」與「悲觀論」、「懷疑論」。在「筆部隊」中，林芙美子被日本宣傳媒體譽為陸軍班的「頭號功臣」，而杉山平助則被稱作海軍班的「頭號功臣」。

石川達三（1905-1985）。著名作家。1905 年 7 月生於日本秋田縣，1925 年入早稻田大學學習，並開始寫小說。1930 年曾隨日本移民去巴西，不久回國。他根據這一段經歷寫成《蒼氓》，在 1936 年獲得了日本首屆「芥川龍之介文學獎」，成為著名作家。1937 年 12 月 29 日，他作為日本《中央公論》的特派記者，從東京出發，被派往南京採訪，並約定為《中央公論》寫一部以日軍攻克南京為題材的紀實小說。石川達三於 1938 年 1 月 5 日到達上海；1938 年 1 月 8 日到達南京。當時南京日軍駐防部隊是日軍第 16 師團。他以在該師團採訪到的材料，回日本後，從 1938 年 2 月 1 日動筆，2 月 11 日完稿，寫成反映日軍

---

[87] [日]洞富雄著，毛良鴻、朱阿根譯：《南京大屠殺》，上海譯文出版社 1987 年版，第 20 頁。

攻佔南京戰役的報告小說《活著的士兵》，發表在《中央公論》1938
年 3 月號上。

　　1937 年 12 月 20 日前後，日本幾位「久負盛名的作家」來到南京
進行採訪、寫作與報導。其中有著名的軍國主義女作家林芙美子。她當
年 34 歲，以《東京日日新聞》特派記者的身份來到南京，是日本隨軍
記者中唯一的女作家。女作家從軍出征，這本身就具有特殊的宣傳價
值，日本的報刊對此大加鼓噪。如《東京朝日新聞》的一篇文章說：「日
本女性到戰場來啦！使全軍官兵大為吃驚，如在夢境。」林芙美子從上
海乘坐《東京日日新聞》社的帶篷卡車，穿過上海戰役的舊戰場，在江
陰住了一宿，第二天經過常州、金壇、句容，傍晚時到達南京，住進《東
京日日新聞》南京分社。據當時同在南京採訪的日本《東京日日新聞》
社的攝影記者佐藤振壽說：「林芙美子女士堪稱萬綠叢中一點紅。林芙
美子女士平易近人，身姿妖艷，讓多日沒見過日本女人的我們感覺她美
得耀眼。……林芙美子女士由南京回國後，根據自己跟隨軍隊的印象
寫了一篇名為〈黃鶴〉的文章，收錄在單行本《冰河》中。」[88]

　　在進攻南京的日軍中，還有些所謂「軍隊作家」，其本身就是進犯
南京的日軍官兵，參與了南京大屠殺。他們在拿槍桿子的同時，也拿起
了筆桿子，參與關於日軍「南京戰」的寫作中來。這方面最著名的就是
擔任進攻南京的日軍戰車（坦克）隊隊長的陸軍少佐藤田實彥，他寫了
一本記述南京戰事的中篇報告文學《戰車戰記》，在 1940 年 10 月 25
日由《大阪每日新聞》社發行。

　　作家秦賢助。此人是在南京戰役結束後，作為《福島民友》的隨軍
記者，於 1938 年隨日軍第 13 師團的山田支隊第 65 聯隊——兩角部隊，
所謂「白虎部隊」採訪。這支部隊官兵都來自仙台福島縣的會津若松地
區。他向該部隊官兵瞭解並記錄了該部隊在 1937 年 12 月 9 日從鎮江沿
長江南岸進攻，先後攻佔南京東北部的棲霞山、烏龍山、幕府山等陣地，

---

[88] [日]佐藤振壽：《步行隨軍》，前引《南京大屠殺史料集》（10），第 488 頁。

在南京長江邊俘虜與集體屠殺數萬中國官兵的情況。戰後他依據調查採訪材料，寫下了回憶錄《沾滿了俘虜鮮血的白虎部隊》，發表在 1957 年的《日本週報》第三九八號上。

第六節　日本隨軍記者、作家群體在「南京戰」中的活動情況

應該指出，這些隨軍到南京前線進行採訪與報導的記者、攝影師、作家、詩人與評論家，在戰後對日本侵華與南京大屠殺事件的認識與認定上，出現了一些分歧；但在日本發動侵華戰爭與南京大屠殺期間，他們絕大多數人的認識與行動卻幾乎是一致的。他們因長期受到日本軍國主義與法西斯主義的思想灌輸與教育，絕大多數人早就喪失了人類起碼的良知，具備了日本軍國主義者的一切思想特徵與行為特徵。他們接受了日本當局灌輸的軍國主義與法西斯主義思想，堅信日本的侵華有理的理論與日軍所向無敵的軍威，為日本的侵略政策與戰爭政策辯護與服務；他們充滿了侵略戰爭狂熱，是日本當局對中國實施武力征服與屠殺恐怖政策的熱烈擁護者與宣傳鼓動者。他們在新聞報導工作中，失去了理智與道德，不僅淺薄、浮躁、庸俗不堪，而且毫無新聞操守，肆無忌憚地造謠、撒謊、編造假新聞，刊登失實報導。他們宣揚日本的「侵略有理」與日軍的「武勇神威」、「奮不顧身」、「愛國忠君」、「英雄氣概」、「獻身精神」與「赫赫戰果」等。他們把「侵略」說成是「膺懲」，把「佔領」說成是「解放」，把「屠殺」說成是「武勇」，把「屠夫」吹捧為「英雄、勇士」，充滿了法西斯的野蠻、霸道與無恥。

當日軍於 1937 年 11 月發動對南京的瘋狂進攻時，這些隨軍採訪的記者、攝影師、作家、詩人與評論家，帶著軍國主義的戰爭狂熱，爭先恐後湧向南京前線，積極投入到採訪、寫作與報導工作中去。他們頭戴日軍戰鬥帽，身穿與日軍相差無幾的衣服，奔走在各部隊中，搶先報導戰場的形勢與日軍的動態，尤其是日軍的武功與勝利捷報。他們十分重

視這場日軍進攻與佔領中國首都南京的戰事。日本大型雜誌《文藝春秋》
1938 年 1 月號刊登的一篇新聞匿名月評〈向南京進軍！進軍！〉，得意
地描述了日本新聞界當時的狂熱心態與爭先恐後湧向南京前線採訪的
狂熱場面：

> 敵都南京──抗日的策源地、近代支那的腫瘤，很快就要被
> 皇軍的勇敢果斷、迅猛神速的手術刀施以外科手術了。這裏曾經
> 是戰國時代的金陵、秦朝的秣陵、東吳的建業、東晉的建康、隋
> 朝的蔣州、唐朝的江寧、明朝的應天府，歷經變遷。這裏還在長
> 毛之亂時被太平王（洪秀全）佔據 13 年之久。孫文曾在此點燃
> 革命烽火，蔣介石也矢志要在此稱「帝」。[89]這次，隨著皇軍盛
> 大入城式的舉行，別說支那，甚至東洋乃至世界的歷史都將隨之
> 改變。對我們來說，真可謂是神武天皇以來最大的創舉與偉業。
>
> 　向南京進軍！向南京進軍！戰馬勇猛，軍靴鏗鏘。新聞界也
> 不甘落後。所有的記者的神經都伸向南京，一切策劃和準備都為
> 了南京。一旦報紙沒登特派員報導，大報自不必說，連小報都遭
> 到讀者抱怨。每當聯絡船抵達上海，都能看到敢於敵前搶灘登陸
> 者手持鉛筆，背著相機、糧食和登山包的身影。他們或搭乘軍用
> 卡車，或乘坐舟船，或徒步 680 里，行走在埋有地雷的江南田野
> 上，全部向南京城殺來。報導南京的陣容為記者、攝影師、無線
> 電技術員、汽車駕駛員等，合在一起大概有 200 多人。這簡直是
> 新聞界的黃金時刻。
>
> 　這是報導戰線的大發展，是上海戰役處於僵持狀態時不敢
> 夢想的發展態勢。由於皇軍連戰連勝，新聞界也隨之活躍起
> 來……[90]

---

[89] 這是日方對當時中國國民政府主要領導人蔣介石的攻擊與誣衊。
[90] 新聞匿名月評：〈向南京進軍！進軍！〉，刊[日]《文藝春秋》1938 年 1 月號；

在南京前線戰地採訪的日本各新聞傳媒記者們為儘快、盡多地採訪與報導戰地新聞，使盡渾身解數，並動用了各式近代化運輸工具：

他們動用了飛機：

> 12月9日下午，《大阪每日新聞》的「石頭」機（大藏飛行員）、《讀賣新聞》的「Ｂ・Ｆ・Ｗ」機（熊川飛行員）來滬，與《朝日新聞》的「幸風」機和「鳳」機，共同表演了「南京入城」時壯觀的空中運輸戰。到底勝敗花落誰家！……各報社對空運稿件也表示出了寬容。這大概是出於對廣義國防，廣義宣傳戰的精忠報國的心情吧。結果是，在寫下「佔領南京」的一剎那，由於《大阪每日新聞》機、《讀賣新聞》機的出現，似乎所有消息稍不留神就被搶走了。假如彼此立場不同，肯定會堅決阻止《朝日新聞》飛機加入進來的。但是，我們為軍隊的公平而高興，同時也稱讚《朝日新聞》的涵養。之所以能吸引《朝日新聞》讀者，其魅力就是由這種涵養產生的和睦。

他們動用了汽車、摩托艇，甚至考慮使用坦克：

> 新聞戰和實戰一樣，也可謂機械化戰鬥。各社都用壞了相當數量的汽車。在被激發起來的爭強好勝心面前，汽車之類的成了一種消耗品。看到這裏是水鄉，即古代的吳國，《朝日新聞》和「同盟社」為攻克南京甚至準備了摩托艇。大場鎮陷落前，甚至考慮過利用坦克，深入到槍林彈雨中。

至於用無線電進行快速聯絡，更是日本各新聞傳媒普遍使用的聯絡工具：

前引《南京大屠殺史料集》(6)，第251～252頁；本書著者按：太平天國在南京定都應為近12年，洪秀全應是太平天國的天王。

《讀賣新聞》恐怕已進行了全盤策劃。但《大阪每日新聞》、《朝日新聞》、「同盟社」都在利用無線電保持前線和上海分局的通訊聯絡。基於各自的策略，數台無線電發報機分散部署在前線。恐怕很快「馬可尼」就要發出南京入城的電波了吧。但是，科學未必是萬能的，有時也會出現故障，無線電發報機完好就是新聞的勝利。這一點，《朝日新聞》得天獨厚。也不是說其他報社的機器廉價和技師水平低。

日本各新聞傳媒為方便前線記者隨時順利使用無線電收發報，還紛紛將卡車、公共汽車改造成記者的移動工作車：

這完全在於無線電臺。雖然各報社都是移動分局，都使用了卡車。而《朝日新聞》使用的是公共汽車，改造了座位，裝上床鋪，工作起來很舒服，幹起活來也很愉快。

日本各新聞傳媒不惜資本，為前線記者提供最新最先進的新聞報導設備：

大概都是因為上海分局長白川出於關懷而主張一切從美國購買的吧。在萬事都是應急、因地制宜的新聞戰的裝備方面，《朝日新聞》可謂是鶴立雞群。總之，都是資本戰，而且正因為是在國際化都市的上海，才得以發揮資本作用。有錢便可以迅速獲得裝備。如果不是在上海，隨著戰線擴大，隨軍記者的手腳就會遲鈍。全國各報紙大概會清一色地被軍隊發表的報導填滿。報紙好不容易保住了多姿多彩，這首先要感謝「上海」。

那些充滿了軍國主義狂熱的日本新聞傳媒的記者們，瘋狂地奔跑於上海到南京的戰線上：

不論資本大小，前線報人的辛苦是無以言表的。大場鎮以後的追擊戰中，軍隊攻勢勢如破竹，一旦留在後面就有被殘敗兵襲

擊的危險。必須空著肚子,淋著雨,深一腳淺一腳,哼哼唧唧地
跟著前進部隊,稍不留神,就會與聯絡員走散,孤立於敵陣中。
其中有的特派員自打離開上海,一直隨軍隊行動,一個多月也沒
回來過。簡直成了鬍子拉喳紫紅臉膛的東鄉和乃木了。……大概
是生長在自由主義氛圍下的現代記者,脆弱的知識份子們也因進
軍南京而振奮起事了。即,國家主義萌芽了吧。如果這單單是新
聞攫取戰,那也太殘酷了。[91]

　　日本《東京日日新聞》社的攝影記者佐藤振壽在其隨軍日記《步行
隨軍》中,記述了日本隨軍記者與無線電報務員的緊張工作情況:

　　　　社會部、地方部的記者們白天去司令部和聯隊本部採訪,傍
晚回來後便忙著趕寫稿件,然後用無線電報發稿。……無線電技
師在燭光下拼命地按著無線電發報機的鍵鈕,或許是稿件太多,
嘀滴答嗒的聲音到 12 時還響著。……
　　　　為了將記者的稿件從前線發送出去,無線電技師帶著發報
機與我們(記者)同行。發報地點就成了(新聞傳媒的)前線
基地了。[92]

　　為了及時將攝影記者在南京拍攝的戰場照片與電影新聞紀錄片以
及重要稿件送回日本國內,將後方的給養送達記者,日本各新聞傳媒還
特地配備了許多「聯絡員」。「所謂聯絡員,是在戰線上投送稿件、給記
者和攝影師運送糧食的人。哪個報社的分社都有幾個聯絡員。」[93]

---

[91]　新聞匿名月評:〈向南京進軍!進軍!〉,刊[日]《文藝春秋》1938 年 1 月號;
　　　前引《南京大屠殺史料集》(6),第 253～254 頁
[92]　[日]佐藤振壽:《步行隨軍》;前引《南京大屠殺史料集》(10),第 438～439、
　　　第 452 頁。
[93]　[日]小俣行男:《侵略——中國戰線從軍記者的證言》;前引《南京大屠殺史
　　　料集》(10),第 498 頁。

「報社中的聯絡員也有各種人物，最初都是由東京派來的編輯總務科員擔任，……以後，隨著戰線的擴大，聯絡員顯得不夠用了。不能從東京大量派來，只好在當地招募。僑居在上海的日本人，……也有的成了報社的聯絡員。還有從日本渡海來上海想找些賺錢的事幹幹的，這類人也被留用為聯絡員。」[94]聯絡員們在南京前線接到攝影記者拍攝的戰場照片與電影新聞紀錄片後，「通宵開著摩托車把那些東西送到上海」；日本各新聞傳媒的總社派飛機到上海，「運走 13 日攻陷南京的新聞紀錄片及照片原稿。……飛行員駕駛著洛克希德運輸機，將膠捲送到福岡。從南京到福岡要花 15 小時 40 分鐘。這些照片將從福岡電傳至大阪、名古屋和東京。分第一號和第二號兩期，發表在《南京佔領寫真畫報》的正反兩面的照片號外上。」[95]

許多抱著軍國主義與法西斯思想的記者、攝影師、作家與評論家們，為了搶先報導出最新的日軍進攻南京的戰績，為了新聞競爭，為了討好日本當局與滿懷戰爭狂熱的日本國民，為了擴大報紙的銷量，在採訪報導中大搞「新聞快速主義」，粗製濫造，甚至不惜造假，以至在報導南京戰事時，鬧出了許多笑話。

日本《文藝春秋》1938 年 1 月號刊登的新聞匿名月評〈向南京進軍！進軍！〉指出：

　　戰爭也講禮儀，但報紙從來就忘記這一點，禮儀早就拋之腦後。而且，或是戰國時代的遺風，或是穿錯了體育精神的鞋子，結果只剩下廉價的競爭。隨軍記者拼命搞最先到場，拼命想先舉太陽旗。誠然，新聞是以迅速為生命的。但單純追求快速的粗製濫造的報導卻百害而無一利。上海戰線也是如此。在大廠鎮（本

---

[94] [日]小俁行男：《侵略——中國戰線從軍記者的證言》；前引《南京大屠殺史料集》（10），第 502 頁。

[95] [日]佐藤振壽：《步行隨軍》；前引《南京大屠殺史料集》（10），第 438～439、第 468～469 頁。

書著者按：應為大場鎮）、南翔，幾次豎起了太陽旗。幾次瞎話之後，戰線新聞報導好不容易發明了「完全佔領」這一術語。報導失誤有損皇軍威信。

日本隨軍記者到了南京戰場以後，在新聞報導中的「新聞快速主義」，即粗製濫造、胡編亂寫等，則更加發展，更加嚴重，以至鬧出了不少大笑話，成為世界新聞史上永遠抹不掉的醜聞與笑料。日本《文藝春秋》上刊登的這篇新聞匿名月評〈向南京進軍！進軍〉舉出了日本新聞傳媒在報導南京戰事中許多虛報造假的事例；並指出在日本的三大報紙中，以《讀賣新聞》的虛報造假最為嚴重，說：

> 在三大系中，聽說《讀賣新聞》手下兵員最少，而且，或許是因為《讀賣新聞》的宗旨是黃頁，在現場一看，正在若無其事地亂寫一通讓人捧腹大笑的「創作」。

日本新聞傳媒在報導南京戰事中的許多虛報造假，甚至連日本的同行也看不下去了。日本《文藝春秋》上刊登的這篇新聞匿名月評〈向南京進軍！進軍！〉指出：

> 新聞快速主義好像賭場上擲骰子，不管出現是「一」，還是「八」，一樣勝負。在點數上，出現「一」的概率是 1/6，但實際問題是，情況並非那麼稱心如意。所以有時就會有假。事情至此，新聞已偏離了其本質，成了創作，除此之外什麼也不是。創作被電報化，被印刷化，被報紙化。難道這不是對道德的否定，對現代科學的褻瀆嗎！現實就是把這些商品稱作新聞，真為此感到悲哀。

這篇「新聞匿名月評」指出日本各新聞傳媒在採訪報導日軍進攻南京戰役中的造假失真將造成嚴重的影響：

　　眼下是戰時，與平時完全不同。作為報紙，太討好時局有顯
尷尬。……由於類似事件而失去對報紙的信任，並因此被更嚴格
地統一管制的話，報紙必然自我滅亡。越來越盲目的國民又該怎
麼辦呢？希望報紙自重。[96]

　　在這一點上，這篇「新聞匿名月評」的作者錯了。搞新聞造假的，
並不僅僅是幾家新聞傳媒或幾個隨軍記者，而是日本軍國主義當局在戰
時的根本國策之一。這在本書前面已有論述。最明顯、最典型的例證就
是全部日本新聞傳媒在日軍南京大屠殺報導上的集體造假，進行隱瞞、
粉飾、造謠、嫁禍於人，等等。這方面的詳細內容我們將在後面的有關
章節中論述。

　　正是抱著這種軍國主義與法西斯思想，這些隨軍採訪與報導的記
者、攝影師、作家與評論家，在日軍從上海向南京進攻的各戰役中，為
了搶先獲得最新的報導材料或拍攝到現場的照片，冒險分別跟隨各師團
走上前線。其中有一些記者、攝影師、作家與評論家竟隨第一線部隊行
動，甚至直接參加戰鬥，充當殺人勇士，結果被打死，成了日本軍國主
義的殉葬品。如話劇演員出身的友田恭助在上海戰役中，於 1937 年 10
月底隨日軍強渡蘇州河（吳淞江）時，任赤羽工兵隊的伍長，被中國軍
隊的機槍擊中胸部，當場死去。拍攝其陣亡的日本新聞紀錄片後來「在
東京的電影院中放映，引起了很大的反響」。[97]在日軍進攻蘇州的戰役
中，《朝日新聞》死了兩個記者，《讀賣新聞》也死了兩個記者。[98]在日
軍進攻無錫時，《讀賣新聞》的記者、28 歲的渡邊峰雄與《朝日新聞》
電影班的攝影師前田恒被中國軍隊的機槍打死了。「已有好幾個新聞記

---

[96] 新聞匿名月評：〈向南京進軍！進軍！〉，刊[日]《文藝春秋》1938 年 1 月號；
　　前引《南京大屠殺史料集》（6），第 254～256 頁。
[97] [日]小俣行男：《侵略——中國戰線從軍記者的證言》；前引《南京大屠殺史
　　料集》（10），第 508 頁。
[98] 新聞匿名月評：〈向南京進軍！進軍！〉，刊[日]《文藝春秋》1938 年 1 月號；
　　前引《南京大屠殺史料集》（6），第 255 頁。

者戰死了」[99]。而當日軍向南京城發起攻擊時，又有一些日本隨軍記者充當了炮灰：1937 年 12 月 8 日，《讀賣新聞》社的記者吉島在隨第 16 師團從湯山鎮向麒麟門攻擊時，被中國守軍的機槍子彈擊中頭部而亡。[100]

1937 年 12 月 8 日，《東京朝日新聞》的著名攝影師濱野嘉夫，在南京雨花臺前線採訪時，與另外三名記者同乘一輛採訪車，被中國軍隊的坦克擊中，濱野嘉夫被當場擊斃，另三名記者負傷。[101]濱野嘉夫的同事藤本在當地「把濱野的遺體火化後，背著骨灰一道享受了南京入城的喜悅，真是一幕喜淚交加的戰地風景。」[102]

1937 年 12 月 10 日下午，同盟社電影攝影師牧島貞一攜帶著一部攜帶型攝影機，乘坐日軍第 16 師團研仲戰車隊的輕型坦克，向紫金山腳的孝陵衛前線衝擊，被炮彈擊中，負了重傷。[103]

最離奇死亡的記者，是在日軍進攻南京光華門的激烈戰鬥中，被日軍自己人刺死的《福岡日日新聞》記者北山國雄。日本《讀賣新聞》的特派員、隨軍記者小俁行男記述了這位記者的陣亡經過：

> ……在這次光華門攻防戰中，隨軍記者也戰死了。最初衝到城牆下的部隊全部被殲，只有一個《福岡日日新聞》的記者還活著。他蹲在戰壕裏等待後面衝進來的友軍救援。隨軍記者穿的是

[99] [日]小俁行男：《侵略──中國戰線從軍記者的證言》，前引《南京大屠殺史料集》（10），第 509 頁。

[100] [日]前田雄二：《在戰爭的激流中》，東京善本社 1982 年 8 月 1 日版；前引《南京大屠殺史料集》（33），第 431 頁。

[101] 薩蘇：《國破山河在──從日本史料揭秘中國抗戰》，山東畫報出版社 2007 年版，第 82 頁。

[102] 新聞匿名月評：〈向南京進軍！進軍！〉，刊[日]《文藝春秋》1938 年 1 月號；前引《南京大屠殺史料集》（6），第 255～256 頁。本書著者按：關於濱野嘉夫的陣亡，日本同盟社記者前田雄二在其回憶錄《在戰爭的激流中》中有另一種說法，認為其是在隨第 9 師團骨阪部隊從淳化鎮進攻光華門時被槍彈擊中打死的，見前引《南京大屠殺史料集》（33），第 432 頁。

[103] [日]前田雄二：《在戰爭的激流中》，東京善本社 1982 年 8 月 1 日版；前引《南京大屠殺史料集》（33），第 436 頁。

代替軍服的土黃色制服。那位記者一看見再次衝進來的友軍，便站起來揮手。可是一個日本兵以為陣地上已經沒有日本人了，斷定這肯定是個中國兵，便上前一刺刀，繫進記者的胸膛。刺死後看見臂章才知道被殺人是《福岡日日新聞》的記者北山國雄。

日本人的新聞記者被日本兵殺死了，不過當時也沒釀成別的什麼煩惱。因為是在人與人相互搏殺的前線發生的事，最多歎息兩句「真可憐」或者「命運不好啊」就完了。陸軍報導部將此事說成是「遭到敵人襲擊而戰死的」，報紙也這樣報導，家屬也真以為是「戰死」的。[104]

這就是在日軍進攻南京期間，日本當局通過日本各新聞傳媒派遣到南京前線進行採訪與報導的隨軍記者、攝影師、作家與評論家等這一特殊群體組織的活動情況與活動特點。

---

[104] [日]小俣行男：《侵略──中國戰線從軍記者的證言》，前引《南京大屠殺史料集》（10），第 508～509 頁。本書著者按：關於北山國雄的陣亡，日本同盟社記者前田雄二在其回憶錄《在戰爭的激流中》中有另一種說法，認為其是在隨第 6 師團進攻中華門時被機槍打死的，見前引《南京大屠殺史料集》（33），第 446 頁。

第二章　日本新聞傳媒對日軍
「南京攻略戰」的報導與評論

　　就像在研究日軍南京大屠殺暴行之前，十分有必要先對日軍南京大屠殺暴行的起因與背景——日軍進攻南京戰役進行分析與評判一樣，我們在研究日本新聞傳媒怎樣對待與報導日軍南京大屠殺暴行之前，十分有必要先對日本新聞傳媒怎樣報導與評判日軍進攻南京戰役進行分析與研究。

第一節　對日軍戰機空襲南京的報導與吹噓

　　在南京戰役中，日本的新聞傳媒首先對日軍戰機對南京進行大規模的野蠻空襲進行報導，他們充當了日軍空中屠殺的吹鼓手與宣傳隊，為日本的空襲擊鼓助威，搖旗吶喊。

　　日本海軍所轄航空隊從 1937 年 8 月 15 日開始對南京進行空襲。15日下午 1 時 30 分許，日本海軍第一聯合航空隊所轄的木更津航空隊的二十架新銳 96 式陸上攻擊機，從日本本土長崎附近的大村航空基地起飛，經近五個小時的飛行，到達南京，冒著中國戰機的攔截與地面防空火力，強行衝入市區上空，對明故宮機場、大校場機場等軍事設施以及八府塘、第一公園、大行宮、新街口等商業區與人口密集區進行掃射與轟炸。下午 2 時 50 分，第二批日機再次空襲南京。——這一天是日軍戰機對南京的第一次空襲。南京防空部隊也首開記錄，於當日先後擊落日機六架。

日機對南京商業區與人口密集區的轟炸違反了國際公法,引起了世界的震驚與國際輿論的譴責。但日本新聞傳媒卻將日機越海對中國首都的空襲吹噓為世界上首次「渡洋爆擊的壯舉」,「鐵錨象徵的長征」,對日機遭擊落卻隻字不提。[1]

1937 年 8 月 16 日,《東京朝日新聞》刊登 8 月 15 日日機首次空襲南京的報導,大字標題為〈長驅急襲南京南昌,粉碎敵空軍主力,我海軍戰機勇猛無比〉、〈震撼中國首都南京,展開壯觀的大空戰,以空前的戰果返回〉。[2]

後來,東京的日本「雄辯會」(後改稱「講談社」)於 1938 年編輯發行一套面向日本青少年、宣傳軍國主義侵略戰爭的《少年軍談系列》叢書。其中有高木義賢寫的《南京總攻擊》一書,記述日軍進攻南京戰役的過程與功績。該書對日軍戰機於 8 月 15 日首次空襲南京,是這樣寫的:

> 8 月 15 日,中國海上空有 723 毫巴的低氣壓,南京正處於暴風雨的中心。前一天,一隊突如其來的日機在上海附近盤旋,過了一會兒就飛走了。因此,中國人放鬆了警惕。上午 9 點半鐘,南京突然警報大作。
>
> 「飛機空襲!空襲!」
>
> 特別驚慌的是那些南京市民,他們想不到日機竟會飛到南京來。他們像鼴鼠一樣逃進防空洞,而比他們速度更快的,則是掠過低空的積雨雲,一架又一架,一隊又一隊,銀色鵬翼上印有「日之丸」標誌的、無敵的海上荒鷲隊。先頭一架飛機貼著城門門樓的瓦片飛過,以大校場機場的建築物為目標,來了一個精確的急降,投下一顆炸彈。

---

[1] 日本防衛廳防衛研究所戰史室:《中國方面海軍作戰》(1),[日]朝日新聞社 1974 年出版,第 40 頁。
[2] [日]本多勝一著,劉春明、包容、吳德利等譯校:《南京大屠殺始末採訪錄》,北岳文藝出版社 2001 年版,第 308 頁。

「砰！」一陣驚天動地的爆炸聲響過，轉眼間，機庫變成灰燼。

這是永留歷史的第一彈，是我國射向南京的第一支攻擊之箭。

我國荒鷲隊從遙遠的日本本土基地出發，出色地在暴風雨中穿越中國海，無愧「越洋轟炸隊」的稱號。對方從南京四周堅固的防空陣地瘋狂地向空中射擊，十多架戰機升空迎戰，拼死戰鬥。在砂石如雨的境況中，一場極其壯烈的大空戰正在進行。

結果，我國荒鷲隊擊落敵機九架，停在地面的八架敵機也被徹底擊毀，在很大程度上破壞了對方的停機庫和軍事設施。但我方多少也有些損失，梅林中尉成了火達摩（譯者注：這是火神的意思。達摩，佛教禪宗的創始人），他在中彈起火下墜的飛機上，揮舞著白手巾向僚機的戰友們告別。航空兵曹長渡邊的「死的凱旋」，也是發生在這一天的著名故事。[3]

日機對南京的空襲，甚至波及到外國駐南京的外事機構。1937 年 8 月 18 日日本駐青島總領事致日本駐北平參事官森島電稱：根據日駐南京使館參事官日高報告，日機在 8 月 15 日和 16 日轟炸南京時，「連外國大使館，包括對我大使館也悍然進行轟炸，並且大膽地低空飛行，令人吃驚。有人說事先沒有任何警告（如英國大使館）。……」[4]但以後日機在對南京的瘋狂空襲中，仍多次傷及西方國家駐南京使領館和辦公機構，以及哈瓦斯、海通、合眾等外國通訊社的駐南京辦事處等，傷及西方國家駐南京的外交官與西方國家僑民。

1937 年 8 月 23 日晨，日本軍國主義當局派遣的援軍「上海派遣軍」所轄第 3、第 11 師團，在松井石根指揮下，在上海黃浦江入海口北岸

3　[日]高木義賢：《南京城總攻擊》，日本「雄辯會」1938 年版，第 208～210頁；中譯文引自[日]笠原十九司著，李廣廉等譯：《難民區百日》，南京師範大學出版社 2005 年版，第 3 頁。

4　中央檔案館、第二歷史檔案館、吉林省社科院合編：《日本帝國主義侵華檔案資料選編——南京大屠殺》，中華書局 1995 年版，第 9 頁。

的吳淞、川沙口登陸。為了配合日軍對上海的進攻，日機加強了對南京的空襲，對南京到上海交通的封鎖。

1937 年 8 月 26 日，日軍戰機在南京通往上海的「京滬國道」上，轟炸掃射了英國駐南京大使許閣森（Hughe Knatchbull-Hugessen）的座車。當時許閣森正從南京趕往上海，為了避免日機轟炸，特地在座車頂上覆蓋一面十分醒目的巨幅英國國旗。但日海軍軍機飛行員全然不顧，依然多次低空俯衝襲擊，直至將許座車打翻，將許閣森擊成重傷。許閣森被送往上海緊急搶救。英國政府就此事件向日本政府提出抗議。日本政府卻進行百般的抵賴、狡辯，並力圖嫁禍於中國戰機。

1937 年 9 月 19 日，日駐中國的海軍第 3 艦隊司令官長谷川清海軍中將在上海向各國駐滬領事發出〈通告〉，宣稱將從 9 月 21 日正午以後，對南京城內及附近的中國軍隊與軍事設施採取轟炸與其他手段，要把南京化為灰燼。〈通告〉宣佈：

> 日本海軍航空隊，以南京系中國軍事活動之主要根據地，茲為消除中國軍隊之敵對行動，早日結束目前之敵對狀況起見，將於 1937 年 9 月 21 日正午 12 時以後，對南京城內附近之中國軍隊，及一切屬於華軍軍事工作及活動之建築，採取轟炸或其他手段。在此次襲擊之中，友邦人士之生命安全，自應嚴密注意，惟日本第三艦隊司令官為避免友邦人士遭受中日敵對行為中無法防禦之危險計，不得不勸告各友邦現在居住南京城內或附近之官員及僑民，採取妥善步驟，自動撤入較為安全之地帶。至於長江中之外國軍艦及其他船隻，亦應停泊於下關上游，以免危險。[5]

面對日本當局的戰爭威懾與訛詐，當時駐南京的各國外交使節，只有美國與義大利等少數國家的外交使節避往停泊在長江中的美國炮艇

5　日駐中國海軍第 3 艦隊司令官長谷川清：《通告》（1937 年 9 月 19 日），刊[上海]《華美晚報》1937 年 9 月 20 日；轉引自南京市志叢書：《南京人民防空志》，海天出版社 1994 年版，第 26 頁。

上。日本當局對此大加讚賞。日本新聞傳媒更是「連篇累牘地讚揚」。
據當時美聯社發自東京的消息稱：

> 東京美聯社消息：由於美國駐南京大使詹森根據日本警告南
> 京將被轟炸而撤離南京，日本全國出現了對美國的友好氣氛。日
> 本報紙連篇累牘地讚揚赫爾先生、羅斯福總統和美國人。[6]

但是，日本對西方國家外交使節與僑民採取的戰爭威懾與訛詐政
策，遭到了英、美、法、蘇、德等大多數國家政府的拒絕與許多僑民的
抵制。

1937年9月21日，英、美、法、蘇等國宣佈，拒絕日方在9月19
日提出的要這些國家駐南京外交人員、海軍艦艇撤離南京的要求；並聲
明，倘日機轟炸南京，致各該國僑民及財產發生損壞時，日方當負完全
責任。

對日機瘋狂轟炸南京等地的非軍事區，轟炸普通居民住宅與文化設
施，英國於9月21日向日本外務省提出抗議與警告；美國、法國也於
9月22日向日本外務省提出抗議與警告。

在這同時，由英、法、美等國家為主導的國際聯盟也於9月27日
通過決議《譴責日本在華暴行案》，在28日公佈，譴責日本飛機轟炸南
京等不設防的城鎮，並聲稱日本的這種行為是沒有任何理由的，「已在
全世界激起了極端的厭惡與憤慨。」[7]

然而，日本海軍當局通過發言人聲稱：「各國雖向東京提出抗議，
但轟炸南京之計畫，決不終止。」[8]1937年9月27日，日本大使館海軍
武官本田少將奉命就各國政府提出的抗議，發表講話，對日本海軍航空

6　報導：〈正如宣佈的那樣〉（As advertised），刊[美]《時代》週刊1937年10
　　月4日；前引《南京大屠殺史料集》（29），第580～581頁。
7　顧維鈞：《顧維鈞回憶錄》（2），中華書局1985年版，第503頁。
8　[上海]《華美晚報》1937年9月20日；轉自南京市志叢書：《南京人民防空
　　志》，海天出版社1994年版，第26頁。

兵飛機故意轟炸中國非戰鬥人員的指控表示斷然否認，吹噓他們將「不惜任何代價」保護中國和外國非戰鬥人員的生命和財產。第二天，《字林西報》針鋒相對地發表社論，以南京等地的血的事實說明，「最近日本一位負責任的海軍軍官在外國報紙上所概括的令人欽佩的意圖顯得異常的虛偽。」[9]

此後，日機對南京空襲的次數日益頻繁，規模日益擴大，造成南京軍民的傷亡與財產的破壞也日益慘重。日方對南京日益加劇的野蠻空襲，其目的除了摧毀南京的軍事設施、重要工廠與軍政指揮機關、削弱中國的抗戰能力外，更重要的是實施對中國軍民的武力征服與恐怖威懾政策。1937 年 9 月，日海軍第 2 聯合航空隊下達的作戰命令就赤裸裸地向執行空襲的官兵宣佈：「轟擊無需直擊目標，以使敵人恐怖為著眼點。」[10]——這就說明，日本當局部署與指揮空襲南京，首要目的並不是空襲南京的軍事目標，而是以瘋狂的轟炸與野蠻的屠殺使南京軍民「恐怖」，使中國政府屈服，摧毀中國軍民的抗戰意志。正如日方當局所明確宣稱，「為的是威嚇敵軍及人民，使其醞釀厭戰與和平的傾向。對於內地進攻作戰所期望的效果，與其說為直接給予敵軍及軍事設施的物資損失，勿寧是給予敵軍及一般民眾的精神威脅。我們所期待的是他們因恐怖過甚，終至激發為反戰運動。」[11]為了實施這個殖民政策，日本空軍在對南京空襲中進行了瘋狂的轟炸與最大限度的空中屠殺。

日本當局將他們空襲南京等中國城市的「成果」，通過他們的新聞傳媒，向世界大肆宣傳與吹噓。

---

[9]　徐淑希編著：《日本人的戰爭行為》（英文），1938 年出版，藏美國國會圖書館；前引《南京大屠殺史料集》(29)，第 613 頁。

[10]　日本防衛廳防衛研究所戰史室編：《中國方面海軍作戰》(1)，朝日新聞社1974 年版，第 405 頁。

[11]　張效林譯：《遠東國際軍事法庭判決書》，群眾出版社 1986 年版，第 480 頁。

1937 年 10 月 15 日，日本英文《大阪每日新聞》刊文，報導日軍戰機自 8 月 15 日首次轟炸南京，迄今兩個月內，共空襲中國六十處以上具有「軍事價值」的城市，列表如下：

山東省　韓莊、棗莊、兗州、濟寧。

江蘇省　南京、浦口、上海、句容、無錫、江陰、蘇州、昆山、嘉定、太倉、松江、宿州、楊州、南通、海州、連雲、淮陰、南翔。

浙江省　杭州、寧波、海寧、筧橋、嘉興、……[12]

上海租界的美商《密勒氏評論報》主筆鮑威爾於 1937 年 11 月 30 日在該報發表評論指出：「（《大阪每日新聞》）所舉出的六十多個城市，其中真有軍事價值的很少。」日機轟炸屠殺的多是無辜的平民百姓，「上海報刊上刊載關於死亡和破壞的各種新聞的大標題，概括地說出了每一次慘劇的內容。而這已是司空見慣，不足為奇了。」[13]

1937 年 11 月 3 日，日本官方同盟社東京電，報導日本海軍省發言人今日宣稱，自 10 月 25 日到 27 日，日海軍戰機共 850 架，參加轟炸上海戰場中國軍隊陣地及後方，共擲炸彈 2526 枚，計重 164 噸，故華方損失奇重……。[14]

日本當局還將他們空襲南京「成果」的宣傳，通過他們的納粹德國盟友向全世界散佈與吹噓。一位自稱為「日本上尉 T.H.」的日本空軍飛行員，寫了一篇題為〈中國前線上空的空戰〉的文章，送到德國，在《德國簡訊郵報》上連載發表，講述與吹噓他在侵略中國的空戰中的「戰績」

---

[12] [澳]田伯烈著，楊明譯：《1937：一名英國記者實錄的日軍暴行》（原書名《外人目睹中之日軍暴行》），湖北人民出版社 2005 年版，第 119～120 頁。

[13] [澳]田伯烈著，楊明譯：《1937：一名英國記者實錄的日軍暴行》（原書名《外人目睹中之日軍暴行》），湖北人民出版社 2005 年版，第 121 頁。

[14] [澳]田伯烈著，楊明譯：《1937：一名英國記者實錄的日軍暴行》（原書名《外人目睹中之日軍暴行》），湖北人民出版社 2005 年版，第 119 頁。

與得意心態。在 1937 年 12 月 16 日所刊登的「第 9 次連載」的一段，
是「對進攻南京的描述」。這位「富有經驗的」作者竟然對南京作了這
樣的描寫：

> 居民們紛紛逃到長江另一邊的浦口去，每天都有成千上萬的
> 人被送過江去。大橋已不再用得上了。[15]

這種顯然缺乏最起碼常識與最起碼誠實的文字，甚至引起了納粹德
國駐中國外交官的強烈不滿與抗議。德國外交官阿爾滕布格在 1938 年
3 月 10 日於廣東給德國外交部的報告中指出：「作者在這裏忘記了長江
上還從來沒有過大橋。」[16]德國駐華大使陶德曼則在 1938 年 3 月 12 日於
漢口給德國外交部的報告中說：「這篇文章完全是謊話連篇。」[17]

1937 年 11 月 12 日日軍佔領上海後，迅速地兵分三路，向中國的
首都南京包抄過來。為配合日本陸軍對南京的合圍與進攻，日軍當局下
令進一步加強對南京的空襲。

1937 年 11 月 26 日，《讀賣新聞》晨報刊登該社上海特電，報導日
本空軍戰機支援與配合向南京圍抄進攻的日本陸軍，反覆猛烈轟炸中國
軍民的「效果」：

> 陸軍飛行隊以及瀧、野中各部隊，全力配合追擊的地面部
> 隊，對潰逃的敵人反覆進行猛烈轟炸，無錫、丹陽的道路上堆滿
> 了敵人遺棄的死屍。我軍轟炸的效果得到了最大的發揮。[18]

---

15 [德]阿爾滕布格：《給德國外交部的報告》(1938 年 3 月 10 日於廣東)，前引
　　《南京大屠殺史料集》(6)，第 438 頁。
16 [德]阿爾滕布格：《給德國外交部的報告》(1938 年 3 月 10 日於廣東)，前引
　　《南京大屠殺史料集》(6)，第 438 頁。
17 [德]陶德曼：《給德國外交部的報告》(1938 年 3 月 12 日於漢口)，前引《南
　　京大屠殺史料集》(6)，第 439 頁。
18 前引[日]本多勝一：《南京大屠殺始末採訪錄》，第 135 頁。

到 1937 年 12 月初，隨著日本陸軍向南京的迫近，日本戰機對南京的空襲加劇，除日本海軍航空隊更為瘋狂外，又投入日本陸軍航空隊第三飛行團，「大舉空襲南京」。[19]這些飛行團以上海的龍華、王濱等機場為基地，在陸續佔領的常州、廣德、長興建立前進飛機場，對南京進行近距離的襲擊，「轟炸南京飛機場及城牆，協助第一線兵團作戰，特別是攻擊揚子江上和從蕪湖附近向南面退卻的敵人。」[20]這時南京機場中國空軍的戰機已幾乎消耗殆盡，又得不到補充，基本喪失了戰鬥力；雖然在 12 月 1 日蘇聯志願航空隊的部分戰機飛抵南京並投入對日作戰，但杯水車薪，已無力挽回敗局。12 月 4 日，中國飛行員董明德駕駛南京機場唯一的一架中國驅逐機升空，最後一次空襲正向南京進攻的日軍地面部隊。此後，剩下的、為數很少的中、蘇戰機不得不撤退轉移到內地機場去。南京地面的高射炮也被炸得所剩無幾。日機已完全取得了制空權，將對南京的空襲推向頂峰。

1937 年 12 月 7 日，日本同盟社發出如下消息：

> [同盟社 7 日上海本埠消息]：日本海軍航空隊今晨由其根據地出發，渡過海洋，長驅飛南京，對於華軍陣地加以轟炸，未幾，陸軍飛行隊野中、瀧、神崎、河村各部隊，亦出現於南京空際，與海軍機聯絡，投彈甚多，炸彈爆裂之聲，震動天地。[21]

日本國際情報社創辦的《世界畫報》日支大事變號第六輯（總第十四卷第二號）報導說，在 1937 年 12 月 7 日，日軍戰機對南京「進行最大規模的轟炸」：

---

[19] 《支那事變實記》；轉引自南京市志叢書：《南京人民防空志》，海天出版社 1994 年版，第 31 頁。

[20] 日本防衛廳防衛研究所戰史室編著：《中國事變陸軍作戰史》；轉引自南京市志叢書：《南京人民防空志》，海天出版社 1994 年版，第 30 頁。

[21] 中譯文引自[上海]《申報》1937 年 12 月 8 日第 2 版；張憲文主編：《南京大屠殺史料集》（1），經盛鴻等編：《戰前的南京與日機的空襲》，江蘇人民出版社 2005 年版，第 291 頁。

除海軍航空隊外，陸軍飛行隊也參加了渡海作戰，昨天中午全部出動，對正在南京郊外進行抵抗的敵軍進行最大規模的轟炸。目前正在展開南京攻防的決戰。[22]

1937 年 12 月 11 日，日方報導日軍戰機對南京「進行了毀滅性的轟炸」：

（12 月 11 日）海軍航空隊於上午、下午在城區上空對敵軍進行了毀滅性的轟炸。[23]

日軍戰機對南京的空襲直到 1937 年 12 月 13 日下午 2 時，即日軍完全佔領了南京後才停止下來：

（12 月 13 日）隨著佔領區域的逐步擴大，我海、陸航空隊從下午 2 時停止了轟炸。[24]

據日軍總部在 1937 年 12 月 18 日發表的公告稱：從 8 月 15 日到 12 月 13 日日軍攻佔南京，在這長達四個月的時間中，日機空襲南京 50 多次，參加空襲的飛機達 800 多架，投彈 160 多噸。[25]但實際上，據日本學者笠原十九司考證，日機空襲南京在 110 次以上；[26]而據中國專家

---

[22] 日本國際情報社：《世界畫報》日支大事變號第六輯（總第十四卷第二號），1938 年 2 月 1 日出版；中國第二歷史檔案館、南京市檔案館合編：《侵華日軍南京大屠殺檔案》，第 24 頁，譯文略有改動。

[23] 日本國際情報社：《世界畫報》日支大事變號第六輯（總第十四卷第二號），1938 年 2 月 1 日出版；中國第二歷史檔案館、南京市檔案館合編：《侵華日軍南京大屠殺檔案》，第 26 頁。

[24] 日本國際情報社：《世界畫報》日支大事變號第六輯（總第十四卷第二號），1938 年 2 月 1 日出版；中國第二歷史檔案館、南京市檔案館合編：《侵華日軍南京大屠殺檔案》，第 27 頁。

[25] [澳]廷伯利著，馬慶平、萬高湖等譯：《侵華日軍暴行錄》，新華出版社 1986 年版，第 111 頁。

[26] [日]笠原十九司著，李廣廉等譯：《南京難民區百日》，[日]岩波書店 1995 年版，第 9 頁。

編著的《南京人民防空志》一書的不完全統計，「南京共遭受日機空襲118 次，投彈 1357 枚，市民死亡 430 人，重傷 528 人」。[27]應該指出，這個數位僅指南京城區的普通市民，不包括被炸死傷的中國軍人與郊區農民。保守估計，日機空襲造成南京中國軍民傷亡當在 3000 人以上，造成的財產、房屋損失則難以計算。

日本著名學者笠原十九司在《在亞洲的日本軍》一書中指出：

> 在日軍飛機對南京的空襲之下，首先付出犧牲的是市民的生命。從以 1937 年（昭和 12 年）8 月 15 日海軍航空隊越海轟炸為開端的南京空襲，到首都陷落為止，共進行了數十次，那是為了打擊中國的抗戰勢頭，而對其首都施加的狂轟濫炸。前田哲男先生在他的著作《戰略轟炸思想》一書中，把空襲南京喻為「與南京大屠殺並列的大空襲」，所以，空襲南京時的犧牲者，也應包括在南京事件的被屠殺者之中吧。[28]

但是，日本的新聞傳媒卻睜著眼睛說瞎話，拒不承認日本戰機多日野蠻的無差別轟炸給南京人民造成的巨大損失與傷亡，反而恬不知恥地自我吹噓他們的轟炸是多麼的「人道」與準確，精心保護了南京的重要建築與南京人民的生命財產，反而將南京的慘重損失歸咎於中國軍民的自我破壞。

1937 年 12 月 10 日，《東京朝日新聞》頭版頭條刊登「紐約 8 日專電」，題為〈留給日本之「廢墟南京」〉、〈瘋狂之舉——中國之焦土政策〉、〈毀掉數十億之財富（外國軍事專家之看法）〉，歪曲引用西方記者的報導，造謠攻擊南京中國守軍的種種「暴行」。報導如下：

---

[27] 南京市志叢書：《南京人民防空志》，海天出版社 1994 年版，第 33 頁。
[28] [日]笠原十九司：《在亞洲的日本軍》；轉引自[日]本多勝一：《南京大屠殺始末採訪錄》，第 309 頁。

> 日本軍隊空襲和炮擊造成的損失大都限於軍事設施，而且不
> 及中國軍隊自己破壞所造成損失的十分之一。[29]

1937 年 12 月 17 日《東京日日新聞》的報導寫道：

> 外國大使館、公使館和公共建築物沒有遭到日本軍隊的轟
> 炸。這個事實表明，當日本人向昔日的中國首都發起攻擊時，他
> 們轟炸得多麼準確，他們是多麼慎重。[30]

第二節　對日軍三路圍抄南京的報導充滿了霸氣與殺氣

1937 年 11 月 19 日，日「華中方面軍」各部隊從上海一線向「蘇州——嘉興」制令線發動進攻，迅速攻佔嘉興、南潯、蘇州、常熟等地。日第 10 軍司令官柳川平助中將率先下令所轄各師團日軍「以全力向南京追擊」。

這時，日本各媒體隨軍記者、作家的戰場報導，也是充滿了霸氣與殺氣，充滿了不可一世的驕橫之氣，大力報導日軍所向披靡、奮力攻城掠地的勝利消息，強烈地表現出要求向南京進擊的慾望。

1937 年 11 月 20 日，《東京朝日新聞》早報刊登特派記者今井、兒玉 19 日從金山發出的電訊，標題是：〈一舉囊括常熟、嘉興〉，內容如下：

> [特派員今井、兒玉 19 日金山電]：支那抗日第三陣線的最
> 大要衝嘉興，已於 19 日在上海南方軍某部隊的冒雨猛攻之下完
> 全陷落。

---

[29] [日]田中正明著，軍事科學院外國軍事研究部譯：《「南京大屠殺」之虛構》，世界知識出版社 1985 年版，第 121～122 頁。

[30] 轉引自[德]拉貝著，本書翻譯組譯：《拉貝日記》，江蘇人民出版社 1997 年版，第 382 頁。

　　18 日既已包圍嘉興，並且已有我某部片岡、小界、野副、×山各部隊主力，進攻其北雙橋鎮和其西九里匯一帶，從 18 日晚至 19 日清晨，在某部集中炮火的協助之下，終於將護衛杭州的最後陣地納入手中。19 日早 6 點，輝煌的太陽旗已在嘉興城頭高高飄揚。[31]

　　1937 年 11 月 20 日《東京日日新聞》早報刊登日本同盟社嘉興 19 日電訊，標題是：〈猛追嘉興敗敵〉，內容如下：

　　[同盟社嘉興 19 日消息]：在前沿根據地嘉興之戰中，一戰即退的支那中央軍杭州方面軍總指揮劉建緒，已於 18 日棄守嘉興，向杭州敗逃。

　　[同盟社 19 日消息]：至 19 日早 8 點為止，某某部隊已完全控制了以嘉興為中心的滬杭甬鐵路東北和蘇嘉鐵路以南的地方。現在將敵趕進與嘉興、海鹽相連的嘉興和塘大運河的西南一帶，在橋本部隊優勢的炮擊掩護之下，逐次越過滬杭甬鐵路，壓向海岸，猛追向某地敗逃之敵。[32]

　　1937 年 11 月 21 日，《東京朝日新聞》晚報（20 日發行）刊登同盟社蘇州 20 日電，標題是：〈蘇州城終於陷落〉，內容如下：

　　[同盟社蘇州 20 日電]：富士井部隊於 18 日佔領了被一千餘敵生力軍盤據的孫家浜以後，當夜 10 點開始進攻，將各處守敵擊潰。19 日拂曉，先頭部隊從蘇州城外東側入城。連日淫雨，烏雲低垂，城裏報恩寺的高塔隱約在煙雨之中，城內敵軍有第十

---

[31]　[日]今井、兒玉 19 日金山電：《一舉囊括常熟、嘉興》，刊《東京朝日新聞》1937 年 11 月 20 日早報；前引[日]本多勝一：《南京大屠殺始末採訪錄》，第 79～80 頁。

[32]　同盟社嘉興 19 日電：《猛追嘉興敗敵》，刊《東京日日新聞》1937 年 11 月 20 日早報；前引[日]本多勝一：《南京大屠殺始末採訪錄》，第 71 頁。

五、第五十三兩個師約四萬人,在我軍的進攻之下,幾乎未作抵抗就紛紛向西面的無錫方向潰逃。於是,19 日上午 6 點半,岩隈、菅原兩部隊由西北威風凜凜地併入城。在城內亂竄的敗兵毫無鬥志,約兩千人被俘。接著,兩部隊又在城內各處進行掃蕩。約五百餘名居民殘留下來,家家門口都掛上太陽旗,歡迎皇軍入城。隨後,富士井部隊長從北門入城,全軍在此處三呼萬歲,舉行入城式。在帝國領事館、報恩寺及其他各處懸掛的太陽旗迎風飄揚,萬歲聲震天動地,官兵們的眼中閃著淚花,蘇州城在顫抖的萬歲聲中落入我軍手裏。[33]

同日,《東京朝日新聞》早報刊登日本天皇向上海陸海軍將士頒發的「敕書」;《東京日日新聞》刊登報導,標題是:〈皇軍佔領蘇州,富士井部隊榮獲攻城先鋒〉。

北路日軍佔領蘇州、常熟後,立即向滬寧線上的重鎮無錫進攻。1937年 11 月 22 日,東京《讀賣新聞》早報刊登本社上海特電,標題是:〈無錫即將陷落〉,內容如下:

> [本社上海特電]:(21 日發)在攻克常熟、蘇州之後,我軍未作休息,立即向南京方向猛追。我軍兵分兩路,常熟──無錫、蘇州──無錫,不顧泥濘,以如入無人之勢繼續前進。根據飛機偵察,先頭部隊已在無錫城內肉搏,呈一氣攻下無錫的態勢,估計一兩天內無錫即將陷落。另一方面,佔領嘉興、南潯鎮的杭州灣登陸部隊,穿過太湖南測的泥濘道路迅猛前進,於 20 日佔領湖州(吳興)以後,以驚人的速度向南京挺進。[34]

---

[33] 同盟社蘇州 20 日電:〈蘇州城終於陷落〉,刊《東京朝日新聞》1937 年 11 月 21 日晚報(20 日發行);前引[日]本多勝一:《南京大屠殺始末採訪錄》,第 83～85 頁。

[34] 本社上海特電:〈無錫即將陷落〉,刊《讀賣新聞》1937 年 11 月 22 日早報;

　　1937 年 11 月 22 日，「上海派遣軍」第 11 師團的天谷支隊與第 9 師團、第 16 師團配合，三路夾攻，攻佔無錫，突破錫澄線。

　　1937 年 11 月 23 日，《東京日日新聞》晚報（11 月 22 日發行）刊登日本同盟社的電訊報導，大字標題是：〈皇軍佔領無錫〉、〈南京防禦第一線崩潰〉、〈進攻南京的戰機成熟〉，內容如下：

> 　　[同盟社蘇州 22 日電]：××部隊的先頭部隊於上午 11 時 30 分佔領無錫。
>
> 　　[同盟社上海 22 日電]：自 21 日以來，在無錫城下進行肉搏戰的我××、××部隊，從 22 日早起互為呼應，南北夾擊，激戰數小時後，左翼××部隊於上午 10 時攻入無錫南門停車場，並一鼓作氣擴大戰果，於 11 時半勝利佔領無錫。敵主力部隊穿過鐵路和街道，如雪崩般潰退，敗走常州（武進）。我陸海兩軍飛機正對其猛烈轟炸。
>
> 　　[同盟社上海 22 日電]：由於無錫的陷落，從江陰要塞至太湖的南京防禦第二線陣地也陷於全面崩潰，江陰炮臺的命運也危在旦夕。[35]

　　1937 年 11 月 22 日，松井石根以「華中方面軍」的名義，正式向東京參謀本部發出了必須攻佔南京才能真正打敗中國軍隊、征服中國政府與中國人民、從而迅速解決事變的報告。1937 年 11 月 24 日，日「華中方面軍」司令部制訂了《第二期作戰計畫大綱》，命令所轄的「上海派遣軍」與第 10 軍在攻佔「無錫──湖州」一線後，應於 12 月上旬完成一舉攻佔南京的準備。

　　前引[日]本多勝一：《南京大屠殺始末採訪錄》，第 97 頁。

[35] 日本同盟社 11 月 22 日電：〈皇軍佔領無錫〉，刊《東京日日新聞》1937 年 11 月 23 日晚報（11 月 22 日發行）；前引[日]本多勝一：《南京大屠殺始末採訪錄》，第 109～110 頁。

1937 年 11 月 24 日，南路日第 10 軍的國崎支隊佔領湖州；11 月 26 日，第 114 師團佔領長興；11 月 29 日，第 114 師團佔領宜興；北路第 16 師團佔領常州；11 月 30 日，南路日軍佔領廣德。

1937 年 11 月 25 日，《東京朝日新聞》晨報刊登同盟社電訊〈殺進湖州城〉。內容如下：

> [同盟社嘉興 24 日電]：長野、山田兩部隊之一部於 24 日上午 11 時殺進湖州（吳興）城，約有三千敵人的大部隊留在城內房屋中繼續頑抗，展開了激烈的巷戰。[36]

1937 年 11 月 26 日，東京《讀賣新聞》晨刊刊登本社 25 日發的上海特電〈我軍在常州肉搏〉，報導日軍第 16 師團向常州追擊、屠殺中國軍民的血肉場面。內容如下：

> [本社上海特電]：（25 日發）粉碎了蔣介石警衛部隊教導師的頑強抵抗後，25 日早晨，完全佔領無錫的我各部隊迅速地對潰逃之敵展開追擊，野田、助川、大野各部隊上午已經攻陷了無錫以北兩公里的丁巷。花谷、安達各部隊配合進攻，一鼓作氣，經過持續的肉搏戰，向武進（常州）進發。[37]

1937 年 11 月 27 日，東京《朝日新聞》刊登同盟社 26 日發自湖州的電訊〈今日拂曉攻佔長興〉，內容如下：

> [上海 26 日特電]：佔領湖州後向西北方向急追敗敵的長野、山田、岡本等各部隊於 26 日拂曉攻佔了位於湖州西北 40 公里處的長興。另外，佔領了無錫的部隊正在向常州方向進發。

---

[36] 同盟社 1937 年 11 月 24 日電訊：〈殺進湖州城〉，刊《東京朝日新聞》1937 年 11 月 25 日晨報；前引[日]本多勝一：《南京大屠殺始末採訪錄》，第 145 頁。

[37] 本社 1937 年 11 月 25 日上海特電：〈我軍在常州肉搏〉，刊《讀賣新聞》1937 年 11 月 26 日晨刊；前引[日]本多勝一：《南京大屠殺始末採訪錄》，第 135 頁。

[同盟社湖州 26 日電]：從吳山山麓朴向敵人據點長興的長
野、山田、岡本各部，在炮兵的猛烈轟擊下於拂曉發起總攻，26
日黎明終於攻佔長興，將太陽旗高高地插上城頭。將士們三呼「萬
歲」，喊聲震撼了江南大地。[38]

1937 年 11 月 28 日，《東京朝日新聞》早報刊登同盟社上海 27 日
特電，題為〈向太湖南北的敗敵急追，猛烈攻擊直指南京，南部日軍突
入安徽〉，報導日軍從太湖的南北兩路向南京夾攻過來。

1937 年 11 月 30 日，《東京朝日新聞》晚報（29 日發行）刊登同盟
社電訊〈太陽旗懸在常州城頭〉，內容如下：

[上海 29 日特電]：上海派遣軍下午 1 點半發佈消息：29 日
中午我大野、助川、野田、片桐、三國、今中等各部隊佔領了常
州，繼續向南京方面追擊敵人。

[同盟社上海 29 日電]：常州城內土崩瓦解，突入的片桐、
大野、野田、助川、三國、今中等各部隊徹夜進行巷戰，向頑強
抵抗的殘敵一步一步地推進，於 29 日黎明發起總攻，終於將殘
敵驅逐出城，於正午時分完全佔領全城，並沿著京滬鐵路急追敗
敵。令人激動的太陽旗飄揚在萬里無雲的初冬的天空。[39]

同日，東京《讀賣新聞》第二晚報刊登電訊〈常州宜興完全佔領〉。
1937 年 12 月 1 日，《東京朝日新聞》早報刊登上海 30 日特電：〈皇
軍勢如破竹佔領廣德〉，內容如下：

---

[38] 同盟社 1937 年 11 月 26 日湖州電：〈今日拂曉攻佔長興〉，刊《朝日新聞》1937
　　年 11 月 27 日；前引[日]本多勝一：《南京大屠殺始末採訪錄》，第 151 頁。
[39] 同盟社上海 1937 年 11 月 29 日特電：〈太陽旗懸在常州城頭〉，刊《東京朝日新
　　聞》1937 年 11 月 30 日晚報（29 日發行）；前引[日]本多勝一：《南京大
　　屠殺始末採訪錄》，第 167 頁。

[上海 30 日特電]：隨著北部戰線的推進，南部戰線的部隊也在擴大其戰果——向太湖西方推進，進入浙江、安徽兩省交界處的山嶽地帶。

從湖州一路西進，攻下泗安鎮的勝山、山田各部隊，於 29 日夜一舉佔領了安徽省的廣德。廣德是江蘇、浙江、安徽三省的要衝。易守難攻，歷來為兵家必爭之地。南京政府為此最近剛從京贛鐵路的宣城至該地鋪設了一條鐵路之線，而且在前年擴建了機場，與南昌相呼應，成為中國空軍的重要基地。支那軍方沒有預料到戰局會擴大到這裏，最近還在廣德以西設置了軍事基地，該方面軍的前敵總指揮部就設在這裏，因此，對於中國軍隊來說，在安徽東南方吃了敗仗，又相繼受到京滬線方面的攻擊，威脅是越來越大。南京政府的命運如風前殘燭危在旦夕。[40]

南京已被日軍三面合圍。一場進攻與保衛中國首都南京的血戰即將在南京城下展開。

第三節　將「百人斬」的殺人惡魔吹捧為日本的「英雄」

數十萬日軍在從上海分路向南京進擊包抄的沿途，對中國江南最富饒地區的城市和鄉村，對中國廣大的和平居民，瘋狂地燒殺淫掠，製造了無數的血腥悲劇。日本當局以此作為鼓舞日軍士氣、威懾中國軍民的不二法門。當時擔任日本同盟通訊社上海分社社長的松本重治根據他的同事、同盟社派往第十軍的隨軍記者所談，記述道：「柳川兵團之所以進軍迅速，是因為默許官兵『任意搶奪、強姦』」。[41]

---

[40] 本社上海 1937 年 11 月 30 日特電：〈皇軍勢如破竹佔領廣德〉，刊《東京朝日新聞》1937 年 12 月 1 日早報；前引[日]本多勝一：《南京大屠殺始末採訪錄》，第 156 頁。

[41] [日]松本重治著，曹振威、沈中琦等譯：《上海時代》，上海書店出版社 2005

　　對這些瘋狂地燒殺淫掠的日軍，日本新聞傳媒大肆報導讚揚。尤其是對日軍在戰爭與屠殺中的「勇士」，日本新聞傳媒更是爭先恐後地報導，又是刊文章，又是登照片，把這些殺人惡魔吹捧為日本的「英雄」。

　　如《東京日日新聞》，竟對日軍第 16 師團第 19 旅團第 9 聯隊（聯隊長片桐護郎大佐，因此稱片桐部隊）第 3 大隊（富山營）中兩名進行駭人聽聞的殺人比賽的法西斯青年軍官向井明敏少尉與野田毅少尉的瘋狂行徑，在短短十餘天時間中，連續四次進行跟蹤報導。

　　第 16 師團，是日軍中一支最兇悍、殘暴的部隊。該師團於 1905 年在日本京都編成，其司令部設於京都，官兵主要來自京都、三重縣和奈良縣，故又稱為「京都師團」，為日本陸軍甲等常設師團，平時約 18,000 人，裝備精良，兵員滿員，戰鬥力較強，在編成的當年即參加了日俄戰爭。1937 年 7 月盧溝橋事變爆發後，日本當局在全國進行戰爭動員，大肆擴軍徵兵，作為甲等師團的第 16 師團擴充到約 25,000 人，師團長中島今朝吾中將以「魔鬼」之名著稱。1937 年 9 月，該師團在天津大沽口登陸，侵入華北，編入日軍「華北方面軍」第二軍戰鬥序列，曾參加過子牙河等地區的戰鬥。1937 年 11 月中旬，該師團從華北戰場調來華中，被編入日「上海派遣軍」戰鬥序列，於 1937 年 11 月 16 日在常熟境內的長江白茆口登陸；然後沿常熟、無錫、常州、丹陽、句容、湯山一線向南京東部攻擊，一路上瘋狂地屠殺中國軍民。向井明敏與野田毅就是第 16 師團中兩個最典型的殺人兇犯。向井明敏，日本山口縣玖珂郡神代村人，早年隨父母住在朝鮮，後畢業於日本高等商業學校；他在第 16 師團第 19 旅團步兵第 9 聯隊第 3 大隊（富山營）任炮兵少尉小隊長。野田毅，日本鹿兒島縣肝屬郡田代村人，從其家鄉縣立師範學校附屬小學畢業後，入日本陸軍士官學校，於 1937 年 6 月畢業；他在第 16 師團第 19 旅團步兵第 9 聯隊第 3 大隊（富山營）任少尉副官。《東京日日新聞》在 11

月 30 日刊登了該報特派記者淺海一男、光本、安田在前一日從常州發回的電訊，首次報導了向井明敏少尉與野田毅少尉這兩個青年軍官開展「刀劈百人競賽」的消息──所謂「百人斬競賽」，標題是〈百人斬競賽，兩少尉已殺敵八十人〉，正文如下：

〈百人斬競賽，兩少尉已殺敵八十人〉

[淺海、光本、安田三特派員常州 11 月 29 日電]：××部隊用 6 天時間橫掃常熟──無錫間 40 公里的記錄，已被片桐部隊用 3 天時間橫掃無錫──常州間同一距離的進軍速度打破了。活躍在最前線的這支神速、快攻的部隊中，有兩名青年軍官正在開展「百人斬」競賽。據說從無錫出發後，其中一個很快就劈死了五十六人，另一個則砍掉了二十五人。他們一個是向井少尉（二十六歲，山口縣人），另一個是野田少尉（二十五歲，鹿兒島縣人）。每當刺槍術三段的向井少尉撫摸腰間的軍刀「關孫六」（按：在十六世紀初，日本名匠所製作的一種軍刀的名稱）時，野田少尉就要誇耀他那柄雖然沒有刻上鑄者的姓名，卻是祖上傳下來的寶刀。

從無錫出發後，向井少尉離開鐵路線二十六七公里前進，野田少尉則沿著鐵路線前進。兩人一分手，野田少尉第二天早上就在距無錫八公里的無名村莊，衝入敵人的碉堡，殺敵四人，拔了頭籌。聽到這個消息後，向井少尉不甘落後，當晚與部下一齊衝入敵陣，砍倒五十五名敵人。

嗣後，野田少尉在橫林鎮砍殺九人，在咸關鎮砍殺六人，29 日又在常州火車站砍殺六人，合計砍殺二十五人。向井少尉則在常州火車站附近砍殺了四人。

當記者們去火車站時，正好目睹了這兩個人在站前相會的場面。

報導的最後，記錄下這兩個劊子手在常州火車站相會時一段神氣活現的對話：

向井少尉：「照這樣的話，用不著殺到南京，大概到了丹陽，我就會劈掉一百個人了！野田是輸定了！你們看：我這把刀，劈掉了五十多個，刀口才只有一點點缺痕。」

野田少尉：「咱們兩人約好了的，對於拔腿逃跑的小子，就不去追殺。我因多擔任個×官，所以成績沒能趕上去，但等到丹陽時，會拿出『新紀錄』，可就夠你們瞧的了。」[42]

果然，這兩名法西斯軍人殺的中國人越來越多，殺人比賽激烈地進行，難解難分。而《東京日日新聞》也於1937年12月4日、12月6日連續對他們作了第二次、第三次的跟蹤報導。

1937年12月4日《東京日日新聞》刊登記者淺海、光本兩特派員12月3日從丹陽發回的電訊，第二次報導「百人斬競賽」的消息，標題是：〈全速躍進，百人斬競賽的經過〉。報導稱讚這兩個劊子手「勇壯絕倫，一如『阿修羅』的奮戰狀態，殊非言語所能形容」，「揮舞寶刀，砍個不停中」。報導全文如下：

〈全速躍進，百人斬競賽的經過〉

[淺海、光本兩特派員丹陽12月3日電]：相約到南京為止，「百人斬競賽」，業已開始的××部隊最前鋒片桐部隊富山部隊的青年軍官向井少尉和野田兩位少尉，自常州出發以來，奮戰繼之以奮戰，到12月2日進入丹陽城為止，向井少尉劈死八十六人，野田少尉砍掉六十五人，雙方已進入猶如短兵相接的激烈競爭中。

自常州挺進丹陽途中的十裏之間，向井劈了三十，野田幹掉四十，勇壯絕倫，一如「阿修羅」的奮戰狀態（阿修羅為佛教傳

---

[42] [日]淺海、光本、安田三特派員常州1937年11月29日電：〈百人斬競賽，兩少尉已殺敵八十人〉，刊《東京日日新聞》1937年11月30日；前引[日]本多勝一：《南京大屠殺始末採訪錄》，第212~213頁；譯文略有改動。

說中善戰的修羅王),殊非言語所能形容。目前,兩勇士正躍進在沿京滬鐵路同一戰線的奔牛鎮、呂城鎮、陵口鎮等敵陣裏,揮舞寶刀,砍個不停中。

向井少尉決心實現先登丹陽中正門,野田少尉的右手腕負了輕傷,而「百人斬競賽」的赫赫戰果則正逐漸在達成中。記者們進入丹陽城,來不及喘息,就趕去追上了進擊中的富山部隊。[43]

1937 年 12 月 6 日《東京日日新聞》早刊刊登記者淺海、光本兩特派員 12 月 5 日從句容發回的電訊,第三次報導「百人斬競賽」的消息,標題是:〈八十九——七十八,「百人斬競賽」難分勝負,勇壯!向井、野田兩少尉〉,正文如下:

> 〈八十九——七十八,「百人斬競賽」難分勝負,勇壯!向井、野田兩少尉。〉
>
> [淺海、光本兩特派員句容 12 月 5 日電]:在以攻打南京為目標的「百人斬競賽」中,片桐部隊的兩位青年軍官——向井少尉和野田少尉,在攻打句容城時都奮戰在最前線。截止到即將攻入城中時的戰績為:向井少尉砍殺了八十九人,野田少尉砍殺了七十八人。誰勝誰負,未見分曉。[44]

到 1937 年 12 月 10 日,向井、野田已隨第 16 師團攻擊至南京近郊紫金山麓,這時向井已殺了一百零六人,野田已殺了一百零五人,雖然向井比野田多殺一人,但因為分不清誰先殺滿一百人,難決勝負,於是

---

[43] [日]淺海、光本兩特派員丹陽 1937 年 12 月 3 日電:〈全速躍進,百人斬競賽的經過〉,刊《東京日日新聞》1937 年 12 月 4 日;中譯文轉引自陳在俊:〈豈止南京大屠殺〉,刊[臺北]《中外雜誌》第 45 卷第 1 期。

[44] [日]淺海、光本兩特派員句容 1937 年 12 月 5 日電:〈八十九——七十八,「百人斬競賽」難分勝負勇壯!向井、野田兩少尉〉,刊《東京日日新聞》1937 年 12 月 6 日;前引[日]本多勝一:《南京大屠殺始末採訪錄》,第 213~214 頁;譯文略有改動。

又重新開始以殺滿一百五十人為目標的競賽。《東京日日新聞》也於 12 月 13 日早刊刊登該報特派記者淺海一男、鈴木二郎 12 月 12 日從南京紫金山麓發回的電訊，第四次報導此兩人「百人斬競賽」的消息，標題是：〈百人斬超紀錄——向井 106 對野田 105，兩少尉要延長賽程〉。報導正文如下：

日本《東京日日新聞》1937 年 12 月 13 日刊登的向井明敏與野田毅合影照片

〈百人斬超紀錄——向井 106 對野田 105，兩少尉要延長賽程。〉

[淺海、鈴木兩特派員紫金山麓 12 月 12 日電]：在進入南京之前首創「百人斬」這一史無前例的競賽的片桐部隊的兩位勇士——向井少尉和野田少尉，在 10 日攻打紫金山的混戰中，創下了一百零六對一百零五的記錄。10 日中午，兩位少尉高舉缺刃的刀相遇了。

野田：「我殺了一百零五人。你呢？」

向井：「我殺了一百零六人。」

……兩人都哈哈大笑了。但誰在何時率先砍殺一百人的問題，搞不清楚，就被擱到了一邊。「這場比賽成了平局，我們改為砍殺一百五十人的競賽吧。」兩人的意見馬上取得一致。從 11 日起，砍殺一百五十人的競賽開始了。11 日中午，在將中山陵盡收眼底的紫金山上，忙著追殺殘敵的向井少尉，向記者講述了「百人斬競賽」成為平局的詳情。

「不知不覺間兩個人都超過了百人。真痛快啊！我的關孫六之所以缺了刃，是因為我將一個敵人連鋼盔一起劈成兩半的緣故。我已經答應戰爭結束後，將這把刀寄贈貴報。

> 「11 日凌晨 3 點，友軍出奇制勝，使紫金山的殘敵暴露出
> 來。我於是衝了出去。在槍林彈雨中，亮出刀來，直立不動，卻
> 未被子彈擊中。這也是托了這把刀的福啊！」
>
> 在飛來的槍彈中，他向記者出示了那把吮吸了一百零六人鮮
> 血的關孫六。[45]

在這些血淋淋的報導文字的旁邊，還配發了一張這兩個「殺人英雄」
用雙手支撐殺人戰刀的合影照片。

這張照片是淺海一男在常州請《東京日日新聞》的隨軍攝影師佐藤
振壽拍攝的。佐藤振壽在回憶錄《步行隨軍》中記述了他當時在常州所
聽到與所看到的情況：

> 我豎起耳朵聽著淺海記者與兩人的談話。其中一位是大隊副
> 官野田毅少尉，另一位是炮兵小隊長向井敏明少尉。他們聊的竟
> 是一個駭人聽聞的話題：從現在起至攻入南京城前，看誰能先斬
> 殺一百名中國士兵！

當佐藤振壽聽到這兩個青年軍官進行殺人比賽的事，「還有沒弄懂
的地方」，就問：「由誰來確認這個（殺人）數字？沒人確認便無法證明
他們斬殺了 100 個人這個事實。」「結果得到了如下的答覆：野田少尉
所殺人數，由向井少尉的士兵負責清點，而向井少尉所殺人數，由野田
少尉的士兵負責清點。」然而，佐藤振壽卻對這兩個青年軍官進行「砍
殺百人比賽」產生了疑問。他寫道：

> 我雖然明白了大意，但是他們能在具體什麼時候的白刃戰中
> 砍殺中國兵？這個問題仍然叫人納悶。也就是說，在通常的戰鬥

---

45 [日]淺海、鈴木兩特派員紫金山麓 1937 年 12 月 12 日電：〈百人斬超紀錄——
  ——向井 106 對野田 105，兩少尉要延長賽程〉，刊《東京日日新聞》1937 年
  12 月 13 日；前引[日]本多勝一：《南京大屠殺始末採訪錄》，第 215 頁；譯
  文略有改動。

中，他們幾乎接近不了敵方士兵，也可以說幾乎不會拼刺刀的，只有在極少出現的肉搏戰中才有可能揮舞日本刀砍中國兵吧。

在那種情況下，戰場自然陷入了混戰之中，而大隊副官野田少尉則負有協助大隊長，並將其命令傳達到各個中隊的重要職責。另一方面，向井少尉身為炮兵小隊長，必須指揮炮兵進行射擊。不管是野田少尉還是向井少尉，他們在上述狀況下如何能夠手揮軍刀砍殺中國兵？這給我留下了一個很大的疑問。[46]

事實確是如此。向井與野田用刀砍死的中國人，絕大多數不是在戰場上白刃戰鬥中的敵手，而是手無寸鐵的中國百姓與放下武器的中國戰俘。野田毅後來在回到其故鄉的小學校裏講演時就承認：

> 報紙上報導的農村出身的勇士啦，百人斬的勇士啦，說的就是我的事……實際說來，我在衝鋒之後的白刃戰中，只不過砍殺了四、五人而已。我們是在佔領了敵軍塹壕時，對著裏面呼叫：「你，來，來！」那些支那兵都是傻瓜，所以他們就會一個跟著一個出來，走到我的面前，我把他們排列好了，然後一刀一個地砍下去。……差不多都是這樣幹的，卻以「刀劈百人」而出了名。……我們兩人進行了競賽，後來常常有人問我「沒事嗎？」我回答「沒事……」[47]

日軍第16師團步兵第19旅團第9聯隊第11中隊的上等兵望月五三郎戰時與野田毅、向井明敏在同一個部隊，親眼目睹了這兩人殺人比賽的暴行——「無緣無故地去屠殺毫無抵抗能力的農民」。他在回憶錄《我的支那事變》中寫道：

---

[46] [日]佐藤振壽：《步行隨軍》，前引《南京大屠殺史料集》（10），第436頁。

[47] [日]志志目彰：〈砍殺百人比賽〉，刊[日]《中國》月刊1971年12月號；前引[日]本多勝一：《南京大屠殺始末採訪錄》，第214頁；參閱[日]洞富雄著，毛良鴻、朱阿根譯：《南京大屠殺》，上海譯文出版社1987年版，第260～261頁。

　　大概就是從這個時候起，野田、向井兩少尉，開始了他們的「百人斬」比賽。作為見習士官的野田少尉到第十一中隊時是我們的教官，他升為少尉後就擔任了大隊副官。行軍途中，他負責傳遞中隊的命令，騎馬來回奔走。他是由於「百人斬」比賽而成名的，並被譽為「勇士」。國內的報紙、廣播都對他大加讚揚。

　　他對手下說：「喂，望月，把那個支那人給我拖過來。」於是，那個支那人被拉來了。那個人一開始還苦苦哀求，可不久就不作聲了，老老實實地跪在了少尉的面前。少尉高高舉著軍刀，不停地在他的背後比劃著，然後帶著憎惡的笑容砍了下去。

　　就一刀，頭顱立刻飛了出去，人的身體也隨之倒下。從頸部噴出的血，將地上的石子沖得骨碌碌地翻滾。我本想轉向一邊的目光，一下子停在了少尉的刀上。

　　雖然我眼看著戰友死在自己的面前，雖然我從很多屍體上跨過，但是，我還是不能理解，為什麼無緣無故地去屠殺毫無抵抗能力的農民？

　　這種屠殺在不斷地升級。只要看到支那人，野田和向井就會爭先恐後地揮舞起他們的軍刀。要是在戰鬥中斬殺敵人也就罷了，但是他們連流著淚哀求的農民都不放過，只知道一味地殘殺。這種事情，聯隊長和大隊長應該都是知道的，但是他們竟然默許這種行為，導致「百人斬」得以繼續進行。

　　不知為何，這種殘忍的屠殺行為，居然被當作英雄事蹟來評價和宣傳。因為最前線沒有媒體，所以，把支那士兵和支那農民的事情含糊地報導一下，通過報導部審閱後發回國內報導是有一定意義的。但如今看來，這件事是世界戰爭史上的一大污點。[48]

---

[48] [日]望月五三郎：《我的支那事變》；前引《南京大屠殺史料集》(33)，第166～167頁。

　　然而日本的記者卻篡改與捏造了事實，把這兩個違犯國際公法、屠殺戰俘與普通百姓的戰爭罪犯打扮成白刃格殺的「英雄」。當時在上海租界中擔任英文週報《密勒氏評論報》（China Weekly Reuiew）主編的美國人鮑威爾，以可靠的戰況消息與豐富的採訪經驗，對日本報紙的這些報導加以評論道：

> 　　照《東京日日新聞》的記載，並沒有特別說明被殺的中國人全是中國國軍；事實上，中國國軍在上海南京相繼失守後，幾乎從京滬鐵路線二百英里間的大小城市中全部撤退，日本兵也就是沿著這條鐵路線從上海到達南京。因此，很可能的，這兩個日本軍官的殺人比賽所殺的，都是中國老百姓。[49]

　　《東京日日新聞》刊登的這兩個日軍軍官舉行「百人斬競賽」的消息，日本各新聞傳媒爭先恐後地加以報導或轉載。例如，《大阪每日新聞》在 1937 年 12 月 1 日、12 月 4 日、12 月 8 日、12 月 13 日四次轉載刊登向井明敏與野田毅進行殺人比賽的報導，內容完全同於《東京日日新聞》刊登的報導。《福島民友新聞》1937 年 12 月 14 日刊登「紫金山麓第 12 封來電」，轉載了《東京日日新聞》12 月 13 日早刊刊登的該報特派記者淺海一男、鈴木二郎第四次報導此兩人「百人斬競賽」的消息，標題是：〈百人斬超紀錄——向井 106 對野田 105〉。

　　到 1938 年 2 月 9 日，《大阪每日新聞》刊登一篇報導，標題〈這次千人斬比賽，創造了斬殺二百五十三人的最高紀錄，劍俠野田少尉的痛快手記〉，報導向井明敏與野田毅這兩個法西斯軍官在南京大屠殺中又大肆殺人，將他們的殺人數字迅速增加，一下子達到二百五十多人，但他們「尤以為未足」，要將他們血腥的殺人比賽從「百人斬」上升為「千人斬」：

---

[49] [美]鮑威爾：《鮑威爾對華回憶錄》；中譯文引自[臺北]《傳記文學》第二十卷第二期第 92 頁。

與戰友向井敏明少尉作「百人斬」比賽,因而於江南戰線得傳奇一般的盛譽、隸屬片桐部隊的劍俠野田毅少尉(原籍鹿兒島縣川邊郡加世田町)將其入南京城後所殺的一部份合計起來,共斬殺二百五十三人,豪快地造成此次事變的最高紀錄。但他尤以為未足,又與向井少尉相約好作斬殺千人的競爭。目前,他正在猛揮愛刀,以圖完成那一帆風順的「偉業」。

自從野田少尉舉行斬殺百人比賽以來,三重縣飯南郡大石村第一小學校訓育員植村清太郎氏曾不絕對少尉加以鼓勵,他最近接到了野田少尉的手記。此一手記,實可說是一把痛快無比的軍刀。勇武馳驅於中國戰場的野田少尉的氣魄,恍如出現於眼前。讀了下載的一段,不禁衷心祈願野田少尉的斬殺千人之完成。

於華北四次,華中十五次,合計十九次的激戰中能夠盡興地幹的還不到三四次。在華北,窮追亡命敗逃的敵人的足跡常使人不勝勞苦。但在華中,卻非常夠味。無論怎樣施行突擊,無論使用怎樣的斬殺和肉搏的亂暴手段,那些「清國佬」一向是不肯逃退的。因此,你們從《大阪每日新聞》中所看到的斬殺百人的競賽,真是以「運動」的精神做出來的啊。步槍與機關槍聲像催眠歌,迫擊炮與地雷真像奏爵士樂,我就是於這時匍匐而至敵前五十米,真是將敵陣置於掌上,敵方的機關槍仍然那麼格格地怒吼。斬殺時的精神,那是了不起的呀。(中略)

直到入南京城之前一刻,已斬了一百零五人。其後在掃蕩戰中再亂七八糟地大來一陣,一共斬了二百五十三人。雖然是一帆風順,可是總得亂七八糟地亂劈一陣。一百二百實在令人有點不耐煩,因此就向對手向井少尉約好斬殺千人吧。

如今戰爭似已告一段落了。中國的四百餘州在小生的眼裏,何等狹小!不期然抱了突破中國的昆侖山脈,渡過印度的印度河而突擊至帕米爾高原的妄想。小生的計畫要較大西鄉先生(指日本西鄉元帥──譯者)的經綸更前進一步呢。現時日本的大事業

的發揚光大正在著著實現。於我等的屍骸上插立起日章旗，而明朗的中國的和平之春的到來，為時當在不遠了。[50]

多麼狂妄的氣勢，多麼血腥的語言！這兩個殺人惡魔被南京大屠殺鼓舞起更狂妄的征服世界的野心與更強烈的殺人欲望，已達到瘋狂的程度！

日本各報爭相刊登報導這些「百人斬」、「千人斬」殺人比賽的血淋淋的文字，日本各報爭相吹捧日軍在戰爭與屠殺中的「勇士」，在日本軍民中產生了極其惡劣的影響——掀起了戰爭狂熱與殺人狂熱，掀起了瘋狂、殘忍地屠殺中國人民的高潮，直接為日軍攻佔南京後實施大屠殺，以及在中國廣大的淪陷區實施「三光」政策等，做了陣前鼓動，做了輿論準備。

上海英文週報《密勒氏評論報》主編、美國人鮑威爾說：

> 南京陷落後，1937 年 12 月 13 日，日本軍方發言人在上海宣稱，日軍決定在上海設立一家工廠，專門修復日本軍刀。
> 這兩個日本軍官在南京比賽殺人的報導，明白無誤地透露了日軍在侵佔南京後的大肆劫掠、濫殺無辜以及姦淫婦女等無惡不作的暴行。[51]

確實，在日本當局的指示與組織下，日本各新聞傳媒爭先恐後地報導與吹捧日軍在戰爭與屠殺中的「勇士」，其目的就是為廣大的日軍官兵樹立一個或多個學習與效法的榜樣，以此鼓舞日軍的士氣與製造皇軍所向無敵、戰無不勝的神話，使整個日軍更快地走向法西斯化，煽動日軍官兵更多地殺害中國人民，然後在中國人民的鮮血與白骨上建立起日

---

50 報導：〈這次千人斬比賽，創造了斬殺二百五十三人的最高紀錄，劍俠野田少尉的痛快手記〉，刊[日]《大阪每日新聞》1938 年 2 月 9 日；中譯文引自《文摘戰時旬刊》第十五號，1938 年 3 月 18 日出版。
51 [美]鮑威爾著，邢建榕等譯：《鮑威爾對華回憶錄》，知識出版社 1994 年版，第 306 頁。

本的殖民統治。──這是日本當局長期對日軍官兵實施軍國主義教育的典型表現與典型示範。日軍佔領南京後，1937 年 12 月 20 日晚，日本「上海派遣軍」司令官朝香宮親王中將在南京召見其參謀長飯沼守，指示說：「要在報紙上大肆報導建立戰功的部隊和個人等。」朝香宮還要「將自己一直佩帶的御用軍刀，賞給最先衝上光華門奪得頭功的少尉，或擔任代理大隊長的中尉，他倆其中的一人。」[52]──日本當局的用心昭然若揭。

例如，日本陸軍中尉野晉太郎在 1943 年寫的手記《日本刀怨恨譜》中，回憶了他在 1937 年剛剛十八歲時，讀了上述《東京日日新聞》關於向井明敏少尉與野田毅少尉進行殺人比賽的報導後，引起了巨大的震動，受到了嚴重的影響：

> 昭和 12 年（1937 年）11 月至 12 月的日本報紙，每天都登滿了皇軍攻打南京的新聞。尤其令我關心的，是向井敏明和野田毅兩個少尉開展的「砍殺百人競賽」的報導，告訴我們今天殺到了多少人，比什麼都精彩。在十八歲的我的心目中，更加堅定了皇軍必勝的信念。當時我幼稚得很，盲目地相信了《天下無敵大和魂武勇傳》，所以認為砍殺的百人都是在「驚天地泣鬼神的肉搏戰」（這是當時的隨軍記者們喜歡使用的字眼）中幹的。[53]

這位十八歲的日本青年後來從軍，並學著向井明敏與野田毅瘋狂殺人的榜樣，曾用戰刀一口氣砍殺了十多個中國人。

再如日本陸軍省情報部曾以「推薦詞」，表揚日本《陸軍畫報》社的記者中山正男的戰場報導。因為他的報導就一直是寫日軍的「英勇事蹟」。中山正男在《陸軍畫報》社為紀念日軍攻陷南京一周年而出版的《脅阪部隊》一書中，對日軍第 9 師團第 18 旅團第 36 聯隊（聯隊長脅

---

[52] [日]飯沼守：《飯沼守日記》；前引《南京大屠殺史料集》（8），第 211 頁。
[53] 前引[日]本多勝一：《南京大屠殺始末採訪錄》，第 219 頁。

阪次郎大佐，因此亦稱「脅阪部隊」）在 1937 年 11 月 22 日進攻無錫戰役中奮勇當先殺人放火的「英勇事蹟」作了這樣的記述：

> 不管是下雨還是下雪，不分白天還是黑夜，忍著寒冷和饑餓，部隊勇往直前。
>
> 於是，對無錫的包圍戰，在冬月照耀下的江南田野上，一步一步地展開了。
>
> 沿著京滬鐵路，脅阪、下枝、富士井、伊佐各部隊從東南方向進擊；攻陷常熟的大野、片桐、野田、助川各部隊從東北方向進攻；東面的新銳花谷部隊正面直沖，形成了三方包圍無錫的態勢。
>
> 攻陷望亭的脅阪、下枝部隊，22 日冒著風雪，23 日頂著冷雹，24 日踏著泥濘，到達距無錫南門三公里的李巷上。前方有一條小河，河對岸散佈著碉堡，並配有巧妙的隱蔽戰壕。敵軍在這一線擺下了拼死阻止我軍猛烈進攻的陣勢。
>
> 我軍遭到了嚴陣以待的敵軍步槍、機槍和迫擊炮等火力的猛烈射擊。「嗖嗖嗖」，步槍、機槍子彈從耳邊擦過。「轟隆」、「轟隆」、「轟隆」，迫擊炮彈發出震撼大地的轟然巨響，直炸得濃煙滾滾，火柱沖天。
>
> 漸漸地脅阪部隊能夠冒著敵人的炮火攻上去了。
>
> 岸中隊的大谷伍長、永井上等兵，在河對岸柳林右端五六尺高的土堆上設下機關槍陣地。大谷伍長擔任射手，冒著雨點兒般的槍彈，瞄準在一百五十米前方樹林中時隱時現的敵壕左端的重火器，猛烈掃射。[54]

果然，「脅阪部隊」在約二十天後的進攻南京戰役中，更加奮勇當先，最先衝入南京光華門，並在南京大屠殺中成為殺人最多、最兇悍的部隊之一。

---

[54] 前引[日]本多勝一：《南京大屠殺始末採訪錄》，第 106～107 頁。

又如，1937 年 12 月 10 日，《東京日日新聞》攝製記者佐藤振壽在南京城外戰場上拍攝了一張日軍士兵射擊姿勢的照片。他將這張照片送回報社後，竟被報社冠以大字標題：〈壯烈！南京城進攻戰第一報〉，在 1937 年 12 月 21 日的《東京日日新聞》上以顯著位置發表。這是日本新聞傳媒界宣傳製作的一個「武勇傳」攝影作品，被廣泛轉裁。[55]

在日本當局控制下的日本新聞傳媒正在將日本青年引導向法西斯英雄崇拜與戰爭殺人的狂熱中去。

戰後，日本進步學者金子廉二在 1946 年 3 月號《人民評論》上發表〈天皇的軍隊〉一文，向日本人民介紹田伯烈的《外人目睹中之日軍暴行》，揭露日軍南京大屠殺的暴行。他在文中揭露了日本當局利用新聞傳媒對日軍官兵實施軍國主義教育的罪行：

> （日軍南京大屠殺）這樣的殘暴行為並非日本民族與生俱來，而是經過常年軍國主義教育的可怕的結果。國民的正義感受到長時間的有組織的麻痺。日本的所謂軍隊教育就是為了造就這樣的沒有人性的強盜，造就這樣的馴服工具。為了實現這一目的，學校、報紙、雜誌、電影、及其他一切機關都被動員了起來。……[56]

日本進步學者森山康平則在《南京大屠殺與三光政策》一書中指出：

> （南京）事件逐步傳播開來，但多數是作為武勇傳來講述的，而聽者也就如此接受。直到戰爭結束後，日本人才開始認識到大屠殺是重大的犯罪行為。[57]

---

[55] [日]佐藤振壽：《步行隨軍》；前引《南京大屠殺史料集》(6)，第 456 頁。

[56] [日]金子廉二：〈天皇的軍隊〉，刊《人民評論》1946 年 3 月號；轉引自程兆奇：《南京大屠殺研究》，上海辭書出版社 2002 年版，第 40 頁。

[57] [日]森山康平著，天津市政協編譯委員會譯：《南京大屠殺與三光政策》，四川教育出版社 1984 年版，第 49 頁。

　　同時，《東京日日新聞》刊登的這兩個日軍軍官舉行「百人斬競賽」的消息，也在西方國家與中國的新聞傳媒中產生了巨大的震動與影響。

　　東京一家由美國人創辦的英文報紙《日本廣告報》（Japan Advertiser）首先在 1937 年 12 月 7 日，轉載刊登了《東京日日新聞》上關於日本兩軍官「舉行友誼的殺人比賽」的報導的譯稿；在 1937 年 12 月 14 日，該報再次迅速翻譯轉載了前一天，即 12 月 13 日《東京日日新聞》上關於兩軍官在南京紫金山下決定繼續進行殺人比賽的消息。在這同時，美國著名的《時代》週刊在 1937 年 12 月 12 日第 24 期，報導了日軍攻抵南京週邊陣地的消息，還報導了日軍在向南京進攻的沿途，對中國民眾進行殺人比賽的野蠻事件：

> 　　日本的進攻，目前以每天 55 英里的速度向前推進。本周佔領紫金山，控制了位於南京郊區的用價值 300 萬美元的大理石修建的中山陵。日本轟炸機對南京城也進行了轟炸。本次進攻中，日本的英雄是兩個下級軍官，他們比賽看誰的軍刀最先殺死 100 名「中國抵抗者」。最新記錄：野田少尉，78 名；向井少尉，89 名。[58]

　　1938 年 1 月 1 日，上海租界的英文週報《密勒氏評論報》（China Weekly Review）也刊登了一篇新聞評述，題為：〈向井和野田兩少尉是如何完成殺人定額的？〉，對日本《東京日日新聞》連續四次刊登向井和野田兩少尉開展「百人斬」比賽的報導，進行評述與批判。文章寫道：

> 　　此舉明白無誤地揭露了日軍進入南京後大肆殺、燒、淫、掠的暴行。日軍嗜殺，外國傳教士皆可證明……如此暴行，可謂慘絕人寰。[59]

---

[58] [美]《時代》週刊 1937 年 12 月 12 日，中譯文引自李輝：《封面中國》，東方出版社 2007 年版，第 199 頁。

[59] 中譯文轉引自劉燕軍：〈西方新聞媒介對南京大屠殺的反應〉，刊朱成山主編：《侵華日軍南京大屠殺史研究成果交流會論文集》，安徽大學出版社 1999 年版，第 60～61 頁。

關於《密勒氏評論報》刊登〈向井和野田兩少尉是如何完成殺人定額的？〉這篇述評文章，該報主編鮑威爾回憶道：

在日本進攻中國的戰爭進行了好幾個月之後，有兩個年輕的日本軍官在中國的首都南京相遇。當時正好是 1937 年耶誕節的前幾天，南京剛剛被日軍佔領。這兩個日本青年軍官，同是東京士官學校的畢業生，軍銜都是少尉，一個名叫向井敏明，另一個名叫野田毅。兩個軍官在中國首都相遇，居然成為吸引公眾注意的新聞，還得歸功於日本東京的主要報紙──《東京日日新聞》。該報不僅詳細報導了這兩人的「赫赫戰功」，而且還附有照片。

一天，我的辦公室的一位譯員把這兩個日本軍官在中國首都相遇的情景簡要地翻譯給我聽，同時，把那份報紙也拿給我看。「在正式地相互一鞠躬後，這兩名軍官各自拔出他們的戰刀，驕傲地指著那長長的刀刃上的缺口，野田少尉說：『我已經殺了 105 人──你殺了多少？』向井少尉回答說：『啊哈！我已經殺了 106 人──真是對不起！』」

顯然，向井少尉多殺了一人而贏得了這場比賽。但是，《東京日日新聞》的記者卻進一步解釋說，儘管向井少尉比野田少尉多殺了一個中國人，可是，還是無法證明誰先突破殺死 100 人的目標。因此，雙方誰勝誰負，難分伯仲。於是，兩人商定這次殺人比賽只能算作平手，接下去重新比賽，看誰能夠先殺死 150 個中國人，超出 150 人的大關！

《東京日日新聞》報上的這篇報導接著說：「比賽從 1937 年 12 月 11 日重新開始，雙方鼓起勇氣，目標是殺滿 150 個中國人！」……[60]

---

60 [美]鮑威爾著，邢建榕等譯：《鮑威爾對華回憶錄》，[上海]知識出版社 1994 年版，第 305～306 頁。

　　上海英文《密勒氏評論報》刊登的這篇述評在中國各地產生了廣泛的影響。中國各報紛紛轉載。1938 年 1 月 25 日，武漢的《申報》（漢口版）刊登〈日軍在紫金山下殺人競賽〉；同日，武漢的中共長江局機關報《新華日報》刊登〈南京紫金山下殺人競賽，寇軍暴行慘絕人寰〉，兩文均轉載《密勒氏評論報》1938 年 1 月 1 日所刊發的這篇通訊的內容。接著，中國的其他一些報紙刊物，也紛紛轉載、報導與評論這則報導。1938 年 7 月出版的田伯烈的《外人目睹中之日軍暴行》、1942 年美國國家出版公司出版的《日本禽獸企圖蹂躪全球的陰謀》等著作，也都轉載了這些報導與消息。當然，這些報紙與著作刊登或轉載這則報導，是作為揭露日軍在南京大屠殺暴行的典型材料而刊登的。這些報導與消息極大地震撼了全世界一切善良的人民，使他們認識到日本政府與日本軍隊的法西斯本質與駭人聽聞的殘忍和瘋狂，激起了中國人民的更加堅強的抗日鬥志，也進一步喚起了全世界人民對中國人民的同情與支持。1938 年 6 月，中國國民政府軍事委員會政治部第三廳廳長郭沫若在所擬〈為日寇暴行告全世界友邦軍人書〉中，指出：「日本《大阪每日新聞》三月載日本士兵談話中，以每日殺人多寡相競爭，此種出自日本大新聞之記載，尤足證明日軍屠殺之慘烈狀況。」[61]這些報導與消息後來還作為鐵證，在戰後東京「遠東國際軍事法庭」與南京軍事法庭對日本戰犯審判與定罪時，發揮了極重要的作用。

第四節　對西方僑民建立「南京安全區」的攻擊

　　1937 年 11 月 12 日，日軍攻佔上海後，迅速分數路向南京攻擊、包抄過來。中國軍隊在南京城內外設重兵佈防。眼看著一場惡戰即將在南京發生。

---

[61]　郭沫若：〈為日寇暴行告全世界友邦軍人書〉（1937 年 6 月），藏[南京]中國第二歷史檔案館；刊《民國檔案》1991 年第 3 期，第 16 頁。

　　目睹這一形勢，決定在戰時留守南京的西方僑民，不僅關注著自己的教堂、學校與企業，而且關注著南京城內數十萬無法撤走、無路可逃、即將陷入戰火與日軍屠刀威脅下的中國民眾——都是最貧苦的、無權無勢無錢的社會底層民眾。他們建議仿上海法國神父饒家駒（Jacpninot，雅坎諾）創辦上海南市難民區的先例，由西方僑民在南京擇地設立一個戰時接納難民的「安全區」。

　　這些西方僑民的建議與設想得到了美國駐南京大使館的贊同與支持。在 11 月 17 日晚，美國駐南京大使館官員佩克邀請來中國國民政府立法院院長孫科、中央政治會議秘書長張群與南京市市長馬超俊等共商，形成共識。

「南京安全區國際委員會」主要成員合影，中間為主席拉貝

　　金陵大學校董會主席杭立武也有同樣的想法。他利用自己在國民政府與西方僑民中的關係與影響，聯絡了在南京的一些西方僑民，於 11 月 22 日舉行會議，正式建立「南京安全區國際委員會」（Nanking International Safty Zone Committee）。會議推選了「國際委員會」的組成人員：

> 主席：約翰・拉貝，德籍，德國西門子公司駐南京辦事處代表，
> 　　　商人；
> 秘書：史邁士，美籍，金陵大學社會學系教授；
> 委員：貝德士，美籍，金陵大學歷史學系教授；
> 　　　米爾斯，美籍，美國長老會中國區牧師；
> 　　　裏格士，美籍，金陵大學農藝學系教授；
> 　　　約翰・馬吉，美籍，美國聖公會南京德勝教堂牧師；
> 　　　史波林，德籍，德商上海保險公司駐南京代表；
> 　　　特裏默，美籍，金陵大學鼓樓醫院代院長；
> 總幹事：喬治・費奇，美籍，美國「基督教南京青年會」牧師；
> 　　　杭立武，金陵大學校董會主席；
> 　　　總稽查（員警委員）：約翰・馬吉（兼）；

史波林（兼）；

許傳音，中國紅卍字會南京分會副會長。

「安全區」的位置選在南京城的西北部，那裏離日軍進攻南京的主攻方向城東部、南部較遠，較少軍事設施，而且是外國使館與教會學校較為集中的地區，其範圍是：「東面以中山路北段從新街口到山西路廣場為界；北面以山西路廣場向西到西康路（即新住宅區的西南界路）為界；西面以由西康路向南到漢口路交界（即新住宅區的西南角），又向東南成直線到上海路與漢口路交界處為界；南面以漢中路與上海路交界處到原起點的新街口為界。」[62]佔地面積 3.86 平方公里，約為當時南京市城區面積的 1/8。在「安全區」的邊界都插上了「安全區」的旗幟作記號。「在旗幟上面有一個紅十字，紅十字以外再有一個紅圈圈，並在旗上寫了『難民區』三字。」[63]

「南京安全區國際委員會」的總部設於寧海路 5 號國民政府中央政治會議秘書長張群的原公館內。

「南京安全區國際委員會」在「安全區」內尋找合適的地方設立若干個難民收容所，收容那些最需救助的婦女、兒童與老人。金女院與金陵大學校園是其中兩個最大的難所。這樣的難民所後來發展到 25 個。

1937 年 12 月 1 日，「安全區國際委員會」在南京北平路中英文化協會舉行記者招待會，由「安全區國際委員會」主席、德國商人拉貝宣佈該委員會正式成立並開始辦公，並「公佈了計畫和各個職務的分配情況。」[64]

「安全區」的能否成立與運作，還必須得到交戰的另一方——日軍當局的認可，而且由於日軍處於進攻的態勢與壓倒的優勢，勢必將佔領

---

[62] 《「安全區國際委員會」告南京市民書》（1937 年 12 月 8 日），[德]拉貝著，本書翻譯組譯：《拉貝日記》，江蘇人民出版社 1997 年版，第 147～148 頁。

[63] 《「安全區國際委員會」告南京市民書》（1937 年 12 月 8 日），[德]拉貝著，本書翻譯組譯：《拉貝日記》，江蘇人民出版社 1997 年版，第 148 頁。

[64] [德]拉貝著，本書翻譯組譯：《拉貝日記》，江蘇人民出版社 1997 年版，第 123 頁。

南京，因而日軍當局的認可具有更重要的意義。因此，「安全區」從籌備成立開始，就連續通過不同途徑向日本有關當局通報了成立南京「安全區」的訊息，急迫地希望得到日方的認可與答覆。

1937 年 11 月 22 日晚，「南京安全國際委員會」通過美國駐上海總領事館，向正駐上海的日本駐華大使川樾茂轉交成立南京安全區的建議與計畫，請求日本當局「迅予考慮答覆，俾立即向中國當局接洽，並籌備一切」；[65]11 月 24 日，美國駐華大使經日本駐上海總領事將「南京安全區國際委員會」的請求書轉交正滯留上海的川樾茂大使，「竭誠希望日本從人道主義的立場（出發）尊重安全區，並盼對國際委員會的提議賜予答覆」；[66]11 月 24 日，德國駐南京大使館的秘書羅森（Rosen）致電德國駐上海總領事館，請他們就成立「南京安全區」事與東京當局聯繫；[67]11 月 25 日，「南京安全區國際委員會」主席拉貝致電德國元首希特勒和德國駐上海總領事，請求他們促使日本當局迅予承認安全區；[68]11 月 27 日，「南京安全區國際委員會」再次致電在上海的日本駐華大使川樾茂，「請求即刻答覆委員會的建議」；[69]11 月 29 日，「南京安全區國際委員會」又給上海日「華中方面軍」司令部發了一份電報，懇請對安全區的建議予以友善考慮，並迫切希望對此建議做出答覆；11 月 29 日晚，「南京安全區國際委員會」致電上海曾成功創辦「南市難民區」的法國饒神父，請他儘快地與日本駐華大使川樾茂、大使館副顧問日高聯繫，

---

[65] 章開沅編譯：《南京大屠殺的歷史見證》，湖北人民出版社 1995 年版，第 24～25 頁。

[66] 吳天威輯譯：〈美國新公開的有關「南京大屠殺」的檔案資料〉，朱成山主編：《侵華日軍南京大屠殺外籍人士證言集》，江蘇人民出版社 1998 年版，第 261 頁。

[67] [德]拉貝著，本書翻譯組譯：《拉貝日記》，江蘇人民出版社 1997 年版，第 103 頁。

[68] [德]拉貝著，本書翻譯組譯：《拉貝日記》，江蘇人民出版社 1997 年版，第 106 頁。

[69] [德]拉貝著，本書翻譯組譯：《拉貝日記》，江蘇人民出版社 1997 年版，第 112 頁。

並希望他能「把（南京安全區）地圖給日本的司令看，請他同意我們成立難民區，並且答應以後不要騷擾難民區。」[70]

日方當局對西方人士籌建「南京安全區」的請求，採取了拖延與最終拒絕承認的政策。

從 11 月 24 日開始，日方當局不斷接到「南京安全區國際委員會」的西方人士通過各種不同途徑送來的建議與請求，然而直到 12 月 1 日以前，即日軍已開始向南京地區大規模進攻，卻始終未給予任何明確的答覆。日方當局在拖延。倒是日本新聞媒體急不可耐地發表文章，表達了日本當局的內心世界。《東京日日新聞》的文章稱：

> 如南京成立安全區，則日軍之進攻南京，將大受妨礙。南京外僑不足五十人，而所擬之安全區，則毗連炮臺與軍事工程，日軍欲攻擊南京而不妨及安全區，乃不可能事。[71]

《讀賣新聞》的文章則認為：

> 南京安全區與上海南市難民區完全不同，此事必須由進攻南京之日軍當局決定之。[72]

1937 年 12 月 1 日，日本上海軍事當局才致電上海南市難民區負責人、法國饒神父，非正式答覆「南京安全區國際委員會」關於建立南京「安全區」的申請，電文稱：「日本政府已獲悉你們建立安全區的申請，卻不得不遺憾地對此予以否決。」但日本政府考慮到當時英、美、德、法等國在日中戰爭中尚處於「中立國」地位，而且這些西方僑民關於建立南京安全區的建議完全基於人道主義的考慮，必將受到世界輿論、特別是西方國家的廣泛關注與支持，日方完全拒絕「安全區」，必將受到世

---

[70] 杭立武：〈籌組南京淪陷後難民區的經過〉，刊[臺北]《傳記文學》第 41 卷第 3 期。

[71] 轉引自《申報》1937 年 11 月 26 日：〈日報意見〉。

[72] 轉引自《申報》1937 年 11 月 26 日：〈日報意見〉。

界輿論的譴責,因此在電文中又委婉地表示:「但是,只要與日方必要的軍事措施不相衝突,日本政府將努力尊重此區域。」[73]

在這同時,日本政府又單獨給其盟國德國駐華使館一份電報,告知日本「出於軍事上的原因不同意設立南京特別保護區或要塞區域。」[74]

1937 年 12 月 4 日,日本政府又通過美國駐日本大使館,正式答覆「南京安全區國際委員會」,再次拒絕了關於成立「南京安全區」的建議;但仍表示日軍將無意對這些未部署中國軍隊與軍事設施的區域發動進攻。這次正式答覆與 12 月 1 日的非正式答覆內容基本相同,只是對日方拒絕承認「南京安全區」的理由作了較詳盡的說明,即在戰爭發生時,國際委員會「不具備完全切斷安全區與外界聯繫的自然條件與人工設施」,不能「完全阻擋住中國軍隊進入安全區並將安全區用於軍事目的。」[75]

1937 年 12 月 6 日,《東京朝日新聞》披露日本軍方的上述觀點:「完成南京中立地帶(本書著者按:即南京「安全區」)的設想存在困難,對『國際委員會』的實力抱有懷疑。」[76]

很顯然,日本當局在攻略南京時制訂與實施武力征服與恐怖威懾政策、準備對南京軍民實施大規模的血腥大屠殺時,是不願意西方僑民在南京建立「安全區」的。日軍絕不願意在他們對南京軍民燒殺淫掠時,旁邊有著一群西方的保護者、監督者與批評者;但他們礙於與西方「中立」國家的外交關係,以及避免在國際法中最為重要的原則之一——「人道原則」上受到國際輿論的譴責,又不得不做出一些虛偽的、沒有法律

---

[73] [德]拉貝著,本書翻譯組譯:《拉貝日記》,江蘇人民出版社 1997 年版,第 124 頁。

[74] [德]拉貝著,本書翻譯組譯:《拉貝日記》,江蘇人民出版社 1997 年版,第 128 頁。

[75] [德]拉貝著,本書翻譯組譯:《拉貝日記》,江蘇人民出版社 1997 年版,第 135 頁。

[76] 轉引自[日]東中野修道著,嚴欣群譯:《南京大屠殺的徹底檢證》,新華出版社 2000 年版,第 36 頁。

保證的表態。──這正是當時日本當局的矛盾心態在外交辭令與新聞宣傳上的表露。

　　就在日本政府於 12 月 4 日正式答覆「南京安全區國際委員會」後四天，12 月 8 日晚，日本駐華使館發言人透露，日本駐上海總領事岡本季正在一份致挪威總領事等人並向外交使團感興趣的成員傳遞資訊的一份信件中，指出「鑒於南京城內和周圍地區被直接捲入中日雙方軍隊大規模激烈戰鬥的危險即將來臨，⋯⋯日本軍方非常希望仍在南京的所有外籍人士立即撤離南京，盡可能遠離作戰區域。這一迫切請求是為了避免外籍人士陷入隨時都會延及該城的戰爭危險之中。」並宣稱所有撤入南京「所謂的安全區」的人是「自甘冒險」。這一資訊同時也通報給了各國留駐南京的使領館人員。[77]日方發言人並專對「南京安全區」的設立發表講話。這實際上是日方發表的一份「不承認南京安全區的聲明」，其主要內容如下：

　　　　最近從南京發出的外國通訊，都記述了南京安全區國際委員會的活動情況，以及難民湧入的情況。但是，日本當局鑒於現實情況異常困難，非常遺憾地告之公眾對於所謂的安全區不能給予任何保障。

　　　　實際上，從南京的地勢以及防備狀態上看，南京整體上應該說就構成了一個巨大的要塞。在這種地域中存在著安全區不如說是一種觀念上的錯誤。本來帝國軍隊會毫無疑問地按照多次聲明中所說的那樣，對待（保障）外國人的生命財產，即便對一般支那人民，也不希望故意使之蒙受戰爭慘禍。

　　　　基於上述理由，對於所謂的南京安全區，不能給予任何保障。期望能夠理解的是，到安全區避難實際是將自己置於了危險

77　陸束屏：《南京大屠殺：英美人士的目擊報導》，紅旗出版社 1999 年版，第 9～10 頁。

之中。因此，特別期望提前表明，萬一戰鬥波及上述地帶，日方
並不承擔任何責任。[78]

日方發言人聲稱：「鑒於南京城的情況，不可能擔保流彈或其他炸
彈不會擊中安全區。比如，任何瞭解南京地理情況並懂得戰爭狀況的人
都能理解，瞄準南京周圍一座築有防禦工事的山頭的炮彈會打偏目標，
而落入安全區。」[79]

這才是日本當局與日本新聞傳媒的真實意圖：宣告即將被日軍佔領
的南京城內將沒有一塊可供避難的安全區域，日軍的屠刀將殺向任何地
區；西方國家駐南京的外交人員與全體僑民必須立即撤離，南京居民的
命運必須由日軍決定，而不是由西方人士保護。這樣就可以使西方僑民
對日軍即將實施的南京大屠殺處於「隔絕」狀態。這樣既實施了日本對
南京的武力征服與恐怖威懾政策，又可以不讓日軍的戰爭暴行遭到國際
間的揭露與譴責。

第五節　對日軍進攻南京戰役的多次不實報導

1937 年 12 月 1 日，由裕仁天皇親自批准，加蓋日本國璽，日本
大本營正式下達了攻佔南京的書面命令──「大陸命第 8 號」的敕令。
日本最高當局將其武力征服中國的殖民侵略政策升級，推向一個新的
高峰。

1937 年 12 月 4 日，日「華中方面軍」司令部下發進攻南京週邊陣
地的命令，規定兩個軍各師團的攻擊路線與目標。

「上海派遣軍」的攻擊路線與目標：

---

[78] 轉引自[日]東中野修道著，嚴欣群譯：《南京大屠殺的徹底檢證》，新華出版
社 2000 年版，第 38 頁；譯文略有改動。
[79] 陸束屏：《南京大屠殺：英美人士的目擊報導》，紅旗出版社 1999 年版，第 10 頁。

第 16 師團攻佔句容後，沿句容——湯水鎮——南京的公路，向南京東部進攻；第 9 師團沿天王寺——淳化鎮——南京的公路，向南京東南部進攻；第 11 師團的天谷支隊沿常州——丹陽——鎮江的公路向鎮江進攻，在佔領鎮江後，渡長江攻佔揚州，再向津浦線進擊；第 13 師團的沼田支隊從江陰渡長江攻佔靖江，再向西進擊，與天谷支隊協同進攻揚州；第 13 師團的山田支隊協同第 11 師團的天谷支隊攻佔鎮江，然後沿長江南岸，向龍潭與南京北部進攻；第 3 師團作為總預備隊。

第 10 軍的攻擊路線與目標：

第 114 師團由溧水向南京的南部雨花臺、牛首山一線進攻；第 6、第 18 師團本來是協同進攻蕪湖，因得到蕪湖中國軍隊撤退的情報，「華中方面軍」於 12 月 2 日令第 18 師團繼續向蕪湖進攻；第 6 師團調轉方向，配合第 114 師團，協同向南京的西南部進攻；國崎支隊在太平渡長江後，從西面向江浦與浦口進攻，切斷南京北部門戶津浦鐵路。

為配合日本陸軍對南京的合圍與進攻，日軍當局進一步加強對南京的空襲。

12 月 5 日凌晨，東路日軍第 16 師團攻佔句容城。這是接近南京週邊防線的最重要據點。當日發行的《東京朝日新聞》6 日晚報在頭版頭條刊登同盟社的電訊，標題為〈拔下句容，迅猛推進〉，大力報導日軍攻佔句容的這一重大勝利。內容如下：

> [同盟社上海 5 日電]：5 日拂曉我××部隊完全佔領句容。
>
> [同盟社五里鋪 5 日電]：4 日夜 11 點突入句容的我軍，經反覆夜襲掃蕩殘敵，從市外的西北端到達飛機場，於 5 日日出時分三呼萬歲，將太陽旗插上了市內高樓及飛機場。
>
> [同盟社五里鋪 5 日電]：5 日早晨佔領句容的我軍，以其一部擔任市區的警備，其主力繼續向南京攻擊前進，距離南京剩下 40 公里。

[同盟社五里鋪 5 日電]：在句容一戰中戰敗的敵人亂了陣腳，正在向著南京方向潰逃。我軍轉入追擊，先頭部隊於上午 8 點到達戒岡鎮後，繼續前進。[80]

日軍第 16 師團佔領句容的當日，位於南京的東南、南部、西南的各部日軍迅速推進至湯水鎮、淳化鎮、秣陵關、江寧鎮一線南京週邊防線各陣地之前，距南京城約 40～30 公里左右。

1937 年 12 月 5 日晚，在日「華中方面軍」的指揮下，在日空軍的配合下，日「華中方面軍」各師團向南京週邊各陣地開始發動猛烈的進攻。——舉世矚目的南京攻防戰役開始。

松井石根等日軍前線將領認為，困守南京危城的中國守軍多是從上海戰場後撤回來，殘缺不全，或是臨時從各地抽調拼湊，裝備簡陋，在十數萬裝備精良、窮兇極惡的日軍的重拳打擊下，將不堪一擊。因此，他估計南京守軍在日軍兵臨城下之時，或將開城乞降，或將棄城而逃，攻略南京的戰役將在最短的時間內就會順利結束。他們謀劃更多的，是如何通過這次以強凌弱的戰役取得更大的戰果，向中國軍民乃至向全世界顯示日本強大的軍事力量與不可抗拒的「武威」，使中國軍民與中國政府「畏服」與放棄抵抗，向日本求和與乞降。

與南京前線的松井石根一樣，在東京的日本最高當局以及滿懷軍國主義狂熱的日本國民也被日軍進攻中國首都南京的「膺懲」戰役以及即將取得的巨大勝利所鼓舞與激動。日本政府與機關、學校、企業及廣大市民都在策劃與準備攻陷南京後的慶賀儀式與慶祝活動。武力征服中國的軍國主義熱潮席捲日本全國。

日本朝野從上到下的軍國主義狂熱的思想與情緒，集中反映到當時的日本新聞傳媒中。還在日軍剛剛發動對南京進攻的開始階段，日軍還

---

[80] 同盟社 1937 年 12 月 5 日電：〈拔下句容，迅猛推進〉，刊《東京朝日新聞》1937 年 12 月 6 日晚報頭版頭條；前引[日]本多勝一：《南京大屠殺始末採訪錄》，第 181～182 頁。

在向南京的週邊進軍，以《東京朝日新聞》、《讀賣新聞》、《東京日日新聞》三大報系為首的日本各家新聞傳媒，早就按捺不住激動與狂熱，爭先報導南京前線的戰事消息，特別是關於日軍快速進展、取得勝利的種種新聞；同時搶先刊登日本各界「準備迎接攻陷南京」的喜慶活動的各種報導。「新聞界的競爭變本加厲，連日報導日本軍隊進攻南京連戰連勝的消息，大肆煽動日本國民慶賀勝利的狂熱情緒。」[81]「從 12 月 5 日前後起，就開始傳播南京敗陷已成定局的消息」。[82]

　　1937 年 12 月 5 日，《東京朝日新聞》早刊的標題為：〈完成包圍南京的態勢，皇軍鬥志高昂，決心一舉攻克〉；《讀賣新聞》早刊的標題為；〈何時攻陷南京？〉；《東京日日新聞》早刊的標題為：〈取消承認國民政府，同時聲明攻克南京〉。[83]

　　日本各新聞媒體的宣傳煽動，使得日本從上到下的各界人士都對日軍早日攻佔南京的期待越來越強烈。1937 年 12 月 7 日，《東京朝日新聞》刊登報導，大字標題是〈帝都笑迎攻陷〉，報導日本各界「為準備迎接攻陷南京忙開了」。文中的兩個小標題分別是〈快吧！即將衝刺了——人們歡呼雀躍的前奏，街頭早已「萬歲」聲如潮〉、〈百萬大軍祝賀南京淪陷之日〉。報導一開頭寫道：

> 「距南京還有 1 日裏（按：約3.9公里）。」6 日晚，總社號外的鈴聲氣勢磅礡地響徹在寒冷的街頭。市內已經完全沉浸在攻陷南京的歡慶中。對於皇軍如此神速地傳來捷報，百貨商店亂了陣腳。當晚，立即為準備迎接攻陷南京忙開了。[84]

---

[81]　[日]笠原十九司著，李廣廉等譯：《南京難民區百日》，南京師範大學出版社 2005 年版，第 18 頁。

[82]　前引[日]本多勝一：《南京大屠殺始末採訪錄》，第 233～234 頁。

[83]　前引[日]本多勝一：《南京大屠殺始末採訪錄》，第 234 頁。

[84]　報導：〈帝都笑迎攻陷〉，刊《東京朝日新聞》1937 年 12 月 7 日；前引《南京大屠殺史料集》（6），第 217 頁。

12 月 7 日發行的《東京朝日新聞》8 日晚報刊登報導，大字標題是〈瞧！南京即將淪陷──祝捷旗飄揚在銀座上空〉，報導開頭寫道：

> 席捲東京的南京淪陷前奏曲──預想今早首都就要淪陷，譜寫歷史新一頁的時刻即將來臨。7 日一早，東京的祝捷氣氛首先從銀座街頭爆發。「慶祝南京淪陷」的標語，淪陷前就掛上了某咖啡店。百貨商店也將「年底大減價」的鮮豔標語換成「祝捷大減價」。樓頂上、商店門頭都高高豎起熠熠生輝的日軍旗，給了街頭行人無限的歡喜和感動。歡天喜地的小學生和國防婦女的佇列絡繹不絕地湧向宮城前、靖國神社、明治神宮。旗幟店、燈籠店也準備好了大量的旗幟和燈籠。萬事 OK！靖國神社立即向陸軍省申請「南京淪陷奏告祭」的舉辦方式。充滿勝利氣氛的淺草六區公演區的各常設館也決定了「現在南京淪陷了」的廣播步驟。「祝南京淪陷」的招牌也做好了。戲劇團的祝捷方陣也已成立。……人們在辦公室、校園、街頭等待著，將在那「歷史瞬間」高呼萬歲。南京淪陷越快越逼近了，東京的氣氛也越發狂熱起來。[85]

隨軍到南京前線進行採訪與報導的日本記者、作家、攝影師與評論家，更是充滿了軍國主義狂熱。在日軍進攻南京的戰役中，他們為了迎合日本當局與國內民眾的情緒，搶先獲得最新的報導材料或拍攝到現場的照片，都奮勇當先，冒險分別跟隨各師團走上前線。《東京日日新聞》社隨軍攝影記者佐藤振壽說：「對於從上海來的隨軍記者和攝影師們來說，現在最大的課題便是哪支部隊最先進入南京城，因此，我們都在南京附近的前沿陣地佔好位置，等候消息。」[86]被軍國主義狂熱籠罩與鼓動的日本隨軍記者們求勝心切，失去了理智與道德，不僅淺薄、浮躁、

---

85 報導：〈瞧！南京即將淪陷──祝捷旗飄揚在銀座上空〉，刊《東京朝日新聞》1937 年 12 月 8 日晚報；前引《南京大屠殺史料集》(6)，第 219～220 頁。
86 [日]佐藤振壽：《步行隨軍》；前引《南京大屠殺史料》(10)，第 451～452 頁。

庸俗不堪，而且毫無新聞操守，肆無忌憚地造謠、撒謊、編造假新聞與失實報導。他們在南京前線的採訪報導中，幾次搶先發出了與事實不符的虛假、錯誤的電訊消息，刊登在日本各大報紙上，造成了很大的影響，成為世界新聞史上永遠抹不掉的醜聞與笑料。

1937 年 12 月 1 日，日本隨軍記者第一次發出進攻南京戰役的不實報導——中國軍民防守的南京「完全變成了一個鬼魂哭嚎的死亡街道」。

1937 年 12 月 1 日，《讀賣新聞》的隨軍記者從常州發出一份捏造的「南京消息」的電訊，稱：南京城內中國政府每天都在大規模「搜捕漢奸」，發現後立即槍決。南京到處可以見到被槍決者的頭顱被塗抹上鮮血掛在街角、電線桿子上，蒼蠅黑壓壓一片盯在吊在樹枝上的腦袋上。南京「如今完全變成了一個鬼魂哭叫的死亡街道」。這篇報導刊登在東京 12 月 1 日發行的《讀賣新聞》12 月 2 日的晚報上（當時日本的晚報以第二天的日期發行）。[87]

當時日軍還在常州、江陰、廣德一線。日本隨軍記者離南京尚有 100 多公里，隔著戰線，怎能知道南京城內的情況？他們不知道南京的情況，卻又寫得如此活靈活現，居然在冬日的南京看到「蒼蠅黑壓壓一片」，唯一的解釋只能是造謠捏造。日本隨軍記者隨心所欲的編造虛假新聞甚至連他們的日本同行也看不下去了。日本大型雜誌《文藝春秋》1938 年 1 月號刊登的新聞匿名月評〈向南京進軍！進軍！〉，在對近一個月的日本新聞傳媒進行全面評價時，就對此條造謠捏造的新聞報導進行了揭露與嘲笑，稱之為「新聞快速主義」，即粗製濫造、胡編亂寫等：

> 還沒有佔領南京前，《讀賣（新聞）》最早到場，那時天已很黑，一片黑暗。在那裏，《讀賣（新聞）》的記者連槍殺漢奸們的情景都看到了，蒼蠅黑壓壓一片盯在吊在樹枝上的腦袋上。簡直就像吉本興行部著作的翻版。那真是驚心動魄的新聞。

---

[87] 轉引自[日]東中野修道著，嚴欣群譯：《南京大屠殺的徹底檢證》，新華出版社 2000 年版，第 34 頁。

村田《讀賣（新聞）》東亞部長來到了老巢上海。為了到南京，並兼帶慰問皇軍，穿上土黃色軍裝來到前線，但不知為何，不由得讓人想起齋藤實盛來。正力用人也很殘酷。不過，希望能夠讀到支那的真實新聞，抱有這種期待的人並不只有一個月評了吧。[88]

像這樣造謠捏造的「南京消息」後來在日本的各新聞傳媒上又出現多次。例如：

1937 年 12 月 8 日，《東京日日新聞》出版特刊，刊登日本記者從上海發出的專電，標題為〈反日的大國支那建設之夢遂成畫餅，蔣介石獨裁的野心全被粉碎〉、〈沒落急轉的蔣介石〉等，報導南京城內的情況，其中有關於南京安全區情況的報導，造謠說：

> 南京軍事當局 8 日早晨正式發佈了避難命令，此前正在籌備中的國際安全委員會公佈安全地帶的標誌後，早已等候的難民立即蜂擁而入⋯⋯南京衛戌司令唐生智惟恐市民乘機發生暴亂，從 7 日早晨，就在市內佈置了森嚴的警戒，對於行為稍出怪異者隨即處決，據支那報紙報導說，數日來，（被處決者）已經達到百人。

同日，《東京朝日新聞》也刊登報導，造謠說：

> 南京城外有數百個村落被支那軍隊放火徹底燒毀了，升起的黑煙遮蔽了天空。被燒毀的村落的人們僅穿著身上的衣服，就陸續逃入了市內的避難區，城內危險區域的難民也一窩蜂似地逃入了避難區，秩序極度混亂。市內早就出現暴徒掠奪、破壞居民財

---

[88] 新聞匿名月評：〈向南京進軍！進軍！〉，刊[日]《文藝春秋》1938 年 1 月號；前引《南京大屠殺史料集》(6)，第 256 頁。應指出，在日本戰敗後數十年，日本右翼人士東中野修道在其否定南京大屠殺的著作《南京大屠殺的徹底檢證》中，仍引用了《讀賣新聞》的這篇虛假報導作為自己的論據。見該書中譯本，新華出版社 2000 年版，第 34 頁。

產的事件。官員對暴徒施以嚴懲，已對六名執行了槍決，但局面
似乎仍然難以控制。[89]

1937 年 12 月 9 日，《東京朝日新聞》刊登該報記者從上海發出的
電訊，標題是：〈陷落前的南京，展現宛如地獄的圖景，各機關、大宅
門成為灰燼〉。同日，《大阪朝日新聞》也刊登日本記者的報導，稱防守
南京的中國軍隊將「燒毀南京全城」。[90]

1937 年 12 月 10 日，《東京朝日新聞》頭版頭條刊登「紐約 8 日專
電」，題為〈留給日本之「廢墟南京」〉、〈瘋狂之舉──中國之焦土政策〉、
〈毀掉數十億之財富（外國軍事專家之看法）〉，歪曲引用西方記者的報
導，造謠攻擊南京中國守軍在南京的種種「暴行」，報導如下：

> ［紐約 8 日專電］：《紐約時報》特派記者將某專家在南京行
> 將陷落時之所見所聞記錄如下：最近四、五天裏，留在南京的外
> 國軍事專家視察了中國軍隊在城外及近郊的設防情況。他們目睹
> 中國官兵的暴行無不感到驚愕。中國軍隊無任何軍事目的地亂砸
> 亂燒一氣。從軍事角度看，此舉毫無意義，不僅對中國軍隊無絲
> 毫益處，對日本軍隊也無關多大痛癢，實在令人不可思議。給日
> 本軍隊帶來的唯一難題，不過是因房屋全部被搗毀而找不到宿營
> 地，結果不得不使用帳篷。那末，中國軍隊為什麼要幹這種蠢事
> 呢？原因只有一個，那就是他們想借胡砸亂搶來排憂洩憤。
>
> 　中國軍隊上下普遍存在的「敵不過日本軍隊」的自卑感，導
> 致他們做出了瘋狂而殘忍的行為。這些行為不僅破壞了鄉鎮和村
> 莊，而且殃及城市。古時候成吉思汗的百萬大軍曾使多座興旺繁

---

[89] ［日］東中野修道著，嚴欣群譯：《南京大屠殺的徹底檢證》，新華出版社 2000
年版，第 34～35 頁。

[90] ［日］東中野修道著，嚴欣群譯：《南京大屠殺的徹底檢證》，新華出版社 2000
年版，第 29 頁。

榮的都市付之一炬、化作灰燼。自那時至今,中國人第一次在長江下游沿岸地區有組織地進行破壞。[91]

我們當然不能僅僅認為日本記者的上述報導是「新聞快速主義」影響下的粗製濫造與胡編亂造的虛假新聞,而要看到日本新聞傳媒大肆報導與渲染淪陷前的南京是多麼的混亂與恐怖,正是為了掩蓋日軍佔領南京後即將實施的大屠殺暴行的預謀,是為了嫁禍於中國軍民留下伏筆。

直到 1937 年 12 月 20 日,即日軍佔領南京後七天,正是日軍在南京瘋狂大屠殺的高潮期間,《東京日日新聞》晨報在頭版頭條位置,以六欄標題,刊登特派記者志村 12 月 18 日從南京發出的電訊專題報導,題為〈令人窒息的南京城,痛苦顫慄的一個月——一個外國人的日記〉,內容是摘錄一位「第三國公民(匿名)」從 11 月 15 日到 12 月 13 日在南京的日記,逐日記載與反映南京陷落前一個月中的「痛苦、混亂」狀況,並與日軍攻入南京後迅速恢復「正常、安寧秩序」的情況相比,以顯示日軍給南京人民帶來的「祥和」與「幸福」。報導的引言是這樣寫的:

> ……然而在國民政府向內地疏散期間,人們每天卻處於極度恐慌與戰慄之中,幾乎失去了生的願望。以下是一直留在南京的一個外國人(匿名)的日記摘錄。這個外國人的日記可謂一篇如實反映南京陷落前情形的最正確的文獻。

《東京日日新聞》報社編輯部特地將這段引言的最後兩句話用四號鉛字排印,以示著重。接著,這篇報導的主體部分摘錄了這位「第三國公民(匿名)」逐日記載的所謂南京陷落前一個月中從 11 月 15 日到 12 月 13 日的「痛苦、混亂狀況」,其實是將一些人所共知的事情,如中國

---

[91] 本社紐約 8 日專電:〈留給日本之「廢墟南京」〉,刊《東京朝日新聞》1937年 12 月 10 日頭版頭條;[日]田中正明著,軍事科學院外國軍事研究部譯:《「南京大屠殺」之虛構》,世界知識出版社 1985 年版,第 121~122 頁。

國民政府的撤離及南京軍民的備戰等，同對中國國民政府及南京軍民的造謠中傷攻擊，混合編寫在一起，以混淆視聽。如：

……

11 月 17 日　外交部遷往內地。

……

11 月 20 日　國民政府發表西遷宣言。

……

11 月 25 日　開始向南京後方輸送死傷人員。空出來的政府機關不用說，連私人住宅也被強制性地當成病房，全市到處飄散著醫藥的氣味，南京城變成了軍人城。

……

12 月 1 日　南京市長馬超俊前往難民區，訪問「安全區國際委員會」主席，委以全權處理善後事宜、救濟難民，請求提供米、鹽等食物。

……

12 月 7 日　晨，蔣介石委員長和宋美齡乘飛機離開南京前往漢口。

12 月 8 日　南京市長馬超俊也逃離南京。城外中國軍隊開始縱火焚燒民宅，南京附近火焰四起，市內也有火災發生。四處逃竄的市民個個失魂落魄。

12 月 9 日　南京城外展開猛烈決戰。

12 月 10 日　紫金山麓附近日軍的氫氣球高高升起，南京全市在這個綠色魚形怪物面前止住了心跳，然而氣球如同信號一般，頓時槍彈炮彈如下雨般落在支那軍的重要設施裏。人們只是驚歎炮彈射擊的精確。向市民們保證死守南京三個月的唐生智及全體將士都無一例外地不知所措。夕陽將落之際，光華門附近戰事激烈。

12月11日　戰事整日整夜無休止地持續著，毫無勝算。自來水已停。

12月12日　城外中國守軍全面崩潰，第87師、第88師和教導總隊除拋下學員抵抗日軍外，一齊擁進市內。對此唐生智大為惱火，命手下的第36師開槍制止，然而局勢已無法挽回。唐生智帶著護兵於下午8時不知逃往何地。潰逃的中國士兵到處放火、搶劫，南京城陷入一片恐怖之中。電燈停電，月光慘澹，大有末日降臨之感。電話無法叫通。

12月13日　日章旗高高地飄揚在城樓之上，上午全城淹沒在日章旗之中，槍聲相繼停止，日軍鐵騎轟然入城。[92]

史實證明，在日軍進攻南京期間，直到1937年12月13日南京淪陷，始終堅持留在南京的西方僑民共有二十多人。他們都是日軍大屠殺的見證人與中國難民的救護人。他們同情遭受日本侵略戰爭災難的中國難民，憎恨燒殺淫掠的日軍。他們組織的「南京安全區國際委員會」與「國際紅十字會南京分會」救死扶傷的卓越工作以及與日軍暴行的無畏鬥爭已載入史冊。他們還是日軍大屠殺暴行的勇敢揭露者。他們向各國新聞傳媒提供的材料以及他們的日記、書信、報告等，成為揭露與論證日軍南京大屠殺暴行的最重要的證據與史料。我們必須指出，查遍所有的有關史料，沒有也不可能發現有一位在戰時與淪陷後留駐南京的「第三國公民（匿名）」在當時向日本記者提供了他約一個月的日記。而在這個所謂「第三國人士」的日記中，有許多內容，如中國最高軍政首腦人物的活動與行蹤等，也不是一般普通外國僑民所能瞭解、所能記錄得如此及時、詳細與準確的。事實只能是，所謂「一個外國人（匿名）的日記」，完全是這位日本隨軍記者志村的憑空捏造，是日本新聞傳媒的

---

[92]　中譯文轉引自[日]田中正明著，軍事科學院外國軍事研究部譯：《「南京大屠殺」之虛構》，第144～145頁；參閱[日]佐藤振壽：《步行隨軍》，前引《南京大屠殺史料集》（10），第465～466頁。

又一次虛假不實報導。如前所述，志村冬雄是戰前《東京日日新聞》南京分社的社長，「在南京待了很長時間，對當地很熟」，被日本新聞界稱作「南京通」。他在 12 月 13 日隨日軍回到南京城內，並充當了其他日本記者的嚮導。他在這期間寫一篇如上所述的關於戰前南京的虛假報導，是十分方便的。[93]

對志村冬雄的這篇偽造的虛假報導進行最有力駁斥的，是當時留駐南京的二十多名西方僑民，是他們的日記、書信、報告與回憶錄等史料。例如當時擔任「南京安全區國際委員會」總幹事的美國傳教士喬治・費奇，在其以日記為基礎撰寫的回憶錄《我在中國八十年》中，寫道：

> （1937 年）12 月 1 日，馬（超俊）市長實際上向我們移交了「安全區」的管理權。他帶來了 450 名員警、1 萬袋大米、1 萬袋麵粉和一些食鹽，並答應給 10 萬元中國法幣現金──隨後收到 8 萬元。唐生智將軍負責城防，也與我們進行全面很好的合作，完成清除區內的軍事、空防設施的艱苦工作。直到日本人 12 日星期天開始攻城前夕，（南京城內）秩序仍很井然。中國士兵儘管在挨餓，但除小偷小摸外，城內沒有出現搶劫，市內外國人的財產均能保護。城內的自來水 10 日尚有，電力到 11 日，電話服務實際上直到日軍進城都有。我們一點也沒有感到危險的嚴重性，因為日本人似乎避開他們的炸彈和炮彈降落到安全區。此刻的南京有秩序與安全，相比到日本人進城以後，簡直是天堂與地獄。[94]

93　前引[日]佐藤振壽：《步行隨軍》；前引《南京大屠殺史料集》（10），第 468、470 頁。奇怪的是，在日本戰敗後數十年，日本右翼人士、原松井石根的秘書田中正明在其否定南京大屠殺的著作「南京大屠殺」之虛構》中，仍引用了《東京日日新聞》的這篇造謠報導作為自己的論據。見該書中譯本，世界知識出版社 1985 年版，第 143～145 頁。

94　[美]喬治・費奇著，酈玉明譯：《我在中國八十年》；朱成山主編：《侵華日軍南京大屠殺外籍人士證言集》，江蘇人民出版社 1998 年版，第 25～26 頁。

　　除了喬治・費奇，其他留駐南京的西方僑民也有許多人留下了日記、書信或報告等資料。他們都以親眼目睹的事實揭穿了日本新聞傳媒的荒誕與無恥。

　　1937 年 12 月 7 日，日本隨軍記者第二次發出進攻南京戰役的不實報導──捏造該日日軍佔領紫金山、已殺至南京城一角的「勝利消息」。

　　12 月 5 日傍晚南京戰役開始後，日、中軍隊在南京週邊一線陣地連日激戰。12 月 6 日，中國守軍南京衛戍司令部在南京城內實施戒嚴。12 月 6 日晚，蔣介石在南京城內百子亭唐生智公館招集少將以上的守城將領舉行會議，宋美齡隨蔣同來。蔣勉勵各將領誓死守衛南京數個月。唐生智表示，沒有蔣介石的命令，絕不撤離南京。第二天，即 12 月 7 日凌晨 5 時許，蔣介石、宋美齡乘飛機離南京飛往江西。

　　12 月 7 日，日軍三路同時向南京週邊各陣地連續猛攻，遭到中國守軍的頑強抵抗。日、中兩軍對戰的戰場一直在湯水鎮（今湯山鎮）、淳化鎮一線。這裏是南京的遠郊，離南京近郊的紫金山、中山陵還有約 30 公里遠。

　　但日本同盟社與《大阪每日新聞》的隨軍記者在 12 月 7 日卻從南京週邊前線，連續以急電形式，發出了數則虛誇不實的電訊報導──「日軍已在 7 日晨佔領紫金山」、「現已到達中山陵」、「7 日早上殺至南京城的一角」等，捏造未成事實的「勝利消息」：

> 　　[特派記者佐佐木（孜）湯山 7 日急電]：6 日夜，我先頭部隊臨近距南京一里之遙的高橋門，在此展開最後的白刃戰。7 日早上殺至南京城的一角。
>
> 　　[特派記者小島紫金山 7 日急電]：南京已近在咫尺，脅阪、人見、伊佑、富士井等各部隊（本書著者按：都屬於日軍第九師團）徹夜猛進，先頭部隊已抵達紫金山。7 日拂曉，在紫金山頂豎起了太陽旗，映著朝霞，迎風飄揚。從山頂上往下附視，南京城橫互腳下，如今實際上已成我軍囊中之物。

　　[特派記者小阪××基地7日急電]：為給奄奄一息的南京最
後一擊，我××戰機在晴朗的天空中，猶如銀燕展翅，對南京防
禦陣地及市區進行了空襲。上午10時返航。據上述飛機偵察報
告，南京的敵高射炮毫無聲息，城內幾乎不見人影，我先頭部隊
沒有受到像樣的抵抗，正在繼續掃蕩殘敵，沿紫金山麓向南京城
內挺進，現已到達中山陵。[95]

　　12月7日出版發行的東京《讀賣新聞》8日晚報迅速刊登出上述日
本隨軍記者這些不實的報導與未成事實的「勝利消息」，刊登這些消息
的標題為：〈各路皇軍雲集南京〉、〈攻陷時刻已在旦夕之間〉。

　　早被軍國主義狂熱掀動起來的日本國內朝野各界一直翹首以待「南
京陷落」的消息。當他們聽到新聞傳媒發佈的前線記者的這些不實報
導，以為日軍真的如此神速地只用一天多時間，就打到了南京城下，甚
至以為已攻進了南京，根本想不到核查一下，就立即急不可耐地陷入如
醉如狂的興奮之中，如火如荼地開展起規模巨大的「歡慶勝利」的活動。
12月8日，日本各報照例迅速刊登東京慶賀勝利的報導。《東京朝日新
聞》刊登報導的大字標題是〈「南京淪陷」的大橫幅下沸騰的帝都之夜〉，
報導一開頭就寫道：

　　抑制不住的勝利的喜悅終於在7日晚的帝國首都東京全面
爆發了。銀座、神田、上野、新宿等，人流密集處自不用說，全
市的大街小巷到處都飄揚著「南京淪陷」的大小旗幟。色彩鮮豔
的紅白燈籠在霓虹的夜空中燦爛奪目，到處是歡聲笑語，步履輕
快、穿梭在街頭的市民們滿面紅光。可就在今夜，廢墟和黑暗中
的敵國首都南京與早早奏起凱歌的帝國首都，有著讓人激動不已
的鮮明對比。面對南京淪陷，今夜，讓人覺得更加深沉。

---

[95]　報導：〈各路皇軍雲集南京〉，刊《讀賣新聞》1937年12月8日晚報；前引
　　　[日]本多勝一：《南京大屠殺始末採訪錄》，第234頁；譯文略有改動。

在這則報導的旁邊，還配登了三張照片，上：神田；左下：銀座；右下：祝賀勝利的彩飾。[96]

12月8日的東京《讀賣新聞》則刊登上海本社特急電報，標題是：〈一旦攻下（南京），松井最高指揮官即舉行盛大入城式〉，竟然急不可耐地將日軍戰後的打算在戰前就搶先報導發佈，稱在日軍完全佔領南京後，日「華中方面軍」司令官松井石根將舉行盛大的入城式。報導如下：

> [7日發特急電報]：南京淪陷只是時間問題。上海派遣軍（本書著者按：應是「華中方面軍」）最高指揮官松井石根大將已決定，一旦攻下（南京），即刻在麾下眾將領的前呼後擁下，威風凜凜地騎馬進入南京城，舉行盛大的入城式，並進行各兵種的歷史性的閱兵式。屆時，鐵騎聲將回蕩在敵都冬日的天空。為此，我派遣軍早已投入準備，一想到那天的盛況，頓覺心潮澎湃。[97]

這次日本同盟社與《大阪每日新聞》隨軍記者的不實報導，甚至影響到美國《紐約時報》駐華首席記者哈立德‧愛德華‧阿本德（Hallett Edward Abend, 1884-1955，亦譯埃邦德或阿班）。他於1937年12月7日從上海發出電訊報導，題為〈日軍逼近南京〉，刊登在當日的《紐約時報》上（由於時差的原因），其內容就是根據日本隨軍記者的這篇不實報導，寫道：

> [上海，星期二，12月7日訊]：昨天日落之前，日軍佔領了位於南京郊區紫金山麓的中山陵整個陵園。日軍大部隊已向前推進到離南京城門1英里遠、通往中山陵的公路上。
> ⋯⋯

---

[96] 報導：〈「南京淪陷」的大橫幅下沸騰的帝都之夜〉，刊《東京朝日新聞》1937年12月8日；前引《南京大屠殺史料集》(6)，第220頁。

[97] 報導：〈一旦攻下（南京），松井最高指揮官即舉行盛大入城式〉，刊《讀賣新聞》1937年12月8日；前引《南京大屠殺史料集》(6)，第244頁。

日軍先頭部隊預計今日強攻城門，攻進南京城去。據信，大部分中國軍隊今晚會撤走。[98]

事實證明，日本同盟社與《大阪每日新聞》隨軍記者的電訊報導完全是虛誇不實的捏造消息。

對這次日本同盟社與《大阪每日新聞》隨軍記者的不實報導，當時也在南京週邊隨日軍採訪的日本《東京日日新聞》社攝影記者佐藤振壽用日本「上海派遣軍」參謀長飯沼守的日記印證其虛誇錯誤。佐藤振壽說：「然而12月8日、9日的《飯沼守日記》中並未寫到紫金山頂上日章旗飄揚一事。」[99]下面是飯沼守12月9日的日記：

> 12月9日第9師團的旅團指揮部抵達高橋門，炮兵正在散開，然炮擊未果，第一線正好位於機場附近，準備佔領機場。第16師團第一線部隊正在攻擊麒麟門附近負隅頑抗之敵軍。[100]

既然直到12月9日，進攻南京的日軍尚在高橋門、麒麟門一線的南京遠郊外圍陣地與中國守軍作戰，而這裏離紫金山、中山陵一線的南京近郊複廓陣地尚遠，那麼，在12月7日，日軍怎麼能「佔領紫金山」、「已到達中山陵」與「殺至南京城的一角」呢？

當時正在南京隨中國軍隊採訪、並幾次冒險出城深入火線的美國《芝加哥每日新聞報》記者司迪爾也在12月9日日從南京發出的報導〈等待命運的南京衛戍軍，戰僅僅是挽救名譽〉中，指出了日本記者上述報導的不實。他寫道：

---

[98] [美]阿本德：〈日軍逼近南京〉，刊《紐約時報》》1937年12月7日；前引《南京大屠殺史料集》(6)，第29頁。

[99] [日]佐藤振壽：《步行隨軍》；前引《南京大屠殺史料集》(10)，第457頁。

[100] 中譯文轉引自[日]佐藤振壽：《步行隨軍》；前引《南京大屠殺史料集》(10)，第457頁。

在南京的外國人，唯一和外界接觸的方法就是通過收音機。日本的電臺說，日軍襲擊了俯視南京的要塞紫金山，佔領了南京。這真是滑稽之事。這樣的報導完全是捏造。

發表司迪爾這篇報導的 12 月 9 日美國《芝加哥每日新聞報》在「編輯部按」中指出：

以下的通訊是《芝加哥每日新聞報》的特派記者當日送到的。他是在處於包圍攻擊下、治安惡化的南京城裏有勇氣冒著生命危險做記者的幾個人中的一個。他的報導反駁了從東京、上海傳來的關於中國的首都已經淪陷在日本人手裏的先期報導。[101]

後來，日本大型雜誌《文藝春秋》1938 年 1 月號刊登的新聞匿名月評〈向南京進軍！進軍！〉，對日本同盟社與《大阪每日新聞》隨軍記者於 1937 年 12 月 7 日發出的這則不實的報導與虛假「勝利消息」，進行了揭露與嘲笑：

12 月 7 日……《大阪每日新聞》特派記者的電報卻稱，南京城外的中山陵已經插上了太陽旗。同盟社也在紫金山頂插上了太陽旗。結果，高興的是讀者，而愁眉苦臉的大概是其他報社的編輯幹部，他們發出了半責問的電報：為什麼我社沒有特快電報？豈有此理！慌張的卻是上海支局。皇軍腳快，這不是第一次。這下被超過了！當他們打起精神查問有關人士才得知，竟然都是《大阪每日新聞》、同盟社的新聞快速主義亡靈在作祟。[102]

---

101 [美]司迪爾報導：〈等待命運的南京衛戍軍，戰僅僅是挽救名譽〉，刊《芝加哥每日新聞報》1937 年 12 月 9 日；前引《南京大屠殺史料集》(6)，第 51～52 頁；譯文略有改動。

102 [日]新聞匿名月評：〈向南京進軍！進軍！〉，刊《文藝春秋》1938 年 1 月號；

1937 年 12 月 10 日，日本隨軍記者第三次發出了進攻南京戰役的不實報導——「日軍攻入南京城內，佔領南京」。日本各大報紙立即刊登，造成了更大的影響——成為新聞史上更大的醜聞與笑料。

事情是這樣的：

12 月 8 日上午，當日軍第 16、第 9、第 114、第 6 等師團從東南、南部、西南向南京週邊逼近猛攻時，沿著滬寧鐵路與長江南岸進攻的日軍第 11 師團的天谷支隊協同第 13 師團的山田支隊攻佔鎮江。

日本同盟社於當日迅速發出日軍攻佔鎮江的電訊報導。日本各報當日發行的晚報都立即刊登了上述消息。《東京朝日新聞》與《東京日日新聞》的報導均題為〈佔領鎮江縣城〉。《東京朝日新聞》報導的內容如下：

> [同盟社常州 8 日電]：花谷、安達兩支部隊從丹陽以決堤之勢向南京東部要害地——鎮江進擊。又從張官渡繼續攻擊，昨日攻下新豐鎮。8 日早在炮兵的猛烈轟擊下，8 點左右突擊到鎮江縣城下，越過城牆突入城內，打得殘敵四散奔逃。9 點左右大部隊結束掃蕩，將太陽旗插上了城頭。[103]

日軍佔領鎮江後，就從東北部將南京合圍起來。當日中午，天谷支隊從鎮江渡過長江進攻揚州，準備得手後再西向進攻津浦鐵路；山田支隊則從鎮江沿長江南岸，迅速向龍潭與南京東北部的棲霞山、烏龍山一線進攻。

12 月 8 日晚，在南京的東北面，日軍第 13 師團山田支隊在佔領龍潭後，沿長江南岸進佔棲霞山；在南京的東面，另一路日軍佔領大胡山；在南京的東南面，日軍第 16 師團攻佔湯水鎮，第 9 師團攻佔淳化鎮；

前引《南京大屠殺史料集》（6），第 254 頁。

[103] 同盟社常州 8 日電：〈佔領鎮江縣城〉，刊《東京日日新聞》1937 年 12 月 8 日；前引[日]本多勝一：《南京大屠殺始末採訪錄》，第 198 頁。

在南京的西南面，日軍第 114 師團、第 6 師團攻佔秣陵關、江寧鎮一線。各路日軍的前鋒推進至南京近郊復廓陣地之前。

12 月 9 日，《大阪每日新聞》出版第一期號外《總攻擊第一報》，無文字，大標題為〈皇軍迫近南京〉，下刊三張大幅照片，第一張照片拍攝的是 12 月 8 日日軍第 16 師團佔領湯水鎮炮兵學校的情景，第二張照片拍攝的是日軍第 16 師團大野部隊從句容沿水路向南京進攻的情景，第三張照片拍攝的是日軍炮兵從湯水鎮向南京中國守軍轟擊的情景。

12 月 9 日，日軍各部向南京復廓陣地猛攻：其中第 16 師團進至麒麟門、滄波門一線，逼近紫金山；第 9 師團一部──第 18 旅團第 36 聯隊（聯隊長脅阪次郎大佐，因此亦稱脅阪部隊）進抵高橋門、七橋甕、中和橋一線；第 13 師團山田支隊從棲霞山向烏龍山、幕府山進擊；第 114 師團與第 6 師團則進抵雨花臺、通濟門、中華門、水西門、江東門一線附近。另國崎支隊攻佔太平後，立即渡過長江，準備進攻江浦；第 11 師團天谷支隊從鎮江渡江後向揚州進擊。

面對如此形勢，中國守軍南京衛戍司令長官部於 12 月 8 日晚下達「衛參作字第 28 號命令」，令各部退守第二線復廓陣地，並調整兵力部署：以第 72 軍孫元良部（第 88 師）防守雨花臺陣地；以第 74 軍俞濟時部的第 58 師防守漢西門、上新河、三汊河一線；第 51 師防守中華門、賽虹橋、水西門一線；以教導總隊桂永清部防守紫金山、中山門一線；以第 71 軍王敬久部（第 87 師）防守光華門、衛崗一線；以第 78 軍宋希濂部（第 36 師）防守挹江門、下關、紅山一線；以第 2 軍團徐源泉部防守烏龍山、楊坊山一線；以從週邊陣地撤下的第 66 軍、第 83 軍協同各部防守；以第 17 軍團胡宗南部防守浦口一線。

在 12 月 9 日，在蘇州的松井石根見各部日軍已推進至南京城下，從四面將南京緊緊包圍，南京已是危在旦夕、指日可下。他認為，或者他希望，在日軍強大的軍事威脅之下，被包圍在南京城內、無處可逃的中國守軍必將會放棄抵抗、派出代表向日軍乞降。因此他下令各部日軍

在 9 日下午 4 時起暫停對南京的進攻，並在此前一日，即 8 日晚趕寫成
一份〈給南京衛戍司令長官的勸降書〉，亦稱〈和平開城勸告文〉，由翻
譯官岡田尚譯成中文，印刷了數千份，於 12 月 9 日中午用戰機向南京
城內空投散發，其內容如下：

> 百萬日軍，業已席捲江南，南京城正處於包圍之中。從整個
> 戰局大勢看，今後的戰鬥有百害而無一利。
>
> 南京是中國的古都、民國的首府，明孝陵、中山陵等古跡名勝
> 蝟集，實乃東亞文化薈萃之地。日本軍對負隅頑抗的人將格殺勿
> 論，但對一般無辜之良民及沒有敵意的中國軍隊將是寬大為懷，並
> 保障其安全。特別是對於東亞文化，更將竭盡全力予以保護。
>
> 然而，貴軍如果繼續抵抗的話，南京將無法免於戰火，千年
> 的文化精髓將會毀於一旦。十年的苦心經營將也化為烏有。本司
> 令官代表日本軍，希望根據下列手續，與貴軍和平地接交南京城。
>
> 大日本軍總司令官　松井石根
>
> 對本勸告的答覆安排在十二月十日中午，地點在中山路通句
> 容道的警戒線上。貴軍派司令官代表和本司令官代表在該地進行
> 接受南京城所必要的協定的準備。如在指定時間內未得到任何答
> 覆。我軍將斷然開始進攻南京。[104]

　　這是日本當局迷信自己的武力征服與恐怖威懾政策，挾虎狼之師與
戰勝之威，兵臨城下，而對南京軍民發出的最後通牒。不戰而屈人之兵
為上策。這在古今世界各國間的戰爭史上屢見不鮮。1842 年 8 月，在
中英第一次鴉片戰爭進行約兩年以後，英國艦隊駛抵南京下關江面，僅
以約 1 萬人的兵力，就逼迫中國清政府派出代表與英國代表在南京靜海

---

[104] [日]松井石根：〈給南京衛戍司令長官的勸降書〉（1937 年 12 月 8 日），刊[日]
　　《世界畫報》「日支大事變」第六輯，日本國際情報社 1938 年 2 月 1 日出版；
　　前引中國第二歷史檔案館、南京市檔案館合編：《侵華日軍南京大屠殺檔
　　案》，第 23 頁。

寺談判，最終簽訂了不平等的《中英南京條約》，滿足了英國的全部侵略要求。在 1894-1895 年的甲午中日戰爭中，日本在遼東陸戰與威海海戰勝利之後，揚言南、北夾擊首都北京，就嚇得中國清政府連連派大員向日本乞降，最終簽訂了更加不平等的《中日馬關條約》，滿足了日本的全部侵略要求。那麼，在現在，在裝備精良、兇猛如虎的數十萬日本陸、海軍及航空隊的包圍、打擊、威逼下，南京軍民的屈服與投降將是必然的與迅速的。這將是日本對華武力征服政策的又一次典型的勝利。松井石根希望武力征服中國的歷史重演，1937 年的南京成為 1895 年的北京。

在松井石根下令暫停對南京的攻擊、以武力威逼南京軍民和平開城投降時，12 月 9 日，西路日軍第 18 師團卻發動了對蕪湖的進攻，並於當日晚佔領蕪湖。當天，日本同盟社就發出電訊報導。第二天，即 12 月 10 日，《讀賣新聞》早報刊登簡短消息，題為：〈太陽旗飄揚在蕪湖城頭〉，內容如下：

> [同盟社宣城 9 日電]：片岡、小界、野副、藤山各部隊，9 日下午以決堤之勢逼近蕪湖，下午 5 時發起總攻，突進蕪湖城內，在暮色中，令人激動的太陽旗飄揚在城頭。下午 6 點正在城內北端掃蕩殘敵。[105]

日軍佔領蕪湖，就從西部對南京進一步合圍，截斷了南京的退路。這是日軍當局以和、戰兩手對南京軍民實施武力征服政策的進一步發展。

但歷史卻沒有重演，1937 年的南京絕不是 1895 年的北京！松井石根的〈勸降書〉被南京守軍輕蔑地不予理睬。12 月 10 日中午 11 時 40

---

[105] 同盟社宣城 1937 年 12 月 9 日電：〈太陽旗飄揚在蕪湖城頭〉，刊《讀賣新聞》1937 年 12 月 10 日早報；前引[日]本多勝一：《南京大屠殺始末採訪錄》，第 160 頁。

分，從蘇州趕來的日「華中方面軍」副參謀長武藤章大佐，率高級參謀公平、情報參謀中山、翻譯官岡田尚，抵達南京中山門外的日軍步哨線，依〈勸降書〉所約定時間，等候南京守軍派代表前來洽降。但過了約定時間正午 12 時很長時間，仍不見有人前來，日方代表只得失望地返回蘇州。

約在同時，由西方駐南京僑民組成的「南京安全區國際委員會」出面調停「休戰」，建議中國軍隊安全地撤出南京城，向日方和平交城，也遭到了中國政府的斷然拒絕。

日方記者報導稱：「南京守軍不僅不聽從我方勸降，反而繼續抵抗。」[106]

松井石根見誘降不成，惱羞成怒，於 10 日午後 1 時下達總攻擊令，「命兩軍進攻南京城」。立即，日「上海派遣軍」與第 10 軍所轄的第 13、第 16、第 9、第 3、第 6、第 114 師團各部日軍同時向南京復廓陣地發動了猛烈進攻：第 6、第 114 師團進攻雨花臺、中華門、水西門一線；第 9 師團與第 3 師團一部進攻光華門、通濟門一線；第 16 師團進攻紫金山、中山門、太平門一線；第 13 師團山田支隊進攻烏龍山、幕府山，進擊南京城東北部。在這同時，國崎支隊已從太平渡過長江，迅速沿長江北岸向東進攻江浦與浦口，意圖切斷津浦線；而從江陰西上的日海軍第 3 支隊的艦艇，連續衝擊鎮江與烏龍山炮台的長江封鎖線，準備駛向南京江面。日本的空軍在掌握制空權的情況下，對南京城內外進行更加猛烈的空襲。

各條戰線的戰鬥都空前激烈。日軍兵器先進，火力猛烈，甚至違背國際公法，施放毒氣。中國守軍以疲憊殘破之師，用血肉之軀「與鋼鐵相爭」，進行著英勇的抗擊。南京城內外槍炮聲震耳欲聾，殺聲驚天動地，雙方短兵相接，陣地反覆爭奪。

---

106 報導：〈日軍攻擊南京〉，刊[日]《世界畫報》「日支大事變」第六輯，日本國際情報社 1938 年 2 月 1 日出版；前引中國第二歷史檔案館、南京市檔案館合編：《侵華日軍南京大屠殺檔案》，第 25 頁。

12 月 10 日下午 5 時許，日軍第 9 師團第 18 旅團第 36 聯隊（脅阪部隊）的前鋒——伊藤義光大隊約 150 多人，乘中國守軍後撤，跟蹤突入光華門城門洞，企圖衝進城內。中國守軍拼死抵抗，立即關閉城門，以猛烈的火力將這小股日軍壓制在城門洞內，並切斷了他們與城外大股日軍的聯繫。南京衛戍司令長官部得知小股日軍突入光華門，急調援兵增援。經激戰多時，最後，中國守軍組織敢死隊，從城上用繩索垂下，以手榴彈幾乎全殲那支突入南京光華城門洞的小股日軍，打死了伊藤義光大隊長。只剩下十幾個日軍，包括《福岡日日新聞》社的記者北山國雄在內，憑藉用瓦礫築起的臨時防壘苟延殘喘，等待援軍。

《讀賣新聞》社的攝影部部長真柄「使用遠攝鏡拍攝了進攻光華門先頭部隊的紀錄片」，他拍攝下的情形是：

> 打著太陽旗的士兵攀登被炮彈炸塌的城牆，終於爬上去了，士兵揮舞起太陽旗……攻打南京時，最先衝入光華門的是金澤第 9 師團的脅阪部隊伊藤大隊。可不一會兒，部隊遭到了反擊，城牆上搖旗的士兵、衝進城的士兵以及包括大隊長在內的人幾乎全部被殲。後來又發動了第二次、第三次突擊。在這次光華門攻防戰中，隨軍記者也戰死了。最初衝到城牆下的部隊全部被殲，只有一個《福岡日日新聞》的記者還活著。……[107]

日本同盟社記者前田雄二後來也說：

> 正對光華門的是脅阪聯隊，其先頭部隊從下達總攻擊令到攻至光華門外僅用了四個小時。
>
> 但是，城牆上堅固的陣地中配備著成排的機關槍，並猛烈地掃射著。攻擊部隊受到了阻擊。這時，衝在最前頭的是工兵的敢死隊，在聯隊炮的齊射掩護下，他們抱著炸藥衝進了城門。爆炸

---

[107] [日]小俣行男：《侵略》，前引《南京大屠殺史料集》（10），第 508 頁。

聲轟然作響，沙土漫天飛揚，硝煙彌漫，城門的一部分已經坍塌了。步兵部隊已經突入了城門，坍塌的城門上插上了日章旗。此時是下午 5 時 30 分。這是最先突入的部隊。消息從聯隊本部傳到師團司令部，再由派遣軍傳到了上海，接著又由上海傳到了大本營。號外的消息傳遍了日本全國。但是，雖然旭日旗已經豎了起來，卻還不能突入城內。不僅如此，左右城牆上的中國軍隊用機關槍向城門內的部隊掃射，子彈像暴雨一般射來，城內的迫擊炮也阻止了後續部隊的前進。

另外，埋伏在脅阪聯隊左右山丘上和村莊裏的中國軍隊，動用戰車對我部隊形成夾擊之勢，進行猛烈的反撲，我軍損失很大。部隊由於是急速進攻，隊伍拉得太長。

佔領城門的聯隊處於孤立無援的境地，在敵軍的包圍之中，只能硬撐著頑強進行艱苦的決死戰鬥。這種狀況持續了三天時間。彈藥和糧食都消耗完了，中隊長戰死了，損失了一大半的兵力。但他們還是死守著日章旗。最先登上南京城頭的部隊，經歷的是一場悲壯的戰鬥。[108]

但是當時，日本隨軍的記者又以軍國主義的戰爭狂熱，激動浮躁起來。他們見小股日軍突入南京光華門門洞內，誤以為日軍已攻入南京城內，更不知道這支突入南京光華城門洞的小股日軍最終已被中國軍隊組織的敢死隊幾乎全殲，就以浮躁虛妄與求功心切的心情，於 12 月 10 日下午再次搶先發出電訊報導，稱日軍已攻入南京城內。日本東京各大報得到這則虛假消息後，不予核實，立即刊登，並特地發行號外。

12 月 10 日《東京日日新聞》號外以大字標題〈（南京）東南城門悉數佔領，皇軍攻入南京城內〉，刊登同盟社的如下報導：

---

[108] [日]前田雄二：《在戰爭的激流中》，東京善本社 1982 年 8 月 1 日版；前引《南京大屠殺史料集》（33），第 438～439 頁。

> [大校場 10 日發，同盟社]：10 日下午 5 時，脅阪部隊之先
> 頭部隊佔領光華門，將日章旗高掛在城牆之上，並攻入城內御道
> 街，戰果正在不斷擴大。
>
> [上海 10 日發，同盟社]：在我軍總攻之下，南京城東側及
> 南側各個城門已於傍晚奪取。[109]

這天《讀賣新聞》早報刊登的簡短消息〈太陽旗飄揚在蕪湖城頭〉，
竟被日軍「佔領南京光華門，攻入南京城內」的不實新聞報導所引起的
巨大轟動所掩蓋。

當關於日軍已於 12 月 10 日下午攻入南京城內、南京城頭已飄揚起
太陽旗的不實消息在當天的日本各大報刊登後，迅速傳遍東京與日本各
地。這消息迎合了當時日本當局與日本國民期待已久、浮躁虛妄與求功
心切的心情。於是，東京與日本各地立即開始了更大規模的、聲嘶力竭
的各種慶祝活動，其中自然包括各城市傾巢出動的、極具日本特色的燈
籠遊行。國會議事堂也特地用燈飾點綴起來。慶祝活動從 12 月 10 日晚
延續到 12 月 12 日。

12 月 11 日，日本各報以更大的狂熱刊登日軍於 12 月 10 日佔領南
京光華門、衝入南京城的不實消息，與日本各地大肆慶祝的報導：

《讀賣新聞》刊登的報導，大字標題是：〈令人激動的十日〉、〈佔
領首都〉、〈光華門〉、〈脅阪部隊榮立首功〉、〈前線部隊一齊攻入南京城
展開巷戰〉等。

《東京朝日新聞》刊登的報導，大字標題是：〈日章旗在南京飄揚〉，
下刊〈南京攻略戰大地圖〉，〈城門攻破了，人人歡欣鼓舞〉、〈各地充滿
喜悅〉、〈蜂擁而出的燈籠隊伍——昨晚，帝都在雨中歡騰〉等。其中，
〈各地充滿喜悅〉報導了橫濱、崎玉、千葉、甲府、靜岡、群馬、仙台、

---

[109] 同盟社南京大校場 10 日發：〈東南城門悉數佔領，皇軍攻入南京城內〉，刊
《東京日日新聞》1937 年 12 月 10 日號外；前引《南京大屠殺史料集》(10)，
第 456～457 頁。

長野、福島、秋田、大阪、京都、神戶等日本各地在看到「南京淪陷的快報」後無比的激動與舉行盛大的慶祝遊行的情況。〈城門攻破了，人人歡欣鼓舞〉的主要內容如下：

> 期待已久的太陽旗飄揚在南京城頭的日子終於到來了。想上海派兵 5 個月後，皇軍的神速部隊終於在 10 日下午發動了對敵首都南京城的總攻擊。士兵們以血肉之軀，向前衝鋒，宛如洪水，如雪崩，勢不可當。他們以迅雷不及掩耳之勢佔領了南京城。沾滿鮮血的太陽旗，在驚天動地的「萬歲」、「萬歲」聲中，高高地飄揚在南京上空，如怒濤般在城內奮勇作戰的皇軍將士們禁不住熱淚盈眶。
>
> 在歷史性的日子裏，電波傳來捷報。舉國上下頓時歡欣若狂。在陸、海軍軍部爆出凱歌，使在座的將軍們激動不已。東京全市各處，歡慶之歌與皇軍「萬歲」、「萬歲」的呼聲匯成一體，響徹夜空。舉國上下團結一心，終於迎來了南京淪陷的一天。[110]

〈蜂擁而出的燈籠隊伍——昨晚，帝都在雨中歡騰〉則用浮誇的筆調描述了東京民眾為「南京淪陷」的不實消息而發狂的場面：

> 慶祝攻陷南京的燈籠大遊行——南京各城門盡入我軍之手的 10 日夜裏，赤阪某舞廳晚上 9 時 10 分左右，當通過我總社號外得知捷報後，正在跳舞的 300 名客人和舞女即刻情不自禁地高呼萬歲。……

接著，此報導以「太棒了，了不起——某部隊一夜無眠」為小標題，描述了 10 日夜東京某日軍部隊的激動情景：

> 10 日夜，皇軍從各個城門衝進南京城的捷報傳來以後，人們在傳播號外捷報的鈴聲中沸騰起來了。「終於勝利了！了不起！」戰友們奔相走告這一喜訊。8 時 30 分熄燈後，他們仍久

---

[110] 報導：〈城門攻破了，人人歡欣鼓舞〉，刊《東京朝日新聞》1937 年 12 月 11 日；前引《南京大屠殺史料集》（6），第 225～226 頁。

久不能入睡，但在這抑止不住的喜悅中，想起眾多為國捐軀的戰友們，又忍不住感慨萬千地高呼萬歲。[111]

在 12 月 12 日，《東京朝日新聞》繼續刊登報導：〈慶祝勝利的光芒照耀著首都〉、〈太陽旗萬歲之聲如怒濤、如狂瀾〉。12 月 12 日出版發行的〈東京朝日新聞〉12 月 13 日晚報，刊登報導：〈空中馬戲團在狂舞〉，兩段小標題分別為〈天地也為歡慶勝利而震撼，大街上行進著千人音樂隊〉、〈回蕩在五町上空的音波，振奮帝都的音樂大遊行（照片）〉，等，報導 12 月 11 日東京和日本各地慶祝「攻陷南京」的活動，繼續誤將 12 月 10 日當成為日軍佔領南京的日子，大肆歡慶。

日本學者笠原十九司將這些沉醉在慶祝活動中的日本民眾稱之為「因誤報而狂熱的日本國民」。[112]

當時在南京戰場採訪的日本《東京日日新聞》社攝影記者佐藤振壽以他所見的事實駁斥了上述報導的虛假。他寫道：

當時我們完全不知道日本國內新聞報導情況，後來看到當時的報紙，非常吃驚。有部分報紙描寫了根本不曾發生的戰況，真讓人目瞪口呆。[113]

當時正從南京西面沿長江南岸進攻的日軍第 6 師團第 36 旅團步兵第 45 聯隊的前田吉彥少尉在其 12 月 11 日的陣中日記中，記錄了他們聽到日本國內廣播的關於攻陷南京並大肆慶祝的消息，感到很驚訝：

下午從附近旅團無線電臺傳來了消息。旅團無線電 3 號機不知怎麼收到了國內的廣播，內容是：

---

[111] 報導：〈蜂擁而出的燈籠隊伍——昨晚，帝都在雨中歡騰〉，刊《東京朝日新聞》1937 年 12 月 11 日；前引《南京大屠殺史料集》(6)，第 224 頁。

[112] [日]笠原十九司著，李廣廉等譯：《難民區百日》，南京師範大學出版社 2005 年版，第 80 頁

[113] [日]佐藤振壽：《步行隨軍》；前引《南京大屠殺史料集》(10)，第 457 頁。

一、昨天，10 日晚，脅阪部隊佔領南京光華門，南京城的
　　一角豎起了日章旗。

二、南京陷落的捷報使國內到處響起慶賀勝利的歡呼聲，松
　　山市昨晚舉行了提燈遊行。

聽到這些新聞，我們感到很驚訝。

在聽到這些新聞的此時此地，南京守軍依然頑強抵抗，高射炮不斷對空射擊，城牆附近硝煙彌漫，槍炮聲不絕於耳。這到底是怎麼回事呢？所說的脅阪部隊是何處的部隊呢？如果是光華門，那該是第 9 師團！再說也不知攻佔

日軍戰車部隊向南京中華門進攻

了光華門的哪一角，一點也看不出已進城的跡象。[114]

當時正從南京南面擔任向雨花臺、中華門進攻的日軍戰車（坦克）隊隊長藤田實彥在其回憶錄《戰車戰記》中，也以專節「南京陷落的錯誤報導」，描述了日本新聞傳媒這次失實報導在其部隊與隨軍記者中造成的影響：

　　晚上 9 時左右，同盟社的大鋸君來了，他對我們說：「來自東京的消息說，南京今天傍晚已經陷落了！」說完一付失落的樣子，雙手抱著後腦勺仰面倒在床上。沒能率先攻入南京城，這讓我們很失望。連日來我率領部下，忍受著所有艱辛，不斷鼓勵著他們，

[114] [日]南京戰史編輯委員會編：《南京戰史資料集》，偕行社 1989 年版，第 455
頁；轉引自笠原十九司著，李廣廉等譯：《難民區百日》，南京師範大學出版
社 2005 年版，第 81 頁

不就是為了能夠率先進入南京嗎？我甚至感覺沒有必要再繼續戰鬥下去了，就連見習士官也瞪著大鋸君，一跺腳，遺憾而去。其他屋裏的下士官也陸續趕來問道：「這是真的嗎？」不僅是我的部下，那些報社記者和通訊聯絡員也非常失望，因為他們沒能最先報導南京陷落的即時戰況，沒能最先報導率先攻入南京城的日本軍隊的興奮與激動，沒能得到最先報導即時戰況的新聞記者的美名。各位記者紛紛跑來向我抱怨說：「南京不是已經陷落了嗎？真搞不懂我們為什麼要跟著你們一路辛苦到現在！」[115]

原來，那些隨軍記者以為藤田實彥的戰車（坦克）隊戰鬥力強，是「一支最有希望率先攻入南京的部隊」，他們可以得到「最先報導率先攻入南京城的日本軍隊，最先報導即時戰況的新聞記者的美名」。然而，卻讓別的部隊搶先攻入了南京城。這怎能不令他們失望呢！藤田實彥只得再三向記者們解釋與表示安慰。直到第二天，他們發現日軍重炮在向南京城密集射擊，才知道「南京還沒有陷落！想到這些，以前有些消沉的心又重新振奮起來。」[116]從這個小插曲中，我們可以看到當時日軍從上到下、從官兵到隨軍記者浮躁淺薄、急功近利、急於求成幾乎已達到瘋狂的心態。這在世界新聞史上是很少見的事例。

日本大型雜誌《文藝春秋》1938 年 1 月號刊登的新聞匿名月評〈向南京進軍！進軍！〉，也對這次虛假報導進行了揭露與嘲笑：

> 而且，還聽說有家報紙發號外，說什麼，12 月 9 日（按：應是 10 日）南京城內飄揚起太陽旗。啊──南京入城！那是報紙編輯「佔領的一角」，也是期待已久的令人滿意的消息。一旦正式慶祝，也許會打出所有的燈籠，有的地方還會出現燈籠遊行。……果然，那份號外成了問題。[117]

---

[115] [日]藤田實彥：《戰車戰記》；前引《南京大屠殺史料集》（33），第 275 頁。
[116] [日]藤田實彥：《戰車戰記》；前引《南京大屠殺史料集》（33），第 279 頁。
[117] 新聞匿名月評：〈向南京進軍！進軍！〉，刊[日]《文藝春秋》1938 年 1 月號；

日本學者笠原十九司評論說：

> 進攻南京時，一個中隊就有兩名小隊長戰死，部隊陷於苦戰，但日本國內卻傳來消息說國民都在慶祝南京陷落。……（日本）各大報利用南京攻略戰大做文章，爭搶報導的頭功，結果把脅阪部隊到達光華門城下（處於潰滅狀態）的情況，誤報為「佔領南京城」。[118]

事實確實是這樣。

當日本國內因新聞傳媒的誤報而大肆慶祝日軍在 12 月 10 日攻入南京時，進攻南京的日軍仍繼續在南京城外苦戰。1937 年 12 月 11 日，日軍各部在南京城外的雨花臺、紫金山等處以及通濟門、光華門、中華門、水西門等各城門外陣地，與中國守軍激戰，在多處突破中國守軍的陣地，又被中國守軍頑強地阻擊與反攻奪回。日軍戰機的轟炸與日軍炮兵對南京城內的炮擊更為激烈。雙方官兵都傷亡慘重。日軍為爭奪南京複廓陣地的各要點付出了沉重的代價。

第六節　對日軍在 12 月 13 日佔領南京的報導與吹噓

直到 1937 年 12 月 12 日上午 10 時，日軍第 6 師團攻佔雨花臺陣地；正午時分，該師團數百日軍從被炮彈轟坍的中華門城牆缺口突入城中，佔領中華門。——這是最先攻入南京的日軍。

接著日軍第 114 師團佔領水西門；第 3 師團一部佔領通濟門；第 16 師團攻佔紫金山頂南北一線主陣地，向中山門進擊；第 9 師團繼續猛攻光華門。

前引《南京大屠殺史料集》(6)，第 255 頁。

[118] [日]笠原十九司著，李廣廉等譯：《難民區百日》，南京師範大學出版社 2005年版，第 81 頁。

在日軍突破的地方，中國守軍繼續頑強地抗擊日軍的攻擊，並進行反衝鋒，企圖奪回丟失的陣地。戰鬥更加劇烈。南京衛戍軍副司令長官羅卓英親臨中華門前線指揮，「躬冒炮火，在中華門一帶和敵人展開了壯烈的巷戰，把攻入的敵軍全部消滅。」[119]第 87 師第 259 旅旅長易安華（在光華門犧牲）、第 88 師第 262 旅旅長朱赤（在雨花臺犧牲）、第 264 旅旅長高致嵩（在雨花臺犧牲）等高級將領與第 51 師第 151 旅第 302 團團長程智

日軍侵佔中華西門

（在賽虹橋犧牲）、第 51 師第 153 旅第 306 團團副劉歷滋、第 3 營營長胡豪（在中華門犧牲）等許許多多的官兵血灑陣地，戰鬥到最後一息。

在日軍先後佔領南京各主要城門後，12 日下午 5 時，中國守軍南京衛戍司令長官唐生智在唐公館召開各軍、師長會議。此會只開了 20 分鐘。唐宣讀蔣介石來電，下達書面的撤退命令——「衛戍作命特字第一號」，部署守城各部的突圍方向與目標、方案，即只有衛戍司令部各直屬部隊、第 78 軍（第 36 師）及憲兵部隊可渡長江北撤，其他各部隊衝破正面之敵突圍，向皖南等地轉移。——簡言之，即「大部突圍，一部渡江」。但唐生智又作了一個口頭命令：「第 87 師、88 師、74 軍、教導總隊，如不能全部突圍，有輪渡時，可過江，向滁州集結」。——這是一道完全不顧實際情況的錯誤命令，並引起了極嚴重的後果。

12 日下午 5 時半開始，中國守軍放棄陣地，開始突圍與撤退。由於當面日軍的火力猛烈，更由於唐生智口授命令的消極作用，10 多萬中國守軍，除第 66 軍、第 83 軍這兩支廣東部隊從正面衝破日軍戰線、退往皖南，第 2 軍團在長江下游烏龍山、黃天蕩一帶渡過長江北撤外，絕大部分部隊都沿城內中山路、中央路等湧向城北下關江邊一帶，企圖

---

[119] 譚道平：《南京衛戍戰史話》，東南文化事業出版社 1946 年版，第 66 頁。

渡長江北撤，形成了「大部渡江，一部突圍」的被動局面。但唐生智的衛戍司令部在戰前已下令撤走了長江中幾乎所有運輸船隻，從而使得大量的中國守軍在城北江邊被阻，隊伍潰散。

12 月 12 日，《大阪朝日新聞》緊急出版號外，刊登日本記者從南京發來的最新戰況報導，題為〈皇軍從中華門攻入南京〉，另配發文章〈佔領中山門迫在眉睫〉，稱「敵首都防衛司令部與我軍有肉搏」；而《大阪每日新聞》則連發兩個號外，報導稱：「在我軍的轟擊下，敵軍潰敗，沿中山路向下關方向大規模撤退。」

12 月 13 日凌晨，各路日軍由佔據的各城門分數路攻入南京城中：

第 16 師團步兵第 19 旅團的第 9 聯隊（片桐部隊）於深夜零時佔領中山陵；第 20 聯隊（大野部隊）於凌晨 3 時 20 分佔領中山門；然後這兩部日軍自中山門攻入城中，沿中山東路轉入國府路，進佔國民政府及行政院、軍事委員會、中央軍校等機關所在地。

第 16 師團步兵第 30 旅團的第 38 聯隊（助川部隊）從右翼迂迴，佔領了太平門與和平門，然後向下關攻擊。

第 9 師團一部在晨 6 時佔領光華門；一部自光華門與中山門間城牆炸開的缺口中攻入城中。

第 3 師團自通濟門、武定門攻入城內；第 6 師團、第 114 師團自中華門、水西門攻入城內。

進城之各路日軍沿城內各馬路與街巷向城北追擊，幾乎沒有遭到任何有組織的抵抗。日軍一路屠殺馬路上逃跑的中國軍民。

在這同時，第 16 師團步兵第 30 旅團的第 33 聯隊（野田謙吉部隊）在城外東部，沿玄武湖東岸繞向城北進攻；第 6 師團一部兵力在城外西部，沿水西門、漢

日軍侵佔挹江門

中門、草場門外城牆向北推進。兩部於上午 10 時進至下關長江邊會合，完全包圍了正擁堵在江邊、無法渡江的大量中國軍隊官兵。

13 日午後 2 時，日海軍第 11 支隊的艦艇衝過烏龍山炮台的射程，溯江而上，抵達下關江面，掃射屠殺正渡江北逃的中國潰兵。

13 日下午 4 時，日軍國崎支隊從江浦沿長江北岸進佔浦口，截斷津浦鐵路；約在同時，日軍第 13 師團的山田支隊攻佔烏龍山炮台。

親自率領與指揮日第 16 師團第 30 旅團一部從太平門外沿玄武湖東岸迂迴、繞攻至南京城北下關長江邊、包抄中國守軍的佐佐木到一少將，在其作戰日記中記錄了各路日軍分路進擊、包圍中國軍隊、攻陷南京的情況：

> （12 月 13 日）拂曉前，我先頭部隊插入敵人陣地，接著緊追敵人，輕裝甲車中隊在上午 10 時左右向下關挺進，聚集於江岸，或掃射在江面上逃跑的殘兵敗卒，大約打完了一萬五千發子彈。在此期間，步兵第 38 聯隊佔領了靠城北的五個城門，截斷了敵人的退路，聯隊長和第 33 聯隊的大隊一起趕上裝甲車，然後進入西面挹江門附近，間或同逃跑的敵人進行了戰鬥。……稍後，第 6 師團的一部分兵力從南面來到江岸；海軍第 11 支隊溯江而上，對順江而下的敵船進行掃射，下午 2 時抵達下關；國崎支隊於下午 4 時來到了對岸浦口。其他靠近城牆的部隊正在向城內掃蕩。實際上是就理想地進行包圍的殲滅戰進行了演習。[120]

至 12 月 13 日傍晚，日軍完全佔領了南京，並成功地包圍、俘虜了中國守軍近 10 萬人。13 日晚 10 時，擔任進攻南京城東部中山門、太平

---

[120] [日]佐佐木到一：《進攻南京紀實》；前引[日]洞富雄著，毛良鴻、朱阿根譯：《南京大屠殺》，上海譯文出版社 1987 年版，第 12 頁。

門、東南部光華門一線的日「上海派遣軍」（司令官為日皇室朝香宮鳩彥王中將）發佈日軍完全佔領南京的第一份戰報：

> 我進攻南京城的軍隊已於今天傍晚佔領了該城。江南的碧空中，夕陽映照著城頭的太陽旗，軍威大振紫金山。[121]

欣喜、狂妄、驕橫的心態溢滿言表。

與此相類似的心態與相類似的語句，甚至更加露骨的狂妄表述，出現在一個接一個的日本隨軍記者的新聞報導中：

> 「南京攻克了，嗚呼！敵人首都終於為我軍佔領！」
> 「多麼令人欣喜！全體國民必將熱血沸騰！」
> 「南京終於被佔領了，從而翻開了歷史性的光輝一頁。」[122]

日本同盟社以最快的速度報導了日軍各部隊「奮勇」攻入南京城的激戰場面：

> [同盟社大校場 13 日電]：富士井、伊佐兩支部隊 13 日拂曉前，在工兵部隊的協助下，乘鐵舟渡過寬達百米的護城河從中山門附近的兩個缺口殺入城內，擊潰頑抗之敵，佔領了中山門內的部分地區，豎起了太陽旗。
> [同盟社大校場 13 日電]：大野、片桐、伊佐、富士井各部隊，從以中山門為中心的左右城牆爆破口突入南京城內，急追敗敵，沿中山路向著明故宮方面的敵中心陣地猛進，轉入激烈的街市巷戰，震天動地的槍炮聲在南京城內東部響個不停。敵軍將火

---

[121] 報導：〈南京完全攻佔，戰功輝煌的入城式〉，刊[日]《世界畫報》「日支大事變」第六輯，日本國際情報社 1938 年 2 月 1 日出版；前引中國第二歷史檔案館、南京市檔案館合編：《侵華日軍南京大屠殺檔案》，第 28 頁。

[122] 報導：〈南京完全陷落〉，刊[日]《世界畫報》「日支大事變」第六輯，日本國際情報社 1938 年 2 月 1 日出版；前引中國第二歷史檔案館、南京市檔案館合編：《侵華日軍南京大屠殺檔案》，第 27 頁。

器集中於明故宮城哪第一線主陣地，企圖阻止我軍的進擊，正在
頑強地抵抗中。……

　　[同盟社大校場 13 日電]：伊佐、富士井、脅阪、人見等各
部隊，13 日上午佔領了中山門到光華門東南一側的全部城牆，
太陽旗正在城頭上迎風飄揚。[123]

　　《東京朝日新聞》在 12 月 13 日晚報頭版刊登了同盟社關於日軍各
部隊「奮勇」攻入南京城的激戰場面的報導，還刊登了其總社南京前線
通訊本部發來的電訊，大標題為〈南京被完全佔領，兩三日後歷史性的
入城式〉，副標題為〈宣揚了皇軍的精銳強大〉、〈戰局前途遠眺〉、〈在
炮彈炸裂的硝煙中，一群群中國敗殘兵的慘狀〉，其中報導了日軍第 16
師團部隊佔領中山陵、中山門：

　　[中山門總社前線通訊本部 13 日報導]：我大野部隊之一部 13
日凌晨 3 點 20 分攻入並佔領了中山門，將太陽旗高高豎立在城頭
之上。片桐部隊之一部於深夜零時佔領了中山陵，爆發出來的歡
呼聲回蕩在紫金山的上空。這樣，從南京城東側開駛的總攻，經
過三天激戰，終於將中山門與中山陵奪到我軍手中。[124]

　　為了表現日軍奮勇攻克南京各城門的「壯舉」與日軍「勇士」的事
蹟，日本隨軍記者千方百計尋找甚至製造戰地新聞。

　　在中山門，一名在第 16 師團任翻譯的東亞同文書院的學生親見了
這樣的場面：日本《朝日新聞》隨軍記者為了向日本國內迅速報導日軍
第 16 師團第 20 聯隊（大野部隊）率先佔領中山門，讓該部隊官兵在中
山門上作了一番表演。當時，因中國守軍早就奉命撤離，中山門空無一

<hr>

[123] 中譯文引自[日]本多勝一：《南京大屠殺始末採訪錄》，第 241～242 頁；參閱
　　　徐志根：《南京大屠殺》，昆侖出版社 1987 年版，第 9～10 頁。
[124] 中山門總社前線通訊本部 13 日報導：〈南京被完全佔領，兩三日後歷史性的
　　　入城式〉，刊《東京朝日新聞》1937 年 12 月 13 日晚報頭版；前引[日]本多
　　　勝一：《南京大屠殺始末採訪錄》，第 241 頁。

人，日軍第16師團第20聯隊佔領中山門時，可以說是「無流血」佔領。但《朝日新聞》隨軍記者卻讓該部隊官兵在城牆上排好佇列，豎起了破破爛爛的軍旗，齊聲高呼三聲「萬歲！」，然後拍下「佔領中山門的儀式」；接著，該記者又採訪第20聯隊的軍官；然後，該記者將這些照片膠捲與軍官談話交給聯絡員，迅速送回日本國內。那位東亞同文書院的學生寫道：

　　（13日）清晨，我們被本部人員叫醒：「馬上出發！」部隊以行軍的隊形開始前進。抬頭一看，中山門就屹立在前方。然而，它寂靜得讓人感到奇怪。部隊從右邊城牆倒塌的地方進入城內，部隊在背後的城門和城牆上成排地列著隊。聯隊本部忽地登上了城門，少尉軍旗手立刻豎起了破破爛爛的軍旗。不知在什麼時候，士兵也在槍刺上插上了日章旗。各中隊在城牆上排好佇列。我也作為本部人員站在了城門上。接著，我往下一看，只見幾個看上去像是《朝日新聞》的隨軍記者正用照相機對著這邊對焦距。然後，大家齊聲高呼三聲「萬歲！」佔領中山門的儀式到此結束了。後來問了一下我才知道，這是為了立即向日本報導步兵第二十聯隊佔領了中山門的表演。

　　這時，一位戴著「朝日新聞」袖章的男子登上了城門。一個沒怎麼見過的將校向記者一直說著些什麼，記者把他的話都記錄下來了。我無意中聽到那個將校最後提高嗓門說：「不錯吧，是我們隊率先到達了中山門。把這個給我好好地寫一寫！」記者點點頭，走到下面一直在等的跨門式摩托車手那裏，並給了他一個像信封一樣的東西。接著，跨門式摩托車就發出轟鳴聲開走了。大概是向後方傳送佔領南京的快報吧。之後，有幾個看起來像是來自其他報社的隨軍記者也都聚集到剛才那個將校身邊。但是，這次將校似乎有點嫌煩了。總之，其他報社在搶新聞方面，是無法與實力強大的朝日新聞社相比的。

　　不過，所謂「率先佔領中山門」是有緣由的。採訪記者們走
了之後，我就對一個熟悉的本部士兵說：「我稀裏糊塗地睡著了，
竟不知道什麼時候佔領了城門。」他沒精打彩地回答說：「在昨
天的攻擊戰中，敵人的抵抗十分頑強，攻擊很不順利，於是就暫
時退了下來，在昨晚的地方停戰休整。可是，就在夜間，別的部
隊（大概是九州部隊）夜襲突破了城門，好像乘勝向更前方進擊
了。黎明時，我們部隊注意到中山門空無一人，就立即展開了行
動，結果實現了『無流血』佔領。實在是不像話啊。」聽了這番
話，我也就想起了那個將校精神抖擻的介紹，情不自禁地笑了。
軍人間的爭名奪利到了如此地步，用一個詞表達就是「愚蠢」。[125]

　　1937 年 12 月 13 日，《東京朝日新聞》
特地發行號外，主要以照片的形式報導了
日軍攻佔南京的戰況，其中有特派記者熊
崎拍攝的照片〈從中山門進入南京城的日
軍〉等。

　　在光華門，在日軍佔領南京後的第二
天，即 1937 年 12 月 14 日，日軍第 9 師團
的一位分隊長增根一夫也有同樣的經歷：
他應一位日本隨軍攝影記者的要求，作了
一番「佔領南京城門」的表演。他回憶道：

日軍佔領南京中山門

　　攻陷南京後的第二天，即 14 日，我所在的分隊正在城門外
　　休整時，來了一個隨軍記者，他說：「請到城頭上去一下。舉起
　　槍擺一個高呼萬歲的姿勢好嗎？」我也沒有什麼反對的理由，就
　　答應了他，於是記者拍下了照片。

[125] [日]穴澤一壽：〈翻譯從軍論的反對者──野崎教授〉，前引《南京大屠殺史
料集》(33)，第 229 頁。

　　過了兩天，登了這張照片的報紙送來了，我一看，標題是：
「第一批進城的勇士們」。之後，每天都能收到大量看了這篇報
導的人寄來的讚美信件。有一段時間我很不舒服。

　　當時還沒有太在意，後來想起來，當時四周應該都是中國人
的屍體。那才應該是新聞報導的最佳題材，但是沒有一個記者去
拍照。[126]

　　日軍「第一批進城的勇士們」的戰地攝影照片就這樣被日本隨軍記
者「製造」出來了，而且立即成為日本軍國主義宣傳與學習的「樣板」。

　　《讀賣新聞》在 12 月 13 日發行了「第二晚刊」，刊登浮島特派員
12 月 13 日於南京城頭發出的「急電」，快速報導了日軍攻佔南京後「激
戰」其實是瘋狂屠殺中國軍民的情況，所用的醒目標題是〈完全置南
京於死地〉，副題是〈城內各地展開大殲滅戰〉，其內容如下：

　　[浮島特派員十三日於南京城頭發至急電]：由於我左翼部隊
渡揚子江佔領浦口，正面部隊拿下了南京各城門，敵將唐生智以
下的五萬敵軍（本書著者按：當時南京中國守軍實際有 10 多萬
人）完全落入我軍包圍之中。今天早晨以來，為完成南京攻擊戰
的最後階段，展開了壯烈的大街市戰、大殲滅戰。防守南京西北
一線的是白崇禧麾下的桂軍（本書著者按：當時南京守軍中沒有
白崇禧的桂軍），粵軍在城東，直屬蔣介石的八十八師在城南各
地繼續作垂死掙扎，但我軍轉入城內總攻後，至上午十一時已控
制了城內大部分地區，佔領了市區的各重要機關，只剩下城北一
帶尚未佔領。市內各地火焰沖天，我軍亂行射擊，極為壯烈，正
奏響了遠東地區有史以來空前淒慘的大陷城曲。南京城已被我軍
之手完全制於死地，給戰局變化帶來重大影響。[127]

---

[126] [日]曾根一夫：〈我所記錄的南京屠殺——戰識中沒有記載的戰事故事〉，前
　　引《南京大屠殺史料集》（10），第 256 頁。
[127] [日]浮島特派員 12 月 13 日南京城頭「急電」：《完全置南京於死地》，刊《讀

1937 年 12 月 13 日出版發行的《東京日日新聞》14 日晚報,在頭版通欄大標題〈南京城完全佔領之日〉之下,刊登本社特派記者若梅、志村發自南京的電訊報導〈皇軍大部隊奮勇突入南京的東西南各城門,展開包圍下的大殲滅戰〉,以及〈猛攻下關,切斷退路〉、〈浦口被完全佔領〉等報導。

1937 年 12 月 13 日發行的《大阪每日新聞》號外刊登日軍佔領南京的報導,豎式標題〈片桐、大野兩部隊佔領國民政府〉,下刊兩條短消息。第一條短消息為:

> [同盟社(南京)中山路路上十三日發]:片桐、大野兩部隊從中山門進攻,本日午前 9 時半佔領軍事委員會、中央軍官學校、蔣介石官邸。11 時佔領國民政府。

第二條短消息為:

> 片桐、大野兩部隊佔領國民政府,迫使國民黨部隊往下關方向撤退。

1937 年 12 月 14 日,《大阪朝日新聞》刊登日本同盟社 12 月 12 日從上海發出的電訊:〈從岸邊到江底,我軍從兩岸猛射〉,報導日軍從四面包圍南京、瘋狂屠殺乘船逃生的中國軍民的情況,內容如下:

> [同盟社上海 12 日發]:
> 南京城中的部分敵軍不堪我軍來自南部的猛攻,陸續從下關附近乘舟艇順江漂走。而我北岸登陸部隊已在浦口嚴陣以待。所以,敵軍完全斷絕了退路。浦口登陸不得,又原路返回揚子江上游。由於我軍已掌握南京至蕪湖的東岸,並從兩岸對其猛射,敵

賣新聞》1937 年 12 月 13 日「第二晚刊」;中譯文引自徐志根:《南京大屠殺》,昆侖出版社 1987 年版,第 10∼11 頁。

人在船上狼狽不堪，徒勞地在江心打轉，結果被江中水草纏住，束手待斃。[128]

1937年12月17日，《大阪朝日新聞》刊登今井、中村兩特派員寫的〈慘澹！殘敵狼狽光景，突破長江，浦口在望——下關一帶艦旗飄揚〉，報導與吹噓日本海軍艦艇在進攻南京戰役中，配合日本陸軍，在下關長江邊圍堵與屠殺中國軍民所作的「貢獻」：

[下關16日發，今井、中村兩特派員]：

在保衛首都戰的最後一仗，頑強抵抗的敵第88師，被圍城皇軍打得落花流水，數萬殘兵敗將擠在下關碼頭，雪崩似的逃向揚子江對岸的浦口。15日即今天，南京城陽光明媚，大街上到處飄揚著太陽旗。平坦的柏油馬路——中山北路是外交部、民政部、鐵道部等官邸街，滿街是踩爛的衣服、軍帽、丟棄的武器，整個情景就像洪水剛過，敗退情景慘不忍睹。將敗退士兵牢牢堵在下關碼頭，並給予毀滅性打擊的，是配合陸軍部隊奪取南京並航行在揚子江上、進攻南京背後的我海軍某精銳艦隊。

……與陸軍並肩作戰，使得山田部隊得以成功渡江並抵達對岸。下關密密麻麻地集中了敵方的殘兵敗將，無數竹筏和帆船蓋滿了江面。據說約有5萬人。我軍艦和後續抵達的軍艦，猛烈炮擊這些逃兵並殲滅了他們，有力地協助並確保對岸的山天部隊的作戰。我陸軍部隊殲滅5萬殘兵的同時，一路追擊，殺到下關。陸軍完全佔領市內時發出了「萬歲」大歡呼聲。揚子江上歡呼雀躍的水兵們也與之呼應，高呼「萬歲」。這裏是皇軍陸海軍佔領南京的狂歡浪潮。

---

[128] 日本同盟社12月12日上海電：〈從岸邊到江底我軍從兩岸猛射〉，刊《大阪朝日新聞》1937年12月14日；前引《南京大屠殺史料集》(6)，第248頁。

　　　　威風凜凜地航行在揚子江上的我軍某艦以及其他艦艇的軍
　　旗在微風中搖曳。某艇衝破揚子江的濁流，航行在煙霧籠罩的江
　　上。看來南京今天又是一個好天。……那兒自 14 日被我山田部
　　隊佔領以來，記者們第一次在浦口登陸。我軍開始對南京發動總
　　攻擊以來，敵大軍屢屢通過這裏逃走。……通過木板才好不容易
　　渡上燒毀的鐵路碼頭。還能看到退卻的敵人。江岸上急急忙忙挖
　　成的戰壕還不斷地散發著泥土清香。[129]

　　這位日本記者在報導與吹噓日本海軍在進攻南京戰役中所作的「貢
獻」時，卻透露了日軍在下關江邊瘋狂屠殺 5 萬中國軍民的消息。

　　日方記者的這些戰場報導，將日軍野蠻、可恥的侵略與「亂行射
擊」、「火焰沖天」的瘋狂屠殺焚掠，將南京城與南京人民空前的災難與
浩劫，描述為「極為壯烈」、「奏響」了「大陷城曲」、「壯烈的大街市戰、
大殲滅戰」、「翻開了歷史性的光輝一頁」等等，充分展示了日本軍國主
義者狂妄、殘忍的劊子手心態。

　　從日本隨軍記者所作的南京戰地報導中，可以看到，日軍從佔領南
京的那一刻，對南京中國軍民的大屠殺就開始了。

第七節　進入血城南京「安營紮寨」的日本隨軍記者

　　在 1937 年 12 月 13 日日軍佔領南京後，日本隨軍採訪的新聞記者、
攝影師、作家、詩人、畫家、評論家等，先後進入南京城裏。據曾任松
井石根秘書的田中正明說：「從日軍攻克南京的 12 月 13 日至翌年 1 月

---

[129] [日]今井、中村南京下關 16 日發：〈慘澹！殘敵狼狽光景，突破長江，浦口
　　在望──下關一帶艦旗飄揚〉，刊《大阪朝日新聞》1937 年 12 月 17 日；前
　　引《南京大屠殺史料集》(6)，第 248～249 頁。

4 日，在此期間，緊隨先頭部隊進入南京的各報社特派記者、攝影記者及新聞片攝影師等，約有 120 人。」[130]

日本同盟社的記者人數最多，既有東京本社的記者，主要隨「上海派遣軍」各師團從中山門等東南各城門入城；也有同盟社大阪支局、關口支局的記者，隨第 10 軍各師團從中華門等西南各城門入城。12 月 13 日，「傍晚時分，同盟社的全體成員都已經來到了城內，大家是分乘兩輛汽車和一輛卡車堂而皇之地進城的。」只有同盟社南京臨時支局長中村農夫「是一個人騎著毛驢跟在汽車後面進入城門的。這頭驢是在湯水鎮的時候捕到的，……他那騎著毛驢、帶著李杏泉（本書著者按：指一位中國傭人）的樣子，讓我們真真切切地看到了牽著瘦馬的堂·吉訶德。」[131]顯然，這位同盟社南京臨時支局長中村農夫騎的毛驢，是在湯水鎮從中國農民那裏搶來的。

《東京日日新聞》特派記者鈴木二郎於 1937 年 12 月 13 日，最早隨日軍進了城。他回憶說，他與他的新聞同行「一行數十人包括後來接踵而來的中川紀元畫家、已故大宅壯一等人在內的《大阪每日新聞》和《東京日日新聞》記者、攝影師，就以馬路邊一座磚瓦結構、空無人影的旅館（本書著者按：指勵志社）為前線總部開展活動」。[132]

《東京日日新聞》的攝影師佐藤振壽也於 1937 年 12 月 13 日，從中山陵經中山門進入南京城。他沿途拍攝日軍佔領南京的照片。他「從中山門拍了張中山東路的照片」，「在中山門上拍了一張日本兵的慶功照」。但他感到，「僅憑孫文雕像和士兵們三呼萬歲的的模樣，似乎並不足以表明我們已經攻陷南京，佔領了敵人首都。」於是，他來到了南京

---

[130] [日]田中正明著，軍事科學院外國軍事研究部譯：《「南京大屠殺」之虛構》，世界知識出版社 1985 年版，第 16 頁。

[131] [日]前田雄二：《在戰爭的激流中》，東京善本社 1982 年 8 月 1 日版；前引《南京大屠殺史料集》（33），第 444 頁。

[132] [日]鈴木二郎：〈我目睹了那次「南京的悲劇」〉，刊[日]《丸》1971 年 11 月特大號《日中戰爭全貌》；中譯文引自[日]洞富雄著，毛良鴻、朱阿根譯：《南京大屠殺》，上海譯文出版社 1987 年版，第 378 頁。

市中心的國民政府所在地──中國國家最高權力的象徵，尋找具有代表性的拍攝景物。[133]

一位《大阪每日新聞》的記者別出心裁，竟手執該報社的社旗，搭乘日軍的戰車，進入中華門，還擺出姿勢，讓人拍照，刊登在日本的報紙上。[134]

不久，日本各大新聞傳媒單位，日本各通訊社、各報社、各雜誌社都在日「華中方面軍」（1938 年 2 月後改組為「華中派遣軍」）報導部的指揮與部署下，迅速在南京城內設立或重新恢復野戰分局或支社，作為在南京進行採訪、報導活動的根據地。其中重要的有：日本同盟社南京支局。該支局在戰前就設立，社址位於大方巷。日軍佔領南京後，該支局恢復，局址先暫設於南京中央軍校前邊憲兵隊的部分建築[135]，後遷入中山路原《中央日報》社內，再後遷復興路（戰前名中正路，今為中山南路）125 號。

《東京朝日新聞》與《大阪朝日新聞》社南京通信局。該支局在戰前也設於南京大方巷。日軍佔領南京後，1937 年 12 月該支局在大方巷原址恢復。後該支局局址遷於南京玉泉路 12 號。

《東京日日新聞》與《大阪日日新聞》南京支局。該支局在日軍佔領南京後，於 1937 年 12 月建立，局址先暫設在中山東路勵志社，後遷南京中央路傅厚崗一家大旅社內。[136]

《讀賣新聞》社南京支局。戰前設立；日軍佔領南京後，該支局恢復，設在南京中山路 399 號。

---

[133] [日]佐藤振壽：《步行隨軍》，前引《南京大屠殺史料集》（10），第 467～468 頁。

[134] 秦風編圖，楊國慶、薛冰撰文：《鐵蹄下的南京》，廣西師範大學出版社 2006 年版，第 60 頁。

[135] [日]前田雄二：《在戰爭的激流中》，東京善本社 1982 年 8 月 1 日版；前引《南京大屠殺史料集》（33），第 444 頁。

[136] [日]佐藤振壽：《步行隨軍》；前引《南京大屠殺史料集》（10），第 471 頁。

《報知新聞》社南京支局。1935 年設立；日軍佔領南京後，該支局恢復，設在中山路南京大廈。

《福岡日日新聞》社南京支局。1938 年設立，局址在太平路。[137]

另有《新申報》社、《上海每日新聞》社、《太陽寫真通信》社、《新愛知國民新聞》社等也先後在南京建立支社。[138]

曾任松井石根秘書的田中正明說：「在（南京）這樣一塊狹小的地區，有 120 名幹練的新聞、雜誌、廣播電臺、電影的攝影師和隨軍記者進行採訪。戰前，（日本）各大報社、通訊社在這裏設有分社，記者對南京的地理情況瞭若指掌。此外，大宅壯一、木村毅和西條八十等著名的文學家也來到南京。大宅以《東京日日新聞》社特派記者團團長的身份，帶領該社 30 餘名特派記者和攝影記者，佔據了（南京）市內的舊分社。像各部隊都想先衝進南京城一樣，在狹小的南京城內他們也在爭搶特快消息。」[139]

其實，日本各大新聞傳媒單位，包括各大、小報社與各重要雜誌社，先後組織、派遣到南京進行採訪與報導的記者、攝影師、作家、詩人、評論家的人數，遠不止 120 名。

這些隨軍採訪的記者、攝影師、作家與評論

隨軍電影隊正在日軍佔領的南京城裏進行拍攝

---

[137] [日]東亞研究所編：《日本在支文化事業》，1940 年出版；轉引自王向遠：《日本對中國的文化侵略》，昆侖出版社 2005 年版，第 247～251 頁。

[138] 日本駐南京總領事館員警署署長報告：《1938 年南京總領事館員警事務情況》；前引《南京大屠殺史料集》（34），第 451 頁。

[139] [日]田中正明著，軍事科學院外國軍事研究部譯：《「南京大屠殺」之虛構》，世界知識出版社 1985 年版，第 190～192 頁。

家也像整個日本佔領軍那樣，為日軍攻佔中國首都的「巨大勝利」而欣喜若狂。他們在迅速報導這一特大「喜訊」的同時，也盡情享受著佔領軍的「榮耀」與興奮。《東京日日新聞》社的攝影師佐藤振壽特地拍攝了他們報社的社旗在中國國民政府門樓上炫耀的照片：

> 於是，我讓志村先生拿著我帶來的《東京日日新聞》的社旗，讓士兵們（比土平部隊第九山炮聯隊第一大隊）手舉小日章旗，登上（國民政府）大門門樓。然後將照相角度調到恰好能看清「國民政府」四個字樣的角度，拍了兩張照片。[140]

1937 年 12 月 18 日下午，侵佔南京的日本陸、海軍聯合舉行所謂「慰靈祭」，祭奠在攻佔南京戰役中那些陣亡的日軍官兵。這其中，「戰死的隨軍記者、隨軍攝影師們也被合在一起祭祀。在周圍，並排樹立著垂掛白布的神木，野戰齋場簡單樸素而又森嚴。」[141]由此可看出這些隨軍到南京前線進行採訪與報導的記者、攝影師、作家與評論家在日軍進攻南京的戰役中的重要地位與特殊作用。

日本各新聞傳媒單位的記者、攝影師、作家、詩人、畫家、評論家等，立即對日軍佔領後的南京各方面情況，開展了緊張的採訪與報導工作。

---

[140] [日]佐藤振壽：《步行隨軍》；前引《南京大屠殺史料集》（10），第 468 頁。
[141] [日]松本重治著，曹振威、沈中琦等譯：《上海時代》，上海書店出版社 2005 年版，第 606 頁。

第三章　日本傳媒報導日本舉國 為攻佔南京而狂歡

第一節　日本朝野為攻佔南京而舉國狂歡

懷著軍國主義狂熱的日本朝野各界終於等到了 1937 年 12 月 13 日，等到了這天晚 10 時許，位於東京三宅阪的日本陸軍省得到了上海日「華中方面軍」報導部發來的「完全攻陷南京」的電報。三宅阪陸軍省裏立即爆發出「萬歲」的呼聲，急忙電告軍政各部。陸相杉山元親自指揮，將這一消息迅速向全國轉播。

12 月 13 日晚 11 時 20 分，日本大本營陸軍省報導部迅速向全日本轉報了這個「歷史性」的消息，並發表公報，稱：「陸軍省報導部發佈……13 日傍晚，敵人的首都南京被完全攻克。」

日本舉國上下立即如醉如狂，陷入一片法西斯的狂熱中，將已持續多日的歡慶狂潮推向最高峰。

日本各新聞傳媒更迅速加入到這瘋狂的隊伍中，既大力報導全日本的歡慶狂潮，又給全日本的歡慶狂潮推波助瀾。

因得到「日軍完全佔領南京」的消息是在晚 10 時 30 分左右，各報社的晚報早已經出版，不能補登。而最能迅速傳播新消息的東京日本廣播電臺，也錯過該電臺「臨時新聞」播送的時間兩三分鐘，故未能在當晚及時播出。只有日本的朝日電光快訊搶在了前面，在 13 日當晚以不斷流動的文字向全市顯示：「上海軍晚上 10 時發表，……我方進攻南京的軍隊……於 13 日傍晚……全面佔領南京。」這條消息立即吸引了全東京的日本人，使他們陷入狂熱中：

數寄屋橋上、市電車站、尾張町十字路口，人們被文字吸引而駐足觀看，剎時眾人齊聲高呼萬歲。一位好像從燈籠遊行隊伍回來的青年大叫：「哇！再乾一杯吧！」這「全面攻陷」的喜訊，使深夜的銀座街頭歡聲笑語不斷。[1]

第二天，12月14日，清晨6時30分，東京日本廣播電臺特地在廣播體操的時間段裏插播了「臨時新聞」，播放了「日軍完全佔領敵都南京」這條特大新聞。

12月14日早上7時，在前一晚錄下的日本陸軍報導部宮崎少佐用強有力的方言一字一句地朗讀的陸軍省公報在日本全國各地播放：「陸軍省報導部發佈……13日傍晚完全佔領敵都南京」。[2]

12月14日的《東京朝日新聞》上，刊登〈今天的全市是歡樂的海洋──國旗、燈籠，晝夜大遊行〉，報導東京各界瘋狂慶賀攻佔南京的「盛況」。該報導分三個部分。第一部分的小標題〈府、市舉辦的熱鬧集會〉，報導東京府、縣特地召開臨時議會作出決議向日本陸海軍表示祝賀與感激之情，以及東京府、縣市民狂歡的情況，主要內容如下：

> 獲悉攻佔南京的捷報後，東京府、市於14日清晨在總社大門插上了一面大太陽旗，並在紅、白襯底上掛了上萬隻大燈籠，與600萬市民一起滿懷喜悅地向皇軍表達感激之情。
>
> 這場大勝仗鼓舞了人心。小橋市長和松永市議會議長立下了表達鋼鐵般意志的誓言：「即使打了勝仗決不鬆懈」，「要緊握鋼槍保衛戰果」。他們高興地謁見了天皇，然後參拜明治神宮和靖國神社，祈禱武運長久。

---

[1] 報導：〈啊！歷史扉頁上又記載了不朽的一頁〉，刊《東京朝日新聞》1937年12月14日；前引《南京大屠殺史料集》(6)，第235頁。

[2] 報導：〈11時20分：電報抵達瞬間，三宅阪爆發「萬歲」呼聲〉，刊《東京朝日新聞》1937年12月14日；前引《南京大屠殺史料集》(6)，第235頁。

下午 2 時，召開臨時市會，作出決議，向閒院參謀長長官殿下、伏見軍令部總長長官殿下呈上賀辭，向內閣總理大臣、陸海軍大臣表示祝賀，並為松井最高指揮官和長谷川第三艦隊司令長官舉行歡慶儀式。市民們也表達了祝福和感謝之情。

另外，由 56,000 名小學生、女學生、女青年組成的國旗伫列也在當晚 0 時 40 分，在神宮外苑、九段、靖國神社、和芝、日本橋、濱町、山野各公園前廣場等地點集合，同時從各會場出發。手持太陽旗、高呼「萬歲」的遊行隊伍從各個方向，行進至宮城前。然後到陸軍省、海軍省，在日比穀廣場解散。

晚上 6 時，由男子中學、青年學校、青年團、在鄉軍人、防護團人員組成的 15,000 名遊行隊伍，在上述地點集合，組成浩大的燈籠遊行隊伍。大家滿懷無比的喜悅和激動，遊行並在宮城前集合，高呼萬歲，向陸軍省和海軍省表達心意。

與東京市的慶祝活動相呼應，東京府也計畫在上午進行女學生的國旗隊伍遊行，下午進行中學生武藝競賽。另外，全市 35 個區召開臨時區會，各區長、議長代表區民參拜了區內神社。府、市都進行了慶祝勝戰和祈禱武運長久的活動。

第二部分的小標題〈啊！歷史扉頁上又記載了不朽的一頁，為慶功酒增色，歡聲笑語充滿帝都〉，報導東京在 12 月 13 日晚得到「日軍佔領南京」的消息而激動、狂熱的場面：

翹首盼望的捷報終於到了！完全佔領南京了！當晚，帝都的興奮浪潮從本社的朝日電光快訊開始，向全市蔓延。不斷流動的文字顯示道：「上海軍晚上 10 時發表……我方進攻南京的軍隊……於 13 日傍晚……全面佔領南京。」數寄屋橋上、市電車站、尾張町十字路口，人們被文字吸引而駐足觀看，剎時眾人齊聲高呼萬歲。……

　　第三部分的小標題〈11 時 20 分：電報抵達瞬間，三宅阪爆發「萬歲」呼聲〉，報導日本陸軍省在 12 月 13 日晚 10 時許得到上海日「華中方面軍」發來的「日軍完全佔領敵都南京」的「歷史性」通報，迅速向全日本轉報的緊張、激動的情況：

　　　　終於將敵都南京完全佔領。當晚，在陸軍省所在地三宅阪，宮崎炮兵少佐當班。10 時剛過，上海華中方面軍報導部發表緊急通報說「完全攻陷南京」。人們的神經一下繃緊了。該報導部的池田急忙拿起電話，開始與有關部門聯繫。緊張情緒時刻增強。深夜 11 時 20 分時，公事電話又傳達到報導部：「剛剛，即 13 日傍晚完全佔領南京。」收到這個歷史性電報的陸軍省報導部杉山陸相及內閣情報委員會⋯⋯的中島技術員、早野技術員和負責轉播的高野馬上打開轉播機，將話筒拿到了宮崎少佐跟前。「陸軍省報導部發佈⋯⋯13 日傍晚完全佔領敵都南京。」報導極其簡短，但報導者和聽報導的人卻感慨無比並熱淚盈眶。然後，少佐強有力地用方言一字一句地朗讀。消息發佈始終通過話筒，同時用磁帶錄下。14 日早上 7 時，少佐的這段歷史性講話在全國各地播放。[3]

　　日本詩人佐佐木信綱在得知「日軍完全佔領敵都南京」的消息後，寫下了一首題為《南京陷落》的新體詩：

　　皇紀二千五百九十七年，
　　十二月十三日午後十一時二十分
　　大本營陸軍報導部發表了公報：
　　「13 日傍晚，敵人的首都南京

3　報導：〈今天的全市是歡樂的海洋——國旗、燈籠，畫夜大遊行〉，刊《東京朝日新聞》1937 年 12 月 14 日；前引《南京大屠殺史料集》(6)，第 234～235 頁。

被完全攻克。」

十四日早晨，我手裏捧著這份公報，激動地顫抖，

淚流不止，沾濕了面頰。

我大日本帝國靠神明的庇護，

靠大元帥陛下的皇威，

終使敵人首都陷落，我皇軍將士忠勇義烈，

多少將士付出了寶貴的鮮血、寶貴的生命。

……[4]

　　1937 年 12 月 14 日發行的《東京朝日新聞》12 月 15 日晚報刊登報導〈沸騰的「完成交響樂」〉，開頭寫道：

　　　　支那事變爆發 159 天以來，一直關注著抗日首都南京終於被完全佔領了！14 日清晨，陽關明媚，到處洋溢著喜慶的氣氛。整個帝都為之歡欣鼓舞。「慶祝淪陷」的交響樂，報紙報導，臨時廣播。由此獲悉「盼望已久的日子」已經到來的市民們組成了國旗隊伍，一大早就去宮城門前、靖國神社、明治神宮，向天皇陛下的（神威）、神明的保佑和英勇無敵的皇軍表達感謝和感激之情。

　　接著，這篇報導文章以〈決堤的浪潮在「太陽大街」氾濫，聲勢浩大的六萬人的萬歲聲〉為小標題，報導東京「慶祝攻下南京」的狂熱場面：

　　　　以高舉「慶祝攻下南京」的旗幟的女高師、該附屬女高中和該附屬小學學生共約 1,500 名組成了國旗佇列。國旗佇列的小學生、女學生及各團體都興奮異常。他們一直在等待這一天，這天

---

[4]　[日]佐佐木信綱：〈南京陷落〉；轉引自王向遠：《「筆部隊」與侵華戰爭》，昆侖出版社 2005 年版，第 141 頁。

早上像決堤一般，太陽充斥了整條街道。大廈樓頂、銀座大道上的太陽旗，今天顯得越發光彩奪目。

英靈們今天終於能夠含笑長眠了。靖國神社舉行的具有歷史意義的「南京攻陷奉告祭」也決定於 15 日上午 9 時正式開始。

這篇報導吹噓說：「從下午 2 時開始，各隊伍在到達宮城前的高呼萬歲的聲音，甚至在南京都能聽到。」[5]

1937 年 12 月 15 日《東京朝日新聞》刊登報導〈帝都沉醉在熱烈的「乾杯」中〉，繼續大力報導日本朝野各界瘋狂慶賀「攻陷南京」的「偉大勝利」：

> 市民們歡慶佔領南京的第二天夜晚，在百萬市民舉旗遊行的激動潮流中，當 14 日的黃昏降臨帝國首都時，在全市 35 個區的大道上，開始進行 40 萬市民的燈籠大遊行。這天夜裏，全市所有街道、商店和大廈，都無一例外地打開了所有的燈，競相輝映的燈飾流光溢彩，裝點著條條街道。數十條、數百條閃爍的燈籠遊行隊伍向皇城進發。最先點亮的是二宮橋橋頭路燈，在天內山樹陰旁顯得異常明亮。宮內省的職員們也舉行燈籠遊行，燈光在黑暗中搖曳。

接著，這篇報導文章以〈杉山出面答謝──對著大臣狂舞，海軍開心得受不了了〉為小標題，報導這晚東京的遊行隊伍達到四十萬人，「如此眾多人流、盛大場面，在東京是史無前例的」；日本陸軍省、海軍省這兩個指揮侵華戰爭的軍事中樞部門的首腦們更是得意忘形：

> 位於三宅阪的陸軍省，從晚上 7 時多開始就完全淹沒在群眾的歡呼聲和燈籠的海洋裏了。……陸軍省正門前的民眾宛如湧

---

5 報導：〈沸騰的「完成交響樂」〉，刊《東京朝日新聞》1937 年 12 月 15 日晚報；前引《南京大屠殺史料集》(6)，江蘇人民出版社 2005 年版，第 236 頁。

泉，越聚越多，一時舉步維艱，無法動彈。8 時後，杉山陸軍大臣從首相官邸急忙趕來，不一會兒正門廳上就掛起了「感謝支援」的大條幅，面對狂熱的民眾，杉山大臣激動地不斷揮手致意。

這一天，海軍省門廳前，剛到下午 6 時 30 分，燈籠遊行的民眾就湧了過來。以海軍省為中心，狂熱的喊聲、歌聲和口號聲響徹雲霄。出面致謝燈籠遊行隊伍的是松島中佐等人。立在兩側的海軍部隊某部的戰士們，高高舉著海軍省的燈籠，揮舞著太陽旗和艦旗，第一次出來答謝。

市民們熱情滿懷的燈籠遊行——有背著孩子的主婦，有白髮蒼蒼的婆婆，有擠成一團的娃娃，還有身著洋裝的姑娘們，爭著與軍人們握手，引起一片騷亂——使慶祝活動達到高潮。……此時，軍部辦公桌上的賀文已堆積如山。……近 12 時，海軍省門前仍有人不肯離去。

這篇報導還特地描述了納粹德國的駐日人員也參加到瘋狂的慶祝遊行人群中，以顯示東、西兩個法西斯國家同仇敵愾的親密友誼：

友幫德國的卡魯茲伊斯商社東京支店，一行六十位也揮舞著鑲有納粹標誌的燈籠加入遊行隊伍。防共協定的簽訂和實施，加深了兩國人民的親善友好。[6]

1937 年 12 月 15 日發行的《東京朝日新聞》12 月 16 日晚報刊登報導〈民眾歡慶遊行，聖上甚是滿意〉，報導當日東京持續遊行歡慶「南京陷落」的盛況。屈指算來，日本各地為慶祝「南京陷落」，已鬧騰了多日了，看來還要繼續下去。這天慶祝報導的特色是再次將日本天皇請了出來：

6　報導：〈帝都沉醉在熱烈的「乾杯」中〉，刊《東京朝日新聞》1937 年 12 月 15 日；前引《南京大屠殺史料集》（6），江蘇人民出版社 2005 年版，第 237 〜238 頁。

　　南京淪陷後，連日來民眾不斷舉行燈籠遊行和持旗遊行。他們的赤誠深深打動了天皇陛下，聖上龍顏大悅。15 日，東京大學兩千名學生，東京府內男女中學十萬名學生，來到二重橋前舉行持旗遊行。他們崇敬地喊著「照宮殿下」、「照宮殿下」，開始大遊行。其他地方的民眾也踴躍參加。這一天，宮內部的高級長官本多君等人深深被國民的赤誠所打動。宮內部松平部長也出於相同原因，自願加入遊行隊伍。

　接著，這篇報導以「身著制服的七萬少女──南京淪陷後的第二天」為小標題，描述了「被動員」的七萬少女聲勢浩大的持旗遊行的盛況：

　　南京淪陷次日，正值隆冬的帝國首都，共動員七萬名身穿制服的少女，開始聲勢浩大的持旗遊行。這天上午 9 時，日比穀、上野公園、神宮外苑、靖國神社等七所地方，聚集了全市一百二十所學校的女學生，她們以校旗為先導，向宮城前進。遊行隊伍蜿蜒綿延，宛如一條長蛇。上午 10 時，從宮城前到櫻田門、三宅阪一帶，到處是搖旗歡慶的少女。

　　前往參謀本部、陸軍省、海軍省的女生隊伍也人數眾多，佔據了大量場所。陸軍省杉山大臣親自出面，面對可愛的少女們進行真誠的對話。接著，在 10 時 30 分時，東京都內百餘所男子中學的十萬名學生，匯集到上述提到的七個地方。他們打著綁腿，開始大遊行。聲勢浩大的慶祝隊伍，朝氣蓬勃的帝國少年，帝國首都沉浸在另一派景象中。

　日本當局為著將慶祝「南京陷落」的活動掀起一個個高潮，不斷花樣翻新，這次又「動員」七萬少女與十萬男生來搞「聲勢浩大的持旗遊行」。一切統治者都看重青少年，也都利用青少年。日本軍國主義當局

更是如此。然而，在這次青少年的慶祝遊行中，卻出了問題：「慶祝群眾擁擠踐踏，男女學生十五人受傷」。[7]

　　甚至日本佛教各寺廟的和尚們也被鼓動起來了，大做「感謝皇軍佛事」。1937 年 12 月 11 日，日本最大的佛教寺廟──西本願寺在寺前的高大旗桿上升起了日本國旗和寫有「慶祝攻陷南京」大字的巨幅大旗。西本願寺東京事務所的藤音主持在「慶祝攻陷南京勝利大會」上發表「祝賀」演講。日本另一個最大的佛教寺廟──東本願寺也在寺前的高大旗桿上升起了日本國旗和寫有「慶祝攻陷南京」、「慶祝皇軍大捷」的巨幅標語；該寺的主持還特地向在南京的松井石根與長谷川清發去祝賀電報，稱：「大御凌威和將士諸位的勇敢攻克敵國首都，以有史以來空前戰績向世界展示皇威，感激不盡。茲代表全門弟子，熱烈祝賀。」該寺在會議廳舉行「攻陷南京」的慶祝儀式，遙拜宮城，三呼萬歲，感謝皇軍。日本佛教各宗派的其他寺廟，如知恩院、東寺、大德寺、妙心寺等，還有各佛教學校，也都舉行了同樣的慶祝活動。[8]

　　1937 年 12 月 16 日出版的《東京朝日新聞》12 月 17 日晚刊刊登報導：〈德國元首希特勒盛讚日本皇軍：果敢！以寡敵眾，擊敗敵人，應鄭重研究日軍的戰術〉，同時配發刊登了希特勒的照片。[9]這天慶祝報導的特色是將日本軍國主義的法西斯盟友希特勒請了出來，用希特勒的讚語來為日本皇軍臉上貼金。希特勒「盛讚」日本侵略軍在攻克佔領南京

7　報導：〈民眾歡慶遊行，聖上甚是滿意〉，刊《東京朝日新聞》12 月 16 日晚報；前引《南京大屠殺史料集》(6)，江蘇人民出版社 2005 年版，第 238～239 頁。

8　[日]《教學新聞》1937 年 12 月 14 日，第 1590 號；轉引自[日]山內小夜子：〈日本佛教隨軍傳教及其在侵佔南京戰中的犯罪〉，朱成山主編：《侵華日軍南京大屠殺史最新研究成果交流會論文集》，南京大學出版社 2001 年版，第 50 頁。

9　報導：〈德國元首希特勒盛讚日本皇軍：果敢！以寡敵眾，擊敗敵人，應鄭重研究日軍的戰術〉，刊《東京朝日新聞》12 月 17 日晚刊；前引[日]本多勝一：《南京大屠殺始末採訪錄》，第 291 頁。

的戰役中，是「果敢！以寡敵眾，擊敗敵人」，希特勒還表示「應鄭重研究日軍的戰術」，作為德國軍隊的學習傍樣。這對日本軍國主義來說，無疑是極大的榮耀。同時，這對日本如火如荼開展的歡慶「南京陷落」活動來說，無疑是火上加油。

當日本舉國上下如醉如狂掀起歡慶「全面佔領南京」的狂熱時，被其侵略與踐躪的中國人民正蒙受著沉重的災難，古老的南京城被淹沒在日軍大屠殺的血泊之中。如醉如狂的日本民眾當時完全沒有想到，他們的歡樂是建立在中國人民的屍骨與血淚基礎之上的。他們更不可能懂得：「壓迫其他民族的民族是不能獲得解放的。它用來壓迫其他民族的力量，最後總是要反過來反對它自己的。」[10]當然，他們當時更不可能意識到，在短短的幾年以後，他們的軍國主義狂熱就要受到歷史的懲罰：在中國人民與世界人民反法西斯統一戰線的打擊下，日本國土也陷入炸彈甚至原子彈轟炸下的一片戰火硝煙之中，日本民族蒙受了前所未有的巨大災難，日本政府不得不宣佈無條件投降，接受中國人民與世界人民的審判。這也許就是歷史的報應吧。

第二節　「光耀青史」的「南京入城式」

在日本國內朝野各界為攻佔南京狂歡時，日本「華中方面軍」在松井石根的親自指揮下，經過精心準備，在 1937 年 12 月 17 日，即在日軍攻佔南京後僅四天，在日軍正對南京進行屠城的高潮中，就急不可耐地組織了一場盛大的「入城式」，以此標誌日本對中國首都南京的正式軍事佔領。日本當局的目的，是為了進一步向中國人民與中國政府顯示日軍攻無不克、戰無不勝的「軍威」，向世界炫耀日軍攻佔中國首都

---

10 [德]恩格斯：《流亡者文獻》，《馬克思恩格斯選集》第二卷。人民出版社 1972 年版，第 586～587 頁。

南京的巨大勝利，進一步對中國人民與中國政府進行戰爭恫嚇與恐怖威懾。

以採訪報導日軍的「南京入城式」為重點，日本新聞傳媒將報導「佔領南京」的興奮狂熱再次推向高潮。日本當局專門組織了一個「採訪團」，由日本外務省情報部的書記官小川升一任團長，情報部的後藤光太郎以及木村伊兵衛、渡邊義雄和兩名紀錄片攝影師等為成員，「他們都是到南京來採訪入城儀式的」。[11]而日本各新聞傳媒的記者們則連日奔走於南京的大街小巷，採訪與報導被佔領後的南京各種新聞。他們對採訪報導日軍的「南京入城式」，更是充滿了期待，作了各種充分的準備。

1937年12月14日，即日軍佔領南京的第二天，東京《讀賣新聞》特派員岩村就從上海發出電訊，題為：〈盛大入城式日漸臨近，官兵激動歡騰雀躍〉，刊登在12月15日的該報上，記述該記者乘軍用飛機從空中俯瞰日軍佔領下的南京城，看到各路日軍正趕赴南京準備舉行入城式的情形：

> 從中山門到通往麒麟門、湯水鎮、句容的道路上，到處都是正趕赴南京的我軍將士。我們飛機繼續低空飛行，地面上士兵們忘記疲憊，向我們揮舞著手中的小旗子。啊！是他們！即將舉行入城式了，大家按捺不住激動的心。[12]

攻佔南京的日軍各部隊還以爭先舉辦入城式，上演了爭功奪名的鬧劇。

1937年12月15日下午2時30分，日軍第16師團的師團長中島今朝吾中將按捺不住邀功心切，搶先在南京舉行了該師團單獨的入城式。中島今朝吾在該師團官兵的簇擁下，騎著高頭大馬，威風凜凜地進

---

[11] [日]佐藤振壽：《步行隨軍》；前引《南京大屠殺史料集》（10），第483頁。

[12] [日]岩村：〈盛大入城式日漸臨近，官兵激動歡騰雀躍〉，刊《讀賣新聞》1937年12月15日；前引《南京大屠殺史料集》（6），第245頁。

入南京。他將其師團司令部設在原國民政府內。《大阪每日新聞》與《東京日日新聞》刊登了《大阪每日新聞》京都分社記者光本寫的關於第十六師團舉行的入城式的報導，標題為《第一線功勳部隊，昨日先驅入城儀式》。光本記者一直跟隨第十六師團採訪，從華北到華中，直到佔領南京，是第十六師團的吹鼓手。他的報導一開始先吹噓了第 16 師團在進攻南京戰役中的戰功與入城儀式的隆重：

> [本社特派記者光本於 15 日發自南京]：由松井最高指揮官主持、於 15 日下午 2 時 30 分在中山門舉行的隆重的入城儀式上，走在隊伍前列的將是率先攻破紫金山、中山陵等南京正面主要陣地的第一線××部隊（本屬著者按：指第 16 師團）。在輝煌的入城儀式中，××部隊將站在所有部隊的最前面。入城當日，晴空萬里，是個極好的入城日子。幾天前還是戰火紛飛的紫金山，現在似乎正在酣睡似地浮現在半空中。中山門東面，入城部隊正在陸續集合，下午 2 時，以××長官（本屬著者按：指第 16 師團長中島今朝吾）為領頭的列隊已經在城外丘陵上列隊完畢。另一方面，在城外，自中山陵開始，最先衝入敵陣，並作為入城儀式佇列部隊的大野部隊也一字排開。

該記者為了顯示第 16 師團入城儀式的隆重，竟捏造事實，謊稱「由松井最高指揮官主持」。事實是松井這時還在蘇州的方面軍司令部裏，根本未到南京。這是日本隨軍記者又一次造假，而且造假造到了他們的最高司令官頭上。接著，報導得意洋洋地描述了第 16 師團威風凜凜的入城式：

> 下午 2 時 30 分，入城儀式開始了。先驅的騎兵進入了被我軍炮彈炸毀的中山門，鐵蹄轟然作響。走在前面的是井上衛隊長，他那傲人的鬍子在今日也愈發顯得威風凜凜。馬背上英姿颯爽的××長官（本書著者按：指第 16 師團長中島今朝吾）古銅

色臉上的皺紋也好像更深了一層。看來登陸後的二十幾天裏，在南京城外領軍作戰的長官是辛苦了。跟在後面的是負責攻擊中山門及中山陵的××長官（本書著者按：指第十九旅團長草場辰巳），從北部城外大迂迴至紫金山北部，並勇敢進行大殲滅戰的××長官（本書著者按：指第30旅團長佐佐木到一），再下來是片銅、助川、野田的各先頭部隊長官，還有笠井、森、今中、柄澤和松田長官，最後是作為行進伫列壓陣的大野部隊、青木部隊，舉著飄揚的日章旗，邁著威武的步伐進入了中山門。

下午 3 時，入城行進隊伍已經進入國民政府，這裏，××長官（本屬著者按：指第 16 師團長中島今朝吾）三聲「萬歲」的高呼下，在曾經是蔣介石處理政務的房間裏，大家一同舉杯慶祝，輝煌的入城儀式結束了。[13]

《東京日日新聞》攝影師佐藤振壽在中山東路北側的高處拍攝了第 16 師團先頭部隊入城儀式的場面。[14] 這些文字報導與攝影照片的膠捲立即由聯絡員送往上海，再轉送回日本國內報社。

但因為第 16 師團單獨舉行入城式違背了日「華中方面軍」關於「禁止各師團單獨入城」的警告，因此日本各大報，除了上述的《大阪每日新聞》與《東京日日新聞》外，都奉命沒有刊登詳細的報導，只是在標題中作了點綴。如《東京朝日新聞》等報紙，以〈世界戰爭史上燦爛一頁〉、〈皇軍明日南京入城儀式〉、〈前線部隊昨日已入城〉為大標題，重點報導與盡情渲染將在 12 月 17 日舉行的日「華中方面軍」的南京入城式，意在事先吸引廣大讀者對此事件的關注，以及顯示此事件的極其重要；而對第 16 師團在 15 日單獨舉行的入城式只以含糊不清的「前線部

---

[13] [日]本社特派記者光本于 15 日發自南京：〈第一線功勛部隊，昨日先驅入城儀式〉，刊《大阪每日新聞》1937 年 12 月 16 日；前引《南京大屠殺史料集》（10），第 474～475 頁。

[14] [日]佐藤振壽：《步行隨軍》；前引《南京大屠殺史料集》（10），第 475 頁。

隊昨日已入城」為標題，發了一個極簡單的消息。至於中島今朝吾師團長的照片則被日本新聞審查機關蓋上「不許可」的印章，禁止刊登。——這一小小的插曲表明了日軍各部隊在攻佔南京戰役中爭名奪利的醜惡。

日本最高當局更重視的自然是 1937 年 12 月 17 日整個「華中方面軍」的南京入城式。

1937 年 12 月 15 日下午 1 時，日「華中方面軍」司令官松井石根大將攜帶幕僚，從蘇州乘飛機飛往句容機場，然後乘坐汽車，於下午 3 時來到南京以東約 30 公里的湯水鎮住宿。12 月 17 日中午，松井石根一行乘汽車從湯水鎮出發，沿京滬國道，於午後 1 時 25 分抵達南京中山門外，受到先期入城的日「上海派遣軍」司令官朝香宮鳩彥親王中將與第 10 軍司令官柳川平助中將的迎接。

下午 1 時 30 分，所謂「入城式」準時開始，「以騎馬的方式實施入城儀式」。松井石根為首，朝香宮與柳川及其幕僚們緊隨其後，分乘日本高大的東洋馬，耀武揚威地由中山門入城。這時，按照規定，參加南京攻略戰的日軍各師團早就組織起全部日軍的三分之一，作為部隊代表，武裝列隊在從中山門到國府路國民政府前的馬路兩側，接受檢閱。「上海派遣軍」

日軍舉行佔領南京的「入城式」，最前者為松井石根

各部隊的官兵站在道路北側，第十軍各部隊的官兵站在道路南側。排在各部隊最前列的是胸前捧著陣亡官兵骨灰盒的士兵。此外，日軍還強迫一些被抓來的中國民眾手持小太陽旗，站立路邊，表示「歡迎」。日軍號手們吹奏三遍《將領軍號》（《走向大海》），松井石根一行在「入海沉入水，上山化為草」的樂聲旋律中，踏上了南京的土地，踐踏著南京人

民的屍骨與流血的心靈。松井石根「一邊對他們進行檢閱，一邊驅馬前進。兩軍司令官及其幕僚隨行其後。對於眼前從未經歷過的盛大場面，真是感慨萬千啊。」[15]在此三人的後面，間隔一段距離，是由200名高級指揮官組成的四列縱隊的馬隊。午後2時許，松井石根一行到達南京市中心國府路上之國民政府門前廣場。

在這同時，日本海軍的上海特別陸戰隊與艦艇陸戰隊官兵從城北的挹江門進城，列隊在從中山路到國民政府廣場的馬路兩側。日海軍第3艦隊司令官長谷川清海軍中將領頭，緊隨其後的是上海特別陸戰隊司令官大川內傳七大佐與第11戰隊司令官近藤信竹中將以及他們的幕僚，對日海軍列隊的部隊進行了檢閱。然後，他們來到國民政府門前廣場，與松井石根等陸軍將佐會合。

在這期間，日本海軍航空隊與陸軍航空隊的數十架戰鬥機組成編隊，飛過南京的上空，與地面部隊震耳欲聾的軍號聲、瘋狂的歡呼聲相呼應。

下午2時30分，在國民政府大樓前的院子裏，舉行了有陸、海軍高級指揮官參加的「入城典禮」。院子中間，擺放著一個鋪著白布的不大高的臺子。松井石根、朝香宮鳩彥、柳川平助、長谷川清都站在臺子上。儀式開始後，在日本國歌《君之代》樂聲中，松井石根親自將一面巨大的日章旗升到了國民政府大門樓中央旗桿的頂端，以象徵南京已被日軍完全佔領，即所謂的「日本國旗升旗儀式」。松井率全體日軍官兵「向東方遙拜」，「三呼『大元帥陛下萬歲』」。——松井所稱的「歷史性慶典遂告結束」。爾後，這些日軍頭目們合影留念，「歡聚一堂，暢飲御賜之酒」。[16]

當晚，松井石根住宿於中山北路西流灣之首都飯店。

---

[15] [日]松井石根：《松井石根陣中日記》，前引《南京大屠殺史料集》(8)，第150頁。
[16] [日]松井石根：《陣中日記》；前引[日]田中正明著，軍事科學院外國軍事研究部譯：《「南京大屠殺」之虛構》，第168頁。

對這場所謂「南京入城式」，日本各新聞傳媒再次以軍國主義的狂熱，掀起了報導爭功戰。日本學者笠原十九世指出：

> 利用南京攻略戰而大打南京報導之戰的各大報社，在南京入城式上也演出了一場「爭頭功」的競爭。朝日新聞社開動報社飛機「幸風」號，空運新聞照片到福岡，投在支局前。當天，《大阪朝日新聞》以「今天的南京入城式」為題發行號外。次日，即18日，各大報紙使用特大文字標題，充分進行報導，……[17]

在17日當天晚出版發行的日本各報12月18日晚刊以及號外等，都急不可耐地用特大號標題、華麗的詞語，充分報導與盡情渲染南京日軍舉行入城式的「盛況」。列舉標題如下：

〈光耀青史　南京入城式〉；
〈功勳卓著的各部隊　肅然排列〉；
〈松井大將　堂堂閱兵〉；
〈英姿颯爽的朝香宮殿下〉；
〈展開於空、陸的壯麗畫卷〉；
〈功勳海軍亦列席參加〉；
〈暴風雨般的萬歲聲〉；
〈今天壯觀的入城式〉；
……

《東京朝日新聞》12月18日晚刊頭版頭條位置刊登了該報特派記者今井正剛17日從南京發出的電訊，內容如下：

> [今井特派記者南京17日電]：令人激動的這一天，一億同胞齊聲高唱，今天，在南京城頭震耳欲聾的「萬歲」歡呼聲中，

---

[17] [日]笠原十九世著，李廣廉等譯：《難民區百日》，南京師範大學出版社2005年版，第164頁，

舉行了使整個世界震驚和喜悅的威武雄壯的入城式。這支參加
聖戰的皇軍的將士們在華中轉戰四個月，取得了輝煌的戰果。
他們攻克了敵人的首都，制服了全中國，由此奠定了東亞和平
的基礎。仰面眺望翻騰的日章旗，誰能禁得住自己激動的淚水？

　　目睹極其莊嚴雄偉的入城儀式，向祖國轉播這一實況的記者
揮舞起激動與興奮之筆。南京，晴天，這一天碧藍的空中沒有一
絲雲彩，刀劍入鞘，新的戰場上灑滿和平的曙光。中山門、光華
門、通濟門、中華門、和平門、太平門，從飄揚著日章旗的各個
城門，一大清晨參加南京總攻的各部隊就舉著光輝燦爛的日章旗
陸續入城。從中山門到國民政府總共三公里的主幹道——中山路
的沿線，排列著拂去征塵、氣宇軒昂的士兵們。一眼望過去，北
面站立著上海派遣軍，南面站立著從杭州灣登陸的部隊。沾著血
跡的軍帽下，熠熠生輝的黝黑的臉龐洋溢著喜悅，燃燒著令人激
動的熱情。下午1時，全體部隊集合完畢。以金玉之身親身參加
了攻克南京之戰的朝香宮親王中將殿下乘坐的汽車到達了中山
門。同時乘車到達的還有某某部隊長以及松井大將。在中山門，
下車並站立著的軍司令官松井石根大將眼裏閃爍著激動淚光，他
的臉上印刻著上海之戰的征塵。[18]

　　午後1點半，由華中方面軍司令官松井石根大將領頭，上海
派遣軍司令官朝香宮殿下及第十軍司令官柳川中將率領各幕僚
騎馬行進，開始了具有歷史意義的盛大入城式。……嘹亮的軍號
聲響徹四方，清脆的「向右看」口令一下，軍司令官的閱兵行列
從舉槍致敬的全體官兵面前徐徐走過。來自各部隊的部隊長也率
領幕僚參加閱兵行列，真是威武雄壯的大進軍。……[19]

---

[18] ［日］今井正剛：〈南京城內的大屠殺〉，前引《南京大屠殺史料集》（10），第
528～529頁。

[19] 中譯文引自天津編譯中心編：《日本軍國主義侵華人物》，中國文史出版社

今井正剛後來回憶說，他這篇關於南京入城式的報導，其實是在入城式的前一天，即 12 月 16 日傍晚就寫成了。「也就是說是一個預定性稿件。只是將當天的天氣情況空了出來，按照預定的順序事先寫好了稿件並用電報發了出去。就在入城儀式的前夜，即我寫就這一預定稿件的當晚，接線員伊藤忠君將腦袋探出窗去在那裏眺望著夜幕中的天空。他說：『今井先生，天空中佈滿了星星，是個好天。明天一定是晴天。你把天氣也寫上去吧。』『行啊，就寫晴空萬里吧。』我這樣回答他。」[20]

今井正剛的這篇關於日軍南京入城式的報導不僅被刊登在《東京朝日新聞》的頭版頭條，而且「是一個用全文一倍半的印刷體組成的報導，字體大得使人頭暈目眩。」今井正剛說，他的這篇關於日軍南京入城式的報導，是當時許多處於興奮狀態下日本隨軍記者寫的入城式報導的一個樣本。[21]

當天晚出版的《大阪朝日新聞》號外，題為〈皇軍壯觀的南京入城式──鐵蹄輕鬆踏入南京城〉，報導當日日軍在南京舉行的入城式，特地標明：「本社南京特派寫真報導十七日攝影」，「本社『幸風』機南京至福岡超快速空輸」，還標明了 7 位特派攝影記者與 2 位「幸風」機駕駛員的姓名，在此報的正、反兩面刊登 5 幅大尺寸的照片：（1）日軍在南京中山門的入城式，松井石根等日軍指揮官騎高大的東洋馬自南京中山門入城；（2）日本海軍在南京挹江門的入城式；（3）日軍在中山門城牆上歡慶勝利；（4）日軍入城式現場列隊；（5）日軍在國民政府門樓前耀武揚威。

詩人西條八十受《讀賣新聞》社派遣，趕到南京專事參觀與採訪日軍 12 月 17 日的入城式。他參加了入城式後，寫了一篇報告文學，題為

1994 年版，第 539 頁。

[20] [日]今井正剛：〈南京城內的大屠殺〉；前引《南京大屠殺史料集》(10)，第 528～529 頁。

[21] [日]今井正剛：〈南京城內的大屠殺〉；前引《南京大屠殺史料集》(10)，第 528～529 頁。

〈盛大的南京入城式〉，發表在 1938 年 7 月出版的、日本文藝春秋社發行的雜誌《談話》臨時增刊《支那事變一年史》上，其中有一首歌頌入城式的詩：

> 歌聲話語俱無息，
> 斗大金字石牆壁。
> 國民政府城樓上，
> 颯颯飄揚日章旗。[22]

後來日本新聞界還專門彙編了一本報告文學集《光輝的南京入城儀式》，向海內外發行。

在「入城式」後的第二天，1937 年 12 月 18 日下午，侵佔南京的日陸、海軍又在南京明故宮機場舉行所謂「忠靈祭」——祭奠陣亡的日軍官兵。松井石根與長谷川清分別代表日陸、海軍，擔任祭主，分別宣讀祭文。松井石根雖故作悲痛狀，但得意之情難以抑制。他稱「不知何故，勇氣及發奮之心更自心中驟然而生，朗朗宣讀祭文，告慰忠靈。」這天早晨，松井石根還寫卜了一首題為〈奉祝攻克南京〉的所謂「輓詩」：

> 燦矣旭旗紫金城，
> 江南風色愈清清，
> 魏貅百萬旌旗肅，
> 仰見皇威耀八紘。[23]

這哪裡是什麼「輓詩」，分明是炫耀與吹噓日軍攻克南京的赫赫戰功與日本將霸佔亞洲和世界的巨大野心。

22　[日]佐藤振壽：《步行隨軍》；前引《南京大屠殺史料集》（10），第 484 頁。
23　[日]松井石根：《陣中日記》，前引[日]田中正明著，軍事科學院外國軍事研究部譯：《「南京大屠殺」之虛構》，第 170～171 頁。

第三節　吹噓日軍攻佔南京的戰史、戰功與戰果

在報導了日「華中方面軍」在 12 月 17 日在南京舉行的所謂「入城式」後，日本新聞傳媒的「熱情」未減，繼續大力報導日軍攻佔南京的「豐功偉績」。各大報社出版特刊與畫報專輯。其中，《南京佔領寫真畫報》就出版了第一號、第二號等多期，正反兩面都刊登日本隨軍記者拍攝的日軍進攻南京各時段與各戰場的照片，重點自然是日軍官兵英勇善戰、威武仁慈與中國官兵兇殘暴虐、狼狽不堪的鏡頭。[24] 1938 年 3 月，日本官方在東京市中心繁華熱鬧的銀座舉辦「南京──上海新聞照片展」，主要內容是日軍進攻上海、南京各時段與各戰場的照片，重點也仍然是日軍官兵英勇善戰、威武仁慈與中國官兵兇殘暴虐、狼狽不堪的鏡頭。[25]

1937 年 12 月 19 日，《東京朝日新聞》社異想天開，在報上宣佈：為慶祝日軍攻陷中國首都南京的豐功偉績，特徵集頌歌歌詞，歌名為《皇軍大捷之歌》，截止日期為十天（一說到 1938 年 2 月 10 日截止）。結果，該報社共收到應徵歌詞作品 35991 首。評委們經一番評選，從中選出了 1 首當選歌詞作品和 5 首歌詞佳作。當選歌詞作品的作者是住在大阪的福田米三郎，他得到了 1500 日元獎金和 1 枚紀念獎章。當時日本公務員最初的薪金僅為每月 75 日元，可見獎金數目不菲。當選歌詞作品的歌詞，有人將它譯成中國古詩「七絕」的形式，文字如下：

> 首都南京終攻陷，
> 灼槍熱炮手中卸。

---

[24] ［日］佐藤振壽：《步行隨軍》；前引《南京大屠殺史料集》（10），第 469 頁。
[25] ［日］佐藤振壽：《步行隨軍》；前印《南京大屠殺史料集》（10），第 483 頁。

隊長莞爾露笑意，

登上城牆一豪傑。[26]

還有人將它譯成中國「新體詩」的形式，文字如下：

首都南京終被攻陷，

施放槍炮的戰士可以歇息手。

隊長開心地笑。

回首城牆

天皇的尊容如朝日，

皇軍大捷萬萬歲。[27]

1937 年 12 月 25 日，《東京朝日新聞》晨報刊登該報記者 12 月 24 日發自上海的電訊〈蔣介石的豪語〉，報導「蔣介石在接見德國記者團時誇口：『要以游擊戰獲取最後勝利。』」給予嘲笑。

1937 年 12 月 27 日，《東京朝日新聞》晨刊刊登造謠報導，稱原南京中國守軍「衛戍司令長官」唐生智被中國政府追究放棄首都的責任，在軍事法庭上被判槍決。

1937 年 12 月 27 日，上海日軍報導部創辦的中文《新申報》發表文章，再次吹噓日軍迅速攻佔南京的重大勝利，聲稱日本人為攻佔南京而感到自豪。文章寫道，日軍在七天時間裏攻佔了中國首都，儘管它由 10 萬中國士兵保衛著。日軍在攻佔南京戰役中，繳獲了許多戰爭物資，打死了許多敵人，抓獲或消滅了在南京的約 6 萬名中國士兵。將攻佔南京戰役同世界大戰的戰役相比，可以證明日軍能夠戰勝任何對手。[28]

---

[26] [日]佐藤振壽：《步行隨軍》；前引《南京大屠殺史料集》(10)，第 484 頁。

[27] [日]笠原十九司著，李廣廉等譯：《難民區百日》，南京師範大學出版社 2005 年版，第 81 頁。

[28] 中譯文引自[德]拉貝著，本書翻譯組譯：《拉貝日記》，江蘇人民出版社 1997 年版，第 327 頁。

1937 年 12 月 30 日，日本《大阪朝日新聞》刊登上海 12 月 29 日發的特電，題為：〈敵人棄屍八萬四──我方死傷四千八，精密籌畫的南京進攻戰〉，報導上海日本「華中方面軍」司令部公佈的日軍進攻南京戰役的「最終戰果」。內容如下：

> [上海特電 29 日發]：上海軍公佈（29 日下午 6 時）
>
> 　　從攻打南京城防線到完全攻克南京，打擊敵軍的結果雖已公佈了一部分，但經事後詳細調查確認，敵人光棄屍就多達 84000 人。這期間，我軍死傷者的人數合計達 4800 多人。敵我損失的情況如下：
>
> 　　（1）我方戰死 800 人，傷 4000 人。
>
> 　　（2）敵人棄屍 84000 人，俘虜 10500 人。
>
> 　　（3）戰利品主要有：120900 支小槍，3200 挺重、輕機槍，299 門迫擊炮、曲射炮，40 門野戰炮，40 門高射炮，110 門重炮，120 條零式步槍，10 輛戰車，40 輛自動貨車，60 輛客貨車，各種炮彈合計 470 萬發，以及其他食品等。[29]

當時在上海開設診所的著名中醫陳存仁回憶說：

> 　　南京淪陷之時，一場大屠殺，不但上海報紙大登特登，外籍記者更紛紛拍電報發向世界各地，把日本軍人姦淫掠殺的情況描述得非常詳細，各國外電都譯成中文再轉刊在上海報紙，大家看了都咬牙切齒，格外增加了對日軍的仇恨。日本人對這件事也說了手腳，為了轉移世界人士的視線，忽然公佈一張進軍南京所獲槍炮軍器的數字報告，這張報告的全文約有一千五百字，都是軍器的數目，大抵說，所獲卡賓槍幾萬幾千支，機關槍幾千挺，步

---

[29] 上海特電：〈敵人棄屍八萬四──我方死傷四千八，精密籌畫的南京進攻戰〉，刊《大阪朝日新聞》1937 年 12 月 30 日；前引《南京大屠殺史料集》（6），第 250 頁。

槍一百幾十萬支，小鋼炮幾千幾百尊，迫擊炮幾百門，重炮幾十
尊，還有坦克車裝甲車幾百幾十輛，運輸車一千幾百輛，至於彈
藥的數字都是以噸計的。

這張數目單，在電臺上公佈出來，報告的時間，達半小時之
久，日本人辦的《新申報》還出了號外。[30]

1938 年 1 月 11 日出版的東京《支那事變畫報》上，刊登多張日軍
攻佔南京的照片，如〈光華門〉，內容是日「上海派遣軍」司令官朝香
宮親王率一群日軍官兵正在被攻佔的高大的光華門城牆上耀武揚威地
參觀。

1938 年 2 月 1 日，東京的日本國際情報社出版了《世界畫報》的
《日支大事變號》第六輯（1938 年 1 月 20 日付印），逐日地、全方位
地、詳盡地報導「南京戰（南京攻略）」──日軍進攻、佔領南京的全
過程及其「輝煌」戰果，各篇的小標題如下：

一、松井石根給南京衛戍司令官的勸降書；
二、開始總攻南京；
三、南京已至最後關頭；
四、南京城內掃蕩戰；
五、南京完全陷落；
六、南京完全攻佔，戰功輝煌的入城式；
七、戰鬥從現在開始；
八、南京攻擊戰戰況統計報告。

例如對 1937 年 12 月 7 日日軍的戰況描述如下：

開始總攻南京。

---

[30] 陳存仁：《抗戰時代生活史》，廣西師範大學出版社 2007 年版，第 89 頁。

　　　　（12 月 7 日）進攻南京的戰幕終於拉開，我方軍的助川、
片桐、大野、脅阪、富士井、人見、下枝、千葉、山田等部，分
路從東、南兩方合圍，以迅猛的攻勢使敵屈服，迫近敵軍城下。
今天下午一時，在隆隆炮聲中開始了對南京的總攻擊。郊外的部
分敵軍憑據碉堡拼死抵抗。從南京城東邊的中山門到郊外高橋門
的公路附近的房屋燃燒著熊熊大火。除海軍航空隊外，陸軍飛行
隊、渡江部隊也全部出動，從昨天中午開始發動總攻，對正在南
京郊外進行抵抗的敵軍進行最大規模的轟炸。目前正在展開南京
攻防的決戰。……[31]

日本越前永平寺僧人進行軍事訓練

　　對於日軍官兵在攻佔南京中的戰功與「勇武」事蹟，對日軍中的「勇士」，日本各新聞傳媒更是千方百計地尋找，甚至編造，大肆報導、讚美與吹噓。這在本書前已揭示的報導日軍兩個法西斯青年軍官在從常州向南京攻擊途中舉行殺人比賽已見一斑。日本各新聞傳媒不僅對日軍官兵，甚至對隨軍到達南京的日本各宗派的僧人的「勇武」表現，也作了報導與吹噓。

　　在日軍進攻南京與大屠殺期間，被日本當局「舉國一致」動員起來的各宗派的大量僧人也隨軍走上前線，來到南京，發揮了特殊的作用。

31　日本國際情報社：《國際畫報》的《日支大事變號》第六輯，1938 年 1 月 20
　　日付印，2 月 1 日出版；中國第二歷史檔案館、南京市檔案館合編：《侵華
　　日軍南京大屠殺檔案》，第 9～10 頁。

在日軍佔領南京的第二天，即 1937 年 12 月 14 日，日本西本願寺特派法主大谷光照及隨員後藤澄心、小笠原彰真等人，參加「中支皇軍慰問」，到達南京光華門外，慰問最先攻佔該門的日軍第 9 師團。所謂「法主」，是約 1 萬個寺院、1000 萬信徒的最高領導者，是宗教的法人，教派的代表，與天皇制一樣，實行世襲制。接著，大谷光照等人又馬不停蹄地慰問了駐紮在國民政府與基督教青年會的日軍第 16 師團、駐紮在夫子廟南京市政府的第 114 師團，以及駐紮在南京的其他日軍部隊。在 12 月 17 日，他們興高采烈地參加了「載入史冊」的日軍「入城式」；在 12 月 18 日，他們身穿黑色軍服，以宗教代表的身份，參加了松井石根主持的日軍「慰靈祭」，並就坐在司令部最高領導席上。1938 年 1 月出版的日本《教海一瀾》指出：「主持體現宗教權威的法主追悼會，對士兵們帶來了莫大的撫慰。另外，這種活動還通過新聞報導傳達到出征士兵的家庭和遺屬中去。」[32]大谷光照等人緊張活動五天後，於 12 月 19 日才離開南京。這位日本佛教領袖完全無視當時日軍的暴行與南京血流成河的慘狀，卻在 12 月 25 日返國後立即舉行記者招待會，大談「由衷地感謝第一個登上南京光華門的皇軍給我講述浴血奮戰的經過」。他的「隨行長」後藤澄心則說：「特別是在南京陷落第二天的一早入了城，詳細觀看了被戰火籠罩的城內外，榮幸地參加了載入史冊的入城式和盛大追悼會，達到了所期待的目標，正是陛下高德所賜，令人欣喜。」[33]

1937 年 12 月 17 日，在南京大屠殺的高潮中，日本東本願寺的隨軍傳教僧大谷堯雄、長野至念被批准參加日軍「入城式」的列隊。這兩

---

[32] [日]《教海一瀾》，1938 年 1 月出版；轉引自[日]山內小夜子：〈日本佛教隨軍傳教及其在侵佔南京戰中的犯罪〉，朱成山主編：《侵華日軍南京大屠殺史最新研究成果交流會論文集》，南京大學出版社 2001 年版，第 55〜59 頁。

[33] [日]《中外日報》1937 年 12 月 27 日；轉引自[日]山內小夜子：〈日本佛教隨軍傳教及其在侵佔南京戰中的犯罪〉，朱成山主編：《侵華日軍南京大屠殺史最新研究成果交流會論文集》，南京大學出版社 2001 年版，第 57〜58 頁。

個僧人認為「光榮」無比，寫下了「浸濕過淚水的第一封信」，寄回國內總寺院。信中寫道：

> 12 日完全佔領光華門，周圍看見激戰的痕跡。敵屍堆積如山。15 日在某隊戰地悼念皇軍英靈，說者聽者都流下了眼淚。[34]

隨軍僧流的「眼淚」，不是為了堆積如山的中國軍民的屍體，而是為了「悼念皇軍英靈」，為了日軍佔領中國首都的「入城式」。他們哪裡還有一點佛教的「慈悲為懷」，哪裡還有一點起碼的人性？

除了大谷光照一行以及大谷瑩雄、長野至念外，其他日本各宗派的隨軍僧人在南京也大肆活動，不僅以傳教、做佛教法事來鼓舞日軍士氣，還直接參加戰鬥與殺人放火。1937 年 12 月 18 日，正在南京的約十名日本各宗派的隨軍傳教僧人在南京中山路國民政府中央醫院三樓舉行「攻破南京座談會」，出席會議的有日蓮宗的結城瑞光，西本願寺的橫湯通之、上山顯次，東本願寺的小出唯信、白山忠雄，淨土宗的村田顯承，曹洞宗的中泉智法、藤原哲應，臨濟宗南禪寺派的全山義補，臨濟宗妙心寺派的小田雪窗，以及隨軍記者評田吾一。1938 年 1 月 15 日，已從南京回到日本的各宗派的隨軍僧又在東京召開「隨軍僧座談會」，參加的有真宗大谷派上海分寺主持高西賢正，真宗大谷派的隨軍僧真島如龜雄、富山忠雄，臨濟宗妙心寺派的隨軍僧淺井紹德，淨土宗隨軍僧中野隆雄等。在這些座談會上，日本各宗派的僧人大談他們在南京所看到的「皇軍」奮勇當先奪取中國首都的「英雄」事蹟，以及他們自己在南京的經歷與感受，歌頌日本的侵華戰爭與攻佔南京的「壯舉」。[35]

---

[34] [日]《文化週報》1937 年 12 月 28 日；轉引自[日]山內小夜子：〈日本佛教隨軍傳教及其在侵佔南京戰中的犯罪〉，朱成山主編：《侵華日軍南京大屠殺史最新研究成果交流會論文集》，南京大學出版社 2001 年版，第 54 頁。

[35] [日]《文化時報》1938 年 1 月 5～11 日連載；轉引自[日]山內小夜子：〈日本佛教隨軍傳教及其在侵佔南京戰中的犯罪〉，朱成山主編：《侵華日軍南京大屠殺史最新研究成果交流會論文集》，南京大學出版社 2001 年版，第 52 頁。

　　日本隨軍記者對日本隨軍傳教僧這個特殊人群在南京的特殊作用
十分重視，作了多次報導。日本隨軍作家石川達三也將這些僧人寫進了
他反映日軍南京戰事的紀實小說《活著的士兵》中。1938 年 1 月 5～11
日出版的日本《文化時報》上，連載了 1937 年 12 月 18 日在南京中山
路國民政府中央醫院三樓舉行的「攻破南京座談會」的情況與僧人發
言。1938 年 1 月 18～23 日出版的日本《文化時報》上，又連載了 1938
年 1 月 15 日在東京召開的「隨軍僧座談會」的情況與僧人發言。這些
發言完全融入當時日本當局指揮的侵華大合唱中。例如

　　淨土宗的隨軍傳教僧村田顯承談了他在南京每天向日軍士兵「傳
經」的情況，說：

　　　　我入城後沒幾天，每天早上給士兵念五條敕語，其後盡自己
　　的力量傳授宗教精神，戰事結束後也在進行著。[36]

　　東本願寺的隨軍傳教僧白山忠雄談了他在南京戰場上為戰死的日
軍「傳教」的情況：

　　　　在戰場傳不傳教曾有過爭議，也得分時間、分場合。我時常
　　被命令傳教，當出現了戰死者，隊長讓我對其慰問靈魂，和生存
　　者一樣進行傳教。[37]

　　淨土宗隨軍傳教僧中野隆雄吹噓他們在南京前線念經傳教所發揮
的作用，說：

　　　　我聽了一段在戰場上廣泛流傳的美談，我軍數十名軍人乘船
　　行進在某某地，遭到 400 名敵兵的襲擊，我軍認為這下全部完蛋
　　了，非常悲觀地抵抗著。這會兒，東本願寺和真言宗的隨軍傳教
　　僧在最前線，在槍林彈雨中為倒下的戰友念經。隊長看到後鼓勵

---

[36] [日]《文化時報》1938 年 1 月 11 日。
[37] [日]《文化時報》1938 年 1 月 21 日。

士兵說:「看那和尚,拿出勇氣,不許後退,決不讓敵人越過陣地。」經過一晝夜的戰鬥,死守住了某某車站。說著是因為隨軍僧人在前線「不辱使命」才守住車站一點也不過份。[38]

真宗大谷派隨軍傳教僧真島如龜雄介紹了他在南京前線念經鼓舞士氣、「和士兵一起出生入死」的經驗,說:

> 我常在第一線和士兵一起行動,在「嗖嗖」飛來的彈雨中給倒下的士兵念經,其戰友也就放心地去追擊了。隨軍僧作為非戰鬥員和士兵一起出生入死,很受士兵們的歡迎,隨軍僧認識到自己只給士兵們傳教不行,還要當勤務員。[39]

東本願寺隨軍傳教僧取訪部憲人竟充當了戰時攀登南京城牆的敢死隊員,他「自豪」地回憶道:

> 各部隊某時對準南京市內猛烈炮擊。炮聲中聽取戰況時,叮鈴、叮鈴、叮鈴,電話來了,「部隊已到西華門」。再往前到了山丘的××寺,就看見南京市內到處起火,一片火海。看見轟鳴的戰車隊,「喂,我爭當第一名!」我強烈要求搭乘兩公里多,面前是三丈高的城牆,我找了一根懸吊繩,到處都是攀登的敢死隊員。看!那城門上已經高高飄著日本國旗。不是登上去了嗎?「萬歲!萬歲!」歡呼聲好像能傳到祖國日本。筆者內心充滿感激,敬仰這些神速的忠勇雙全的士兵。[40]

對這些日本隨軍僧在南京戰役與大屠殺中的表現與作用,日本正直的佛教界女士山內小夜子在〈日本佛教隨軍傳教及其在侵佔南京戰中的犯罪——談隨軍僧在侵華戰爭中的罪惡活動〉一文中,評價說:

---

[38] [日]《文化時報》1938 年 1 月 20 日。
[39] [日]《文化時報》1938 年 1 月 20 日。
[40] [日]《文化時報》1938 年 1 月 18 日。

這些隨軍傳教僧的戰地報導刊登在教派機關雜誌和報紙上，其戰報起著連接親屬和戰地的紐帶作用。隨軍傳教僧鼓舞士兵士氣，增強鬥志，而且親自參加了戰鬥，他們是加害行為、侵略行為的支持者，也是實施者。雖然冠稱為「隨軍僧」這一被動名稱，其行為可以說是侵略中國的直接參與者。[41]

日本報刊還大肆報導日本最高當局對攻佔南京的日軍戰功的嘉獎與表彰，以顯示日本當局對攻佔南京的重視與興奮。

例如，日本天皇裕仁與首相近衛及日本大本營在日軍佔領南京後，連連致電松井石根，並通過松井石根向全體參加南京戰役的日軍表示祝賀，傳令嘉獎；又派特使到南京，向「全軍將士」頒賜「御酒」等物。松井石根在12月20日在南京主持召開「天皇聖旨祝賀傳達式」。

日「華中方面軍」、「上海派遣軍」、第10軍及各師團都先後向各立功部隊與立功官兵授予「立功獎狀」。

1937年12月17日，日駐南京的日「上海派遣軍」司令官朝香宮鳩彥親王中將提議，在其所部各師團中，廣泛徵集「上海派遣軍軍歌」，謳歌「上海派遣軍」出征中國、攻克上海與南京的武功與軍威，讓全軍傳唱。2月8日，朝香宮鳩彥又指示，「要讓派遣軍軍歌更雄壯些」。[42]

不僅隨軍音樂家，隨軍的畫家更早就行動起來了，他們「創作」出大量反映與謳歌日軍「南京戰」的圖畫，如〈南京中華門之戰〉、〈攻打光華門〉等等，在日本各新聞傳媒廣泛刊登。

1938年3月，日本當局在東京市中心銀座的三越專門舉辦了一場「南京──上海新聞照片展」，展出了經過精心挑選的日本隨軍記者拍攝的關於日軍從上海到南京各戰役的各種新聞照片，當然內容必然都是

---

[41] [日]山內小夜子:〈日本佛教隨軍傳教及其在侵佔南京戰中的犯罪──談隨軍僧在侵華戰爭中的罪惡活動〉，朱成山主編:《侵華日軍南京大屠殺史最新研究成果交流會論文集》，南京大學出版社2001年4月版，第55頁。

[42] [日]飯沼守:《飯沼守日記》；前引《南京大屠殺史料集》(8)，第208、240頁。

顯示日軍的英勇善戰、巨大戰果與對中國民眾的仁慈。日《東京日日新聞》社的隨軍攝影師佐藤振壽說：「他跟普通新聞照片不一樣，攝影效果非常好。有很多人去看了這場展覽，我也去看了。」[43]

在 1937 年 12 月 20 日前後以《東京日日新聞》特派記者名義到南京採訪的女作家林芙美子回國後，根據她跟隨軍隊的印象寫了一篇名為〈黃鶴〉的文章，收錄在單行本《冰河》中。她在〈黃鶴〉的「後記」中說：「前幾天我去了趟南京，在那裏，我仔細觀察了戰場遺跡，似乎明白了人生價值。雖然有段時間我陷入了沉思，但我終於決定寫下了卷頭這片名為〈黃鶴〉的作品。」林芙美子在〈黃鶴〉中稱，南京在她心目中「原以為是一座極為乏味的城市，可一看到南京那如同新墾土地般寬闊的街道，不僅大為驚歎（心想這真是南京麼？）。」[44]林芙美子高度頌揚了日軍攻佔南京的巨大價值與重要意義，為日本的侵華政策與南京大屠殺唱了一曲讚歌。

林芙美子後來還隨日軍參加了武漢作戰，軍國主義色彩則更為強烈與赤裸裸。日本歷史學家洞富雄說：「林芙美子在日華戰爭中兩次從軍，一次是 1937 年的南京攻陷戰，另一次是第二年的漢口攻陷戰。作為隨軍記者，有關於南京攻陷戰的〈南京行〉等五篇文章（收錄於 1938 年 7 月改造社出版的《我的昆蟲記》中），還有關於漢口攻陷戰的《戰線》（1938 年 12 月，朝日新聞社出版）以及《北岸部隊》（1939 年 1 月，中央公論社出版）。」[45]《戰線》是書信體的從軍記，《北岸部隊》則是日記體的從軍記。林芙美子的這些戰地採訪與「從軍記」赤裸裸地歌頌日本侵華戰爭與日軍的屠殺暴行。如她在《戰線》中公然寫道：「戰場上雖然有殘酷的情景，但也有著美好的場面和豐富的生活，令人難忘。

---

[43] [日]佐藤振壽：《步行隨軍》；前引《南京大屠殺史料集》（10），第 483 頁。
[44] [日]佐藤振壽：《步行隨軍》，前引《南京大屠殺史料集》（10），第 488～489 頁。
[45] [日]洞富雄著，毛良鴻、朱阿根譯：《南京大屠殺》，上海譯文出版社 1987 年版，第 397 頁。

我經過一個村落時，看見一支部隊捉住了抗戰的支那兵，聽到了這樣的對話。『我真想用火燒死他！』『混蛋！日本男人的作法是一刀砍了他！要不就一槍結果了他！』『不，俺一想起那些傢伙死在田家鎮的那模樣就噁心，就難受。』『也罷，一刀砍了他吧！』於是，被俘虜的中國兵就在堂堂的一刀之下，毫無痛苦地一下子結果了性命。我聽了他們的話，非常理解他們。我不覺得那種事情有什麼殘酷。」[46]

在這同時，日本最高當局不斷組織日本國內各軍、政機關與「民眾團體」等，派遣代表趕到南京慰問、參觀、學習：

1937 年 12 月 27 日，東京防護團到南京參觀；日本海軍大學教官山縣正鄉至南京「上海派遣軍」司令部調查日機轟炸南京的效果。

1938 年 1 月 2 日，日陸軍省人事局長阿南惟幾少將抵南京，為對參戰軍隊論功行賞作調查，做準備。

1 月 4 日，日本企畫院次長青木一男到南京訪問「上海派遣軍」；日海軍軍令部派員來南京就防空問題進行研究。

1 月 9 日，日本皇族、日陸軍大學教官賀陽宮恒憲騎兵中佐到南京訪問「上海派遣軍」。

1 月 23 日，日駐朝鮮總督府「防空視察團」到南京訪問「上海派遣軍」。

1 月 27 日，松井石根之弟松井七夫中將到南京訪問「上海派遣軍」。

1 月 30 日，以篠田次助預備役中將為首的日「在鄉軍人慰問團」到南京訪問「上海派遣軍」。

……

日本各新聞傳媒對上述日本上下為日軍攻佔南京的勝利而進行的慶祝與表功活動，都以狂熱的氣勢與誇張的筆調，迅捷而連篇累牘地加以報導。

---

[46] [日]洞富雄著，毛良鴻、朱阿根譯：《南京大屠殺》，上海譯文出版社 1987 年版，第 397 頁。

　　日本當局是在武力征服與恐怖威懾政策的指導下，發動對南京的攻略之戰的；而日軍在攻略南京中取得的巨大「勝利」，更鼓舞了日本當局對中國武力征服與恐怖威懾政策的信心，並把這種中世紀式的野蠻政策推向了高峰：攻佔南京的日軍在歡慶攻佔南京的同時，對南京城內外數十萬已放下武器的中國戰俘與手無寸鐵的中國平民百姓實施了連續四十多日的血腥大屠殺。

第四章　日本新聞傳媒掩蓋、粉飾
日軍南京大屠殺

第一節　日軍大屠殺使南京成為「人間地獄」

正當日本新聞傳媒在為日軍攻佔中國首都南京的勝利而狂熱地報導、狂熱地歡慶時，佔領南京的十數萬日軍正按日本當局的預定計劃與層層命令，對約十萬放下武器的中國戰俘與數十萬手無寸鐵的普通民眾進行慘絕人寰的血腥大屠殺。

早在 1937 年 8 月中旬，當松井石根受命率軍離開東京前往中國前，就在與裕仁天皇、近衛首相及杉山元陸相商討進攻上海與南京戰事時，表示，如果中國軍民與中國政府在日軍的武力進攻面前不肯求和乞降，繼續「堅持民族主義」和「排日情緒」，那就必須「付出代價」。[1]所謂代價，就是遭到日軍的嚴厲「膺懲」——瘋狂的大屠殺。

1937 年 10 月 8 日，松井石根在上海發表聲明，對不肯屈服、正浴血抗戰的中國軍民與中國政府發出殺氣騰騰的威脅：「降魔的利劍現在已經出鞘，正將發揮它的神威。」[2]

日軍在向南京進擊的一路上，已經開始對沿途的中國人民實施瘋狂的「膺懲」——大肆燒殺淫掠。這在本書前面已有論述。當日軍兵臨南京城下之時，1937 年 12 月 8 日，松井石根在給據城頑抗的中國軍民的《勸降書》中，再次赤裸裸地向中國軍民發出大屠殺的恐怖威懾：「日本軍對負隅頑抗的人將格殺勿論，……貴軍如果繼續抵抗的話，南京將

---

[1] [美]大衛·貝爾加米尼著，張震久等譯：《日本天皇的陰謀》，上冊，[北京] 商務印書館 1984 年版，第 59 頁。

[2] 張效林譯：《遠東國際國事法庭判決書》，群眾出版社 1986 年版，第 342 頁。

無法免於戰火，千年的文化精髓將會毀於一旦，十年的苦心經營將也化為烏有。」[3] 但松井石根的〈勸降書〉卻被中國守軍輕蔑地不予理睬。面對著十數萬殺氣騰騰的日軍的戰爭威脅與瘋狂進攻，裝備低劣的南京守軍進行了頑強的抵抗。從 12 月 10 日到 13 日的南京攻略戰使日軍傷亡慘重。日本的武力征服與戰爭威懾政策、日軍速戰速決的軍事計畫與戰無不勝的神話，在南京城下再次遭受嚴重的打擊與挫折。日軍當局惱羞成怒，為了對不肯投降、英勇抵抗的中國軍民進行報復與懲罰，為了維護與修補日軍的「武威」，再次論證與宣揚它的對華武力征服與恐怖威懾政策，乃周密策劃與實施了在日軍攻佔南京後對中國軍民進行「膺懲」的大屠殺政策與計畫。

事實證明，日軍在進攻南京前，就形成了南京屠城——燒殺淫掠的指導思想與戰略計畫，即為南京設想了一個「悲慘的命運」。

據擔任「安全區國際委員會」主席的德國西門子公司駐南京代表約翰・拉貝記載，他在日軍攻入南京的第二天，曾以「安全區國際委員會」主席的身份，與日本駐中國大使館的外交官福田會晤。「1937 年 12 月 14 日我們同福田先生首次會晤時，他告訴我們，日本軍人為這個城市設想了一個『悲慘的命運』，但日本大使館要設法使這種命運變得溫和一點。」[4]

美國駐華大使館三等秘書阿利森（John Allison）在 1938 年 1 月 25 日從南京致信在漢口的美國駐華大使詹森（T. Johson），也指出：

> 12 月 14 日，日本使館的一名官員通知安全區國際委員會：「日本軍方（報告是如此寫的）決心要懲罰南京，但使館的人員試圖減緩這個行動。」[5]

---

[3] [日]松井石根：〈給南京衛戍司令長官的勸降書〉，前引《侵華日軍南京大屠殺檔案》，第 23 頁。

[4] [德]拉貝著，本書翻譯組譯：《拉貝日記》，江蘇人民出版社 1997 年版，第 380 頁。

[5] 英文原件藏美國國家檔案館。

　　戰後設在東京的「遠東國際軍事法庭」在對日本戰犯的審判中，確認了上述事實，在判決書中寫道：

> 日本大使館的館員是隨著陸軍的前鋒部隊一齊進入南京城的。十二月十四日，日本大使館的某一館員通知南京國際安全區委員會說：「陸軍決心給南京以沉痛的打擊，但大使館正試行緩和其行動」……這些大使館員當知道了他們對日軍當局的勸告毫不生效時，他們就向外國傳教士說：傳教士可以試向日本內地洩露出實際情形，並借此引起輿論的注意，使日本政府會迫於輿論不得不約束一下日本陸軍。[6]

　　以上事實說明，日本最高當局，日本大本營與日本政府，以及日「華中方面軍」，在日軍攻佔南京前，就已經預先制訂了對拒降的南京軍民進行「膺懲」——燒殺淫掠與大屠殺的指導思想與戰略計畫，並傳達至全軍各師團官兵實施。日軍的南京大屠殺完全是有預謀、有計劃的。以至於日本駐南京使領館中個別良知未泯的外交官為顧慮日本外交形象，見勸告無效時，不得不企圖借助西方人士以形成國際輿論，迫使日本政府來約束一下日本軍方。

　　但結果又怎樣呢？——拉貝寫道：「12月18日下午，我們通過指出一系列事件才得以使日本大使館相信，南京的狀況實際上是悲慘的。」[7]西方僑民的勸告、抗議與向國際輿論的揭發，僅使日本最高當局在多日後才派員到南京來檢查所謂的日軍軍風紀，但徒具形式，沒有也不可能及時阻止日軍瘋狂的大屠殺。日軍官兵，從第16師團長中島今朝吾，到普通士兵，都絲毫沒有把所謂「軍風紀」當回事，反而理直氣壯地繼續製造「南京的悲劇」。——因為他們是在執行日本當局的國策與對南京的「膺懲」政策。

---

[6]　張效林譯：《遠東國際軍事法庭判決書》，群眾出版社 1986 年版，第 486 頁；譯文略有改動。

[7]　[德]拉貝著，本書翻譯組譯：《拉貝日記》，江蘇人民出版社 1997 年版，第 380 頁。

　　應該指出，在日軍強大的攻擊下，從 1937 年 12 月 12 日中午開始，南京的中華門、通濟門、光華門、中山門等陣地相繼被日軍佔領。南京衛戍司令長官唐生智於當日下午 4 點召開最後一次軍事會議，發佈命令，要守軍各部隊撤退與突圍。因此，可以說，南京城各部守軍自 1937 年 12 月 12 日下午 5 時半左右開始就基本停止了抵抗，向城北長江邊撤退。南京城南、城東、城西以及城市中心地區都迅速地成為沒有軍隊防守的軍事真空地區——南京實際上已成為一座「不設防的城市」。這種情況從 12 月 12 日下午一直維持到 12 月 13 日晨。進攻的日軍在 13 日清晨才分路從各城門沿著馬路與街巷，攻入南京城內。他們幾乎沒有遭到中國軍隊任何有組織的抵抗。他們面對的是南京城內的大量手無寸鐵的普通民眾與業已潰散的、放下武器的、甚至脫掉軍裝的中國軍隊官兵或戰俘。正如《遠東國際軍事法庭判決書》所說的那樣：

> 　　一九三七年十二月十二日夜，當日軍猛襲南門時，留下的五萬軍隊中的大部分，就從南京市的北門和西門撤退了。因為中國軍隊差不多已全部從南京撤退，或已棄去武器和軍服到國際安全地區中避難，所以一九三七年十二月十三日早晨，當日軍進入市內時，完全沒有遭遇抵抗。[8]

　　既然中國軍隊的抵抗已經停止，軍事行動已基本結束，作為戰勝者的日軍在佔領南京後，理應按照國際公法與人道準則來對待南京普通民眾與處理戰俘問題。但是在日方當局既定的「膺懲」方針與恐怖威懾政策指導下，進入南京的日軍官兵立即對手無寸鐵的民眾與放下武器的戰俘進行瘋狂的血腥屠殺，伴之以對南京婦女的不分老幼的姦淫，對南京房屋財產、工商企業、文教勝跡瘋狂的搶掠與焚燒，形成了自古未有、震驚世界的南京大屠殺暴行。日軍的恐怖暴行遍及南京城內、城郊每一

8　張效林譯：《遠東國際軍法庭判決書》，群眾出版社 1986 年版，第 484 頁；按：據調查，從南京城北門、西門撤出的中國守軍大多在長江邊被日軍俘虜，另有潰散在城內城外被俘的中國守軍，共有約 10 萬人。

塊地方、每一座房屋，時間則延續了六周，甚至更長的時間。在這漫長的可怕的時間中，南京成了一座人間的「活地獄」。

正如 1947 年 3 月 10 日國民政府國防部審判戰犯軍事法庭對戰犯、進攻南京的日軍第 6 師團師團長谷壽夫的判決書所指出的：

> 日本軍閥以我首都為抗戰中心，遂糾集其精銳而兇殘之第 6 師團谷壽夫部隊、第 16 師團中島部隊、第 18 師團牛島部隊、第 114 師團末松部隊等，在松井石根大將指揮之下，合力會攻，並以遭遇我軍堅強抵抗，忿恨之余，乃於城陷後，作有計劃之屠殺，以示報復。[9]

從 1937 年 12 月 13 日日軍佔領南京，日本當局以數十萬日軍燒、殺、淫、掠所製造的「恐怖的時代」就開始了。

一位當時身處南京、目睹日軍駭人聽聞暴行的西方僑民記述了他的切身感受：

> 日軍潮水一般湧入城內，坦克車、炮隊、步兵、卡車絡繹不絕。恐怖的時代隨著開始，而且恐怖的嚴重性一天比一天增加起來。他們征服了中國的首都，征服了蔣介石政府的所在地，他們是勝利者，應該為所欲為，日本飛機曾散發傳單，宣稱日軍是中國人唯一的真朋友，日軍將保護善良的中國人。於是日軍隨意姦淫、擄掠和殺戮，以表示他們的誠意。[10]

日軍首先把屠殺指向那些被俘的中國軍隊的傷、病員與已經放下武器的中國軍隊官兵。

---

[9] 《谷壽夫戰犯案判決書》，國民政府檔案，藏[南京]中國第二歷史檔案館；前引《侵華日軍南京大屠殺檔案》，第 819 頁。
[10] [澳]田伯烈著，楊明譯：《外人目睹中之日軍暴行》，[漢口]國民出版社 1938 年 7 月版，第 17 頁。

對在戰場上俘獲或投降的戰俘，對已放下武器的敵軍官兵，應該怎樣處置，在 20 世紀初多次制訂的有關國際法中，都有明確的規定，即尊重戰俘的生命權、人格權與個人財產權，不得殺害、侮辱與搶劫等。1929 年 7 月 17 日，日內瓦會議訂立《關於戰俘待遇的公約》，簡稱《日內瓦公約》，明文規定，敵對雙方對戰俘生命的任何危害或對其人身的暴力行為，均應嚴格禁止，尤其不得加以謀殺或消滅。對戰爭中的普通難民，交戰各國與國際社會更應予以保護與援助。這是每個現代國家都應遵守的起碼的國際準則。日本政府在 1929 年 7 月 17 日也曾簽署了《日內瓦公約》。然而，在 1937 年 12 月 13 日日軍攻克南京後，日本當局為貫徹實施他們對中國軍民與中國政府的武力征服與恐怖威懾政策，並力圖把這種政策的威力發揮到極至，從上到下逐級下達了屠殺全部戰俘的命令，其中自然包括一切他們認為可疑的人──廣大的中國普通民眾。日方當局認為，敢於武裝抵抗日軍的中國軍隊是他們實施對華武力征服的最大阻力與障礙。只有不僅以戰爭擊敗中國軍隊的反抗，而且以戰後殺俘、全部消滅中國軍隊官兵的肉體，才能徹底摧毀中國人民與中國政府的抵抗意志與戰爭工具，才能使中國真正「畏服」而迅速向日本求和乞降。

指揮進攻南京戰役的日軍最高長官──日「華中方面軍」司令官松井石根大將不僅在南京戰役前殺氣騰騰地叫囂「降魔的利劍現在已經出鞘，正將發揮它的神威」，而且在日軍佔領南京後，幾次發出大規模搜捕與屠殺中國戰俘的命令。1937 年 12 月 15 日，他通過方面軍參謀長塚田攻發出指令：「兩軍在各自警備區內，應掃蕩敗殘兵。」[11]所謂「掃蕩」，就是屠殺的代名詞。12 月 18 日松井石根在第一次到南京「巡視」期間，又命令：「混雜的軍人都應予以『紀律肅正』。」[12]所謂「紀律肅正」，也是指屠殺。

---

[11] 中央檔案館、中國第二歷史檔案館、吉林省社科院合編：《日本帝國主義侵華檔案資料選編──南京大屠殺》，[北京]中華書局 1995 年 7 月版，第 329 頁。

[12] 轉引自[日]洞富雄：《南京大屠殺的證明》，朝日新聞社 1986 年版，第 10 頁。

　　日「上海派遣軍」司令官、日天皇裕仁的叔父朝香宮鳩彥王中將是日軍進攻南京城的前線指揮官，他也下達命令：「殺掉全部俘虜。」[13]

　　日軍進攻南京的主力部隊第 16 師團的師團長中島今朝吾中將在 1937 年 12 月 13 日的《陣中日記》中寫道：「基本上不實行俘虜政策，決定採取徹底消滅的方針。」[14]

　　屠殺俘虜的命令層層下達。於是有「師團屠殺令」、「旅團屠殺令」、「聯隊屠殺令」乃至大隊或中隊的屠殺令等。

　　第 16 師團第 30 旅團在 12 月 14 日午後 4 時 50 分下達命令：「要消滅中國兵！」「各部隊在接到師團的指示後，不許收容俘虜！」[15]

　　第 16 師團第 30 旅團第 38 聯隊聯隊長助川靜二大佐說：「師團長吩咐，不要保存俘虜。」[16]

　　第 114 師團第 127 旅團第 66 聯隊第 1 大隊《戰鬥詳報（12 月 13 日）》稱：「午後 3 時 03 分，從聯隊長接到如下命令：根據旅團部命令，俘虜全部殺掉。其方法可以十幾名為一組槍殺。」[17]

　　參與南京戰役的日本海軍也下達了屠殺中國戰俘的命令。德國駐華大使館留守南京辦事處政務秘書羅森在給德國外交部的報告中說：

　　　　12 月 18 日到 20 日，我們在南京附近英國「蜜蜂」號炮艇上。在這段時間裏，日本海軍少將近藤對美國海軍上將霍爾特說，南京下游的大揚子島上還有 3 萬中國軍隊，必須「清除」掉。

---

[13]　轉引自[美]大衛·貝爾加米尼著，張震久等譯：《日本天皇的陰謀》，上冊，商務印書館 1984 年版，第 70 頁。

[14]　[日]中島今朝吾：《中島今朝吾日記》，前引中央檔案館等合編：《日本帝國主義侵華檔案資料選編——南京大屠殺》，第 744 頁。

[15]　轉引自[日]洞富雄：《南京大屠殺的證明》，朝日新聞社 1986 年版，第 147 頁。

[16]　[日]洞富雄著，毛良鴻等譯：《南京大屠殺》，上海譯文出版社 1987 年版，第 14 頁。

[17]　[日]藤原彰：《南京大屠殺研究》，刊[北京]《國外中國近代史研究》第 13 輯，第 126 頁。

　　　　這種「清除」或許像日本人說的「肅清」，就是殺害已毫無防衛能力的敵人，是違反戰爭人道的最高原則的。[18]

　　日軍在攻入南京城時，首先對在中山門、光華門、通濟門、雨花門、水西門一線內廓與城垣陣地上作戰負傷、未及撤退而被俘的的中國軍隊負傷官兵進行了集體屠殺。

　　接著，從 1937 年 12 月 13 日晨開始，日軍以坦克車開路，從南京東部、南部、西南部的各城門攻入城內，迅速地沿著城內各條大、小街道，向城北追擊；在這過程中，他們對最後撤退的中國掩護部隊的官兵與大量的、驚慌失措地從家裏逃出來的普通百姓不分青紅皂白地加以掃射屠殺。正在南京城裏並擔任「安全區國際委員會」主席的德國西門子公司駐南京代表拉貝看到：「街道上到處躺著死亡的平民。」他在 12 月 14 日的日記中寫道：「在開車穿過城市的路上，我們才真正瞭解到破壞的程度。汽車每開 100 米—200 米的距離，我們就會碰上好幾具屍體。死亡的都是平民，我檢查了屍體，發現背部有被子彈擊中的痕跡。看來這些人都是在逃跑的途中被人從後面擊中而死的。」[19]

　　日軍的瘋狂追殺使得南京的主要街道——從南到北橫貫南京城的中山路與中央路等，成了「血路」。「當時，在城內馬路上，擠滿了難民以及國民黨退下來的士兵和傷病員。……日本軍不分青紅皂白地向這些人群開槍，這兩條馬路變成了血的馬路。在這兩條馬路上，數萬人被殺……。」「第二天，坦克部隊也開到馬路上來。履帶壓過了橫在馬路上的屍體……馬路上血流成河，形成了兩條血路。」[20]

18　[德]羅森：《給德國外交部的報告》（1938 年 1 月 20 日），中國第二歷史檔案館、南京市檔案館合編：《侵華日軍南京大屠殺檔案》，江蘇古籍出版社 1997 年版，第 627 頁。
19　前引[德]拉貝著，本書翻譯組譯：《拉貝日記》，第 171 頁、第 176 頁。
20　[日]山岡繁：〈訪中華人民共和國的戰爭受害地區〉，轉引自[日]洞富雄著，毛良鴻等譯：《南京大屠殺》，上海譯文出版社 1987 年版，第 28～29 頁。

　　再接著，日軍對潰退到南京城北長江邊、未及渡江、在陷入包圍中被迫放下武器的大量的中國戰俘，以及無數的普通百姓，有計劃地、分批地進行集體屠殺。

　　負責指揮南京保衛戰的中國軍方「南京衛戍司令部」在命令中國守軍撤退時犯下了一個致命的嚴重錯誤，即在 1937 年 12 月 12 日下午 5 點唐生智召開最後一次作戰會議、傳達蔣介石撤守命令、佈置各部突圍時，又竟然口頭同意各部隊在不能擊破正面之敵進行突圍時，可退向南京城北、渡過長江撤往江北。結果約 10 萬中國守軍的大部分部隊都毫無計畫

日軍集體屠殺的已解除武裝的中國軍人和南京市民的屍體（選自江蘇古籍出版社：《侵華日軍南京大屠殺圖集》）

與組織地向城北下關一帶潰逃。但根據「南京衛戍司令部」的命令，長江中的船隻早在南京戰事發生前就已幾乎全部撤走，因此約 10 萬中國潰兵退至長江邊時，就無法渡江，前有滔滔長江擋路，後有日軍迅速跟進合圍，進退不得、亂成一團。結果，從 12 日傍晚到 13 日上午，在這 10 多個小時中，除「南京衛戍司令部」的唐生智等人搭乘一艘私藏的小火輪逃往江北，以及少數官兵用各種方式渡過長江得以脫逃外，大多數官兵都陷入了日軍的重重包圍之中。當 13 日上午數路日軍追擊至江邊，中國官兵中除了憲兵司令肖山令等人作了最後的抵抗、壯烈犧牲外，大多數人被迫放下了武器，為日軍俘獲。在這同時，有大量的南京普通百姓也驚慌失措地隨著潰軍退到這裏。日軍對這些被俘的約 10 萬中國軍隊官兵以及無數的中國難民，在長江邊的中山碼頭、煤炭港、草鞋峽、燕子磯、三汊河等地以及城內外其他地方，分批進行了殘絕人寰的集體大屠殺。

日軍第 16 師團師團長中島今朝吾中將在 12 月 13 日的《陣中日記》中寫道：

> 敗逃之敵大部進入第十六師團作戰地區的林中或村莊內，另一方面，還有從鎮江要塞逃來的，到處都是俘虜，數量之大難以處理。
>
> 事後得知，僅佐佐木部隊就處理掉約 15000 人；守備太平門的一名中隊長處理了約 1300 人。在仙鶴門附近集結的約有七、八千人，此外還有人不斷地前來投降。」「處理上述七、八千人，需要有一個大壕溝，但很難找到。預定將其分成一兩百人的小隊，領到適當的地方加以處理。[21]

據中島今朝吾記載，僅在 12 月 13 日這一天，第 16 師團就「處理」了約 24000-25000 名俘虜。

日軍第 16 師團第 30 旅團旅團長佐佐木到一少將在 12 月 13 日的日記中這樣寫道：

> 俘虜接連不斷地前來投降，達數千人。態度激昂的士兵毫不聽從上級軍官的阻攔，對他們一個個地加以殺戮。回顧許多戰友的流血和 10 天時間的艱難困苦，即使他們不是士兵，也想說「都幹掉」。[22]

被日軍屠殺的中國軍民屍體

關於日軍在長江邊集體屠殺中國戰俘，戰後「遠東國際軍事法庭」在其判決書中寫

---

[21] [日中島今朝吾：《中島今朝吾日記》；前引中央檔案館等合編：《日本帝國主義侵華檔案資料選編──南京大屠殺》，第 744 頁。

[22] [日]佐佐木到一：《一個軍人的自傳》，中國第二歷史檔案館、南京市檔案館合編：《侵華日軍南京大屠殺檔案》，江蘇古籍出版社 1997 年版，第 722 頁。

道：「好些中國兵在城外放下武器投降了。在他們投降後七十二小時內，在長江江岸被機關槍掃射而集體的被屠殺了。這樣被屠殺的俘虜達 3 萬人以上。對於這樣被屠殺的俘虜，連虛飾的審判都沒有實行過。」[23]

　　其實，在長江江岸被集體屠殺的中國戰俘與平民遠不止此數。

　　集體屠殺戰俘最典型的一次是 1937 年 12 月 16 日夜間發生在草鞋峽。在 20 世紀 70 年代，日本著名記者本多勝一採訪過多位曾參加過這次大屠殺的日軍第 13 師團山田支隊的官兵。他在其著作《通向南京之路》中，如實地記錄了這些日軍官兵所講述的在草鞋峽集體屠殺中國戰俘數萬人的恐怖情景：

日本兵村瀨守保拍攝的日軍在南京長江邊將屠殺後的屍體澆上汽油焚燒

　　　　圍成半圓形的重機槍、輕機槍和步槍，對著江岸的俘虜人群，同時連續地集中射擊。一時間槍彈射擊的爆裂聲和人群痛苦的慘叫聲響成一片，長江岸邊變成了令人毛骨悚然的阿鼻地獄。……射擊大概持續了一個小時。之後，整個屠殺現場至少沒有一個是站著的。……當然，屍體堆裏面肯定還有活著的人。……於是，想到的辦法就是火燒。屍體都穿著厚厚的冬棉裝，因此著起火來不容易熄滅，並且可以照亮夜空，給作業帶來了方便。衣服一著火，不管怎麼裝死的都會動起來……只要看到有動彈的，我們就立即用刺刀捅死他。……這也是「作戰」，是南京城內軍司令部的命令——「俘虜，必須迅速乾淨地處理掉」！[24]

[23] 張效林譯：《遠東國際軍法庭判決書》，群眾出版社 1986 年版，第 485～486 頁。

[24] [日]本多勝一著，劉春明等譯：《南京大屠殺始末採訪錄》，北嶽文藝出版社

　　日軍在長江邊對中國戰俘與普通民眾大規模的集體屠殺延續了多日，進行了多次。雖然日軍在屠殺後用拋屍長江、縱火焚燒等等方法企圖毀屍滅跡，但畢竟因屍體太多，因而在 1937 年 12 月中、下旬那些日子裏，南京長江邊仍是屍積如山，血流成河，長江裏則流淌著成千上萬的屍體，形成了極為恐怖的景象。這給當時曾親臨其境的西方人以極大的震撼，也給日方一些良心未泯的人士以極大的刺激。從他們留下的文字中可以看到當時長江邊的恐怖景象。

　　日軍第 6 師團的一位小隊長高城守一於 1937 年 12 月 14 日在下關長江邊看到的情景是：

> 　　在汀線，屍體像漂流的木頭被浪沖了過來；在岸邊重疊地堆積著的屍體一望無際。這些屍體差不多像是來自南京的難民，可能有幾千、幾萬，數目大得很。……他們一律遭到機槍、步槍的掃射、遭到殺戮。……這些死屍遭到射擊後倒在地上重疊在一起，並被澆上重油，點火焚燒。[25]

　　第 6 師團第 13 聯隊的二等兵赤星義雄在 12 月 14 日這天則看到了長江成了「死屍之江」的可怖景象：

> 　　站在碼頭上觀看揚子江的流水，這時，一幅無論如何也令人難以置信的情景展現在眼前。兩千米，不，也許還要更寬一些，在這寬闊的江面上，漂流著數不清的屍體。一望無際，滿眼皆是屍體。江邊如此，江中心也是如此。那不是士兵，而是老百姓的屍體，其中有成人，也有兒童，男男女女全都漂浮在江面上。屍體像「木排」樣，緩緩地漂流著。朝上游看去，屍「山」接連不斷。似乎可以想見，那接連不斷的「山」是看不到邊的。看來至

　　2001 年 9 月出版，第 372～373 頁。

[25] 轉引自[日]洞富雄著，毛良鴻等譯：《南京大屠殺》，上海譯文出版社 1987 年版，第 16～17 頁。

少有五萬人以上。而且幾乎都是老百姓，揚子江的確成了「死屍之江」。[26]

1937 年 12 月 21 日，日「華中方面軍」司令官松井石根在「巡視」南京時，也親眼看到下關江邊屍橫遍地的慘景：「午前 10 時出發，視察了挹江門附近及下關。此附近仍狼藉不堪，屍橫蔽野，亟待今後清理。」[27]

在日軍完全控制了南京以後，在松井石根「掃蕩敗殘兵」的命令下，各部日軍在南京城內外，分區進行挨家挨戶的嚴密搜查、抓捕與屠殺已脫下軍裝的中國「便衣兵」，這其中既有為數眾多的、四散潰逃隱匿的中國軍隊官兵，更多的則是普通青、壯年百姓，只是因為他們頭髮上有戴過帽子的痕跡或手上有老繭，或者只是因為他們被日軍認為「可疑」，就被日軍任意地抓捕殺戮：有些是被日軍隨意地零星槍殺，有些則是被日軍集中到一地進行大規模的集體屠殺。這種抓捕與屠殺一直延續到 1938 年 1 月底。中國軍民的屍體滿布南京的大街小巷、屋內屋外。

日軍分區搜查、抓捕與屠殺中國軍民的情況如下。

(1) 下關區一帶：第 16 師團第 30 旅團第 33 聯隊；

(2) 「安全區」之東北，鼓樓至挹江門一帶：第 9 師團第 6 旅團第 7 聯隊；

(3) 光華門內一帶：第 9 師團第 18 旅團第 19 聯隊；

(4) 中山門、光華門內之間，中山東路一帶：第 9 師團第 6 旅團第 35 聯隊；(5)玄武湖以南、紫金山以西，北京東路、太平北路、中央路一帶：第 16 師團第 19 旅團第 20 聯隊、第 9 聯隊；

(6) 中央路、中山路之間：第 16 師第 30 旅團第 33 聯隊和第 38 聯隊之一部；

---

[26] 轉引自[日]洞富雄著，毛良鴻等譯：《南京大屠殺》，上海譯文出版社 1987 年版，第 24 頁。

[27] [日]松井石根：《陣中日記》，前引[日]田中正明著，軍事科學院外國軍事研究部譯：《「南京大屠殺」之虛構》，第 176 頁。

(7) 和平門外以東：第 16 師團第 30 旅團第 38 聯隊一部；

(8) 漢中門以西地區：第 6 師團第 36 旅團第 45 聯隊；

(9) 漢中門內地區：板本大隊

(10) 中華門地區：第 6 師團第 11 旅團第 13 聯隊；

(11) 水西門地區：第 6 師團第 36 旅團第 23 聯隊；

(12) 中華門、通濟門、光華門外之地區：第 6 師團第 11 旅團第 47 聯隊。[28]

日軍第 16 師團第 30 旅團旅團長佐佐木到一在 1937 年 12 月 14 日的陣中日記中記載：「城內外的掃蕩，全由兩個聯隊的部下掌握。潛伏在各處的殘兵敗卒被拉了出來。但他們的武器都已被丟棄或隱藏起來。三百名、一千名，大批俘虜接連而來。……整天可以聽到各地傳來的槍聲。死屍填滿了太平門外很寬的護城河。」[29]

日軍在搜捕屠殺戰俘時，對普通民眾中的青壯年有意識地加以大規模的捕殺。「對於一般男子的有組織的大量屠殺，顯然是得到指揮官的許可而實行的。它的藉口是中國兵脫下了軍服混入在平民之中。中國平民被集成一群一群的，反綁著手，押運到城外，用機關槍和刺刀集體的被屠殺。據現在所知道的，達到兵役年齡的中國男人，這樣被害的達兩萬人。」[30]

第 9 師團第 6 旅團在「城內掃蕩命令」中指示：

「因考慮到逃遁之敵大部分換成便衣，要檢舉其可疑者，監禁於適宜之處。」

「青壯年可全視為敗殘兵和便衣兵，要全部將其逮捕監禁。」[31]

---

[28] 參閱《日本軍掃蕩配置圖》，中央檔案館等合編：《南京大屠殺圖證》，吉林人民出版社 1995 年版，第 55 頁。

[29] [日]佐佐木到一：《進攻南京紀實》，轉引自[日]洞富雄著，毛良鴻等譯：《南京大屠殺》，第 13 頁。

[30] 張效林譯：《遠東國際軍事法庭判決書》，群眾出版社 1986 年版，第 485 頁。

[31] [日]洞富雄：《南京大屠殺的證明》，[日]朝日新聞社 1986 年出版，第 147 頁。

日軍在搜捕中國軍隊官兵與「抗日分子」時，對南京廣大居民進行赤裸裸的恐怖威懾，在張貼的佈告中宣稱：「對於抗日份子等不逞之徒予以嚴辦，不稍寬貸，倘有此種莠民匿居，從速告發，以免玉石俱焚為要。」[32]

拉貝在 1937 年 12 月 14 日的日記裏記述了他親眼看到的日軍搜捕、屠殺中國士兵與工人的一幕悲慘場景：

> 我們遇見了一隊約 200 名中國工人，日本士兵將他們從難民區中挑選出來，捆綁著將他們趕走。我們的各種抗議都沒有結果。我們安置了大約 1000 名中國士兵在司法部大樓裏，約有 400 人至 500 人被捆綁著強行拖走。我們估計他們是被槍斃了，因為我們聽見了各種不同的機關槍掃射聲。我們被這種做法驚呆了。我們安置傷兵的外交部已經不允許我們進去，中國醫護人員也不許離開。[33]

日本大本營與日「華中方面軍」在攻佔南京後僅四天，12 月 17 日，策劃舉行了一場規模盛大的「入城式」。結果，為了準備這「入城式」，各部日軍加緊對中國軍民的屠殺，將大屠殺推向高潮。

日軍連續多日的搜捕與屠殺，使南京城成了一個名符其實的屠場，到處都是被日軍捆綁、驅趕去刑場的中國軍民，到處都響著槍聲與哭叫聲，到處都是屍體與鮮血，到處都是恐怖的景象。

中國記者范式之記述一位難民倖存者的回憶，當時的南京是：「江邊流水盡為之赤，城內外所有溝壑，無不填滿屍體」。[34]

---

[32] [德]拉貝著，本書翻譯組譯：《拉貝日記》，江蘇人民出版社 1997 年版，第 459 頁。

[33] [德]拉貝著，本書翻譯組譯：《拉貝日記》，江蘇人民出版社 1997 年版，第 176 頁。

[34] 范式之：〈敵蹂躪下的南京〉，刊《武漢日報》1938 年 3 月 28～29 日；《侵華日軍南京大屠殺史料》編委會、南京圖書館合編：《侵華日軍南京大屠殺史料》，江蘇古籍出版社 1997 年版，第 120 頁。

　　戰時一直留駐南京、並擔任「南京安全區國際委員會」財務主管的南京德國禮和洋行工程師克勒格爾在 1938 年 1 月 13 日寫的一份報告《南京受難的日日夜夜》中寫道：「（1937 年 12 月）16 日開車去下關，經過海軍部時，汽車簡直就是碾著屍體開過去的。這裏也有一批人被捆綁著雙手遭到了槍殺。城市的清理工作一直持續到了 12 月 29 日。在這之前，人們不得不天天從這些屍體旁邊經過。我甚至連做夢都會夢見這些屍體。」克勒格爾指出，日軍為了炫耀軍威與威懾中國軍民，竟「嚴格禁止殮屍。」[35]

　　1937 年 12 月 22 日，拉貝在日記裏記載了「安全區國際委員會」發現的多處日軍屠殺中國平民的屍體現場：

　　　　在清理安全區的過程中，我們在一些池塘裏發現了許多被槍殺的平民的屍體（其中有一個池塘裏就有 30 具屍體），大部分被反綁著雙手，其中有些人（在禮和洋行附近）的脖子上還掛著石塊。[36]

　　一直到 1938 年 1 月，即日軍佔領南京約一個月後，日軍的屠殺仍在繼續。1938 年 1 月 7 日拉貝在其日記中記錄了幾起中國平民慘遭日軍屠殺的事件：

　　　　一個婦女神情恍惚地在街上到處亂跑，有人把她送進了醫院，聽說她是一個 18 口之家的唯一的倖存者，她的 17 個親人都被槍殺或刺死了。她住在南門附近。另一個來自同一地區的、同其兄弟一起被安置在我們的一個難民收容所的婦女失去了父母和 3 個孩子，他們都是被日本人槍殺的。她用最後的一點錢買了一口棺木，為了至少能收斂死去的父親。日本士兵知道了這個消息，就搶去了棺木

---

[35] 轉引自[德]拉貝著，本書翻譯組譯：《拉貝日記》，江蘇人民出版社 1997 年版，第 469 頁。

[36] [德]拉貝著，本書翻譯組譯：《拉貝日記》，江蘇人民出版社 1997 年版，第 252 頁。

蓋，拋屍於街頭。中國人是不必被收殮的：這是他們的解釋。而日本政府聲稱，它不同手無寸鐵的平民作戰！[37]

1947 年 3 月 10 日，中國國民政府國防部組織的「審判（日本）戰犯南京軍事法庭」查證：日軍在南京大屠殺中，大規模集體屠殺有 28 案，屠殺 19 萬多人；零星屠殺有 858 案，屠殺約 15 萬人。其中大規模集體屠殺的主要地區有：

1、城北長江沿岸：屠殺戰俘與難民 15 萬多人，其中：

（1）中山碼頭　　　　　　　　9000 餘人；
（2）魚雷營、寶塔橋一帶　　　30000 餘人；
（3）煤炭港　　　　　　　　　3000 餘人；
（4）草鞋峽　　　　　　　　　57400 餘人；
（5）燕子磯　　　　　　　　　50000 餘人。

2、城南雨花臺、花神廟、鳳台鄉一帶：屠殺難民 5000 餘人，戰俘 2000 餘人。

3、城西

（1）水西門外至上新河一帶屠殺中國軍民 28000 餘人；
（2）漢中門、漢西門一帶屠殺平民、員警 2000 餘人；

4、城東：中山門外至卯山、馬群鎮一帶：屠殺中國軍民約數萬人。

總計日軍屠殺中國戰俘與難民達 30 餘萬人。[38]

1948 年，「遠東國際軍事法庭」經調查後判決：

在日軍佔領後最初六個星期內，南京及其附近被屠殺的平民和俘虜，總數達二十萬人以上。這種估計並不誇張，這由掩埋隊及其他團體所埋屍體達十五萬五千人的事實就可以證明了。根據

---

[37] [德]拉貝著，本書翻譯組譯：《拉貝日記》，江蘇人民出版社 1997 年版，第 374～375 頁。

[38] 《國防部審判戰犯軍事法庭對戰犯谷壽夫的判決書及附件》，藏[南京]中國第二歷史檔案館，檔案號：593-870。

這些團體的報告說，屍體大多數是被反綁著兩手的。這個數字還
沒有將被日軍拋屍入江，或以其他方式處理的屍體計算在內。[39]

日本軍政當局在指揮日軍對南京實施恐怖威懾政策時，除了進行了
駭人聽聞、持續多日的血腥大屠殺外，還同時進行瘋狂的搶劫、姦淫、
焚燒等，以加強恐怖威懾的力度。

關於搶劫。

拉貝在 1937 年 12 月 14 日的日記中記載了他親眼所見日軍的瘋狂
的搶劫行動：

> 日本人每 10 人～20 人組成一個小分隊，他們在城市中穿行，
> 把商店洗劫一空。如果不是親眼目睹，我是無法相信的。他們砸
> 開店鋪的門窗，想拿什麼就拿什麼，估計可能是因為他們缺乏食
> 物。我親眼目睹了德國基斯林糕餅店被他們洗劫一空。黑姆佩爾
> 的飯店也被砸開了，中山路和太平路上的幾乎每一家店鋪都是如
> 此。一些日本士兵成箱成箱地拖走掠奪來的物品，還有一些士兵
> 徵用了人力車，用來將掠奪的物品運到安全的地方。……貝茨博
> 士報告說，甚至連安置在安全區內房子裏的難民們僅有的一點點
> 東西也被搶走了，就連僅剩的 1 元錢也逃不出闖入者的手心。[40]

德國僑民克勒格爾在 1938 年 1 月 13 日寫的一份報告《南京受難的
日日夜夜》中，揭露道：

> 從（1937 年）12 月 14 日起，局勢出現急劇惡化，日本的戰
> 鬥部隊因為進軍過快，出現補給不足，城市便聽任他們處置，他
> 們的所作所為，尤其是對最貧窮最無辜餓人的所作所為，完全超

---

[39] 張效林譯：《遠東國際軍事法庭判決書》，群眾出版社 1986 年版，第 486 頁；
譯文略有變動。

[40] ［德］拉貝著，本書翻譯組譯：《拉貝日記》，江蘇人民出版社 1997 年版，第
176～177 頁。

出了常人所能想像的地步。他們搶走難民（窮人中最窮的人）的大米，凡是能拿走的糧食儲備他們悉數掠走，他們還搶睡覺用的棉被、衣物以及手錶、手鐲，一句話，凡是他們覺得值得帶走的東西，就全部搶走。誰要是稍有猶豫，就會立即遭到刺刀戳刺，有不少人就是在不明不白之中在這種野蠻行徑之下慘遭殺害，成千上萬的人就這樣被殺害了。這些已經墮落成野獸的兵匪不斷地闖進難民區和擠滿難民的房子，甚至連先行搶劫的士兵不屑一顧的東西也不放過。今天的南京城，幾乎已找不到沒有被日本士兵砸開、野蠻搜查和搶劫的房子。上鎖的門和櫥櫃被強行砸開，裏面的東西被翻得七零八落，東西被搶走，或被弄壞。[41]

日軍在搶劫中國居民、機關、工廠、商店、學校的同時，甚至對居住在南京的外國僑民與各國駐南京外交機構的房屋財產也進行搶劫，可見其搶劫已達到瘋狂的程度。拉貝在 1938 年 1 月 8 日的日記中揭露日軍「對 60 棟德國人的房屋中的 40 棟進行搶劫並把兩棟房屋徹底燒毀」，「美國人甚至有 100 多所（約 120 所）房子被日本士兵搶掠或破壞。」[42]

對日軍在南京城的搶劫罪行，當時滯留南京的金陵大學美籍教授、社會學家史邁士在 1938 年 3 月開始專門組織調查，歷時約 3 個月，在 1938 年 6 月寫成《南京戰禍寫真》調查專著，其中寫道：「（日軍）『搶劫』大體上涉及到城裏百分之七十三的房屋」，其中，「在城裏，城北區被搶劫的房屋多達百分之九十六，城北東區是百分之八十五，只有一個區低於百分之六十五，那就是安全區，在這裏房屋遭到搶劫的佔百分之九。」南京房屋與房內財產總損失達 2 億 4 千 600 萬元；南京市民平均每一家損失 1262 元。[43]

---

[41] 轉引自[德]拉貝著，本書翻譯組譯：《拉貝日記》，江蘇人民出版社 1997 年版，第 466 頁。

[42] [德]拉貝著，本書翻譯組譯：《拉貝日記》，江蘇人民出版社 1997 年版，第 382～383 頁。

[43] [美]史邁士：《南京戰禍寫真》，中國第二歷史檔案館等合編：《侵華日軍南京

關於焚燒。

日軍在搶劫以後，往往就是焚燒，包括焚燒中國的軍政機關、商店、文化古跡與居民房屋。日軍對南京大規模縱火焚燒的原因，首先是為了破壞中國的經濟、毀滅中國的文化教育、破壞中國人民的正常生活、進一步加強對中國政府與中國人民的恐怖威懾；同時也是為了掩蓋他們瘋狂搶劫的後果與痕跡。

拉貝、魏特琳等西方僑民在日記裏多次記載了他們親見的日軍縱火焚燒南京的場景。

1937 年 12 月 19 日，拉貝在日記中寫道：「我們房子的南北兩面都發生了巨大的火災。由於水廠遭到了破壞，消防隊員又被日本士兵抓走了，所以我們愛莫能助。國府路整個街區好像都燒了起來，天空被火光映照得如同白晝。」[44]

1937 年 12 月 20 日，拉貝在日記中寫道：「在不遠的地方又有一大片房子燃燒起來，其中也有基督教青年會大樓。人們幾乎不得不相信，縱火是在日本軍事當局知道並且縱容下發生的。」[45]

1937 年 12 月 21 日，拉貝在日記中記載了日軍在南京城內多處縱火焚燒的罪跡，並分析了日軍縱火的原因：

> 毫無疑問，日本人正在縱火焚燒城市，可能僅僅是為了抹去他們洗劫掠奪的痕跡。昨天晚上，城市有 6 處火災。其中一處較大的火災發生在珠江路（是沿我南面院牆的廣州路的延續）。……夜裏 2 時 30 分，我被院牆倒塌聲和屋頂坍塌聲驚醒，大火已經蔓延到了主要街道中山路，這個時候危險是很大的，因為大火會蔓延到我的住處和中山路之間的最後一排房子。

大屠殺史料》，江蘇古籍出版社 1997 年版，第 287、292 頁。

[44] [德]拉貝著，本書翻譯組譯：《拉貝日記》，江蘇人民出版社 1997 年版，第 213 頁。

[45] [德]拉貝著，本書翻譯組譯：《拉貝日記》，江蘇人民出版社 1997 年版，第 228 頁。

拉貝在這天的日記中還指出日軍「先搶劫，然後縱火」的規律：

> 現在我們已經瞭解到這類火災的前兆跡象了：只要有大批卡車出現，那麼稍過一會兒，房子就會燃起熊熊大火，這就是說，先搶劫，然後縱火。[46]

就在 1937 年 12 月 21 日這天下午，拉貝與留在南京的全部西方人士，共 22 人，集體整隊前往日本駐南京的大使館，向日方遞交了一封信，向日方提出三項要求。其中重點講了日軍在南京的搶劫與縱火，指出：「搶劫和縱火已經使得城市的商業生活陷於停頓，全部平民百姓因此而擁擠在一個大難民收容所裏。」他們要求日方當局「制止在城市大部分地區縱火，以免尚未被毀壞的其餘城區繼續遭到肆無忌憚的有組織的破壞。」拉貝向日使館人員申明：「我們和中國人的觀點是一致的，即這座城市將會被全部燒光。」在拉貝 12 月 21 的日記中，收錄有這天「安全區國際委員會」的內部卷宗檔案《南京市區內縱火記錄》，記錄了日軍入城後的縱火暴行。[47]

但是西方人士的交涉與抗議的效果等於零。日軍的搶劫與焚燒在南京城內外繼續進行。

拉貝在 1937 年 12 月 22 日的日記中寫道：「有組織的縱火活動仍然在繼續進行。」[48]

魏特琳在 1937 年 12 月 22 日的日記中寫道：「大火仍然映照著南面與東面的天空，很明顯，所有的商店都被搶劫，然後放火焚燒。我不想看南京，因為我肯定它已是一片廢墟。」[49]

---

[46] [德]拉貝著，本書翻譯組譯：《拉貝日記》，江蘇人民出版社 1997 年版，第 235～236 頁。

[47] [德]拉貝著，本書翻譯組譯：《拉貝日記》，江蘇人民出版社 1997 年版，第 238～239、249～251 頁。

[48] [德]拉貝著，本書翻譯組譯：《拉貝日記》，江蘇人民出版社 1997 年版，第 252 頁。

[49] [美]魏特琳著，南京師範大學南京大屠殺研究中心譯：《魏特琳日記》，江蘇

拉貝在 1937 年 12 月 28 日的日記中寫道：「縱火事件不斷。」[50]

在 1938 年 1 月 9 日回到南京的德國駐華大使館留守南京辦事處政務秘書羅森，在 1 月 15 日給德國外交部的報告中說：「日本人的數周恐怖統治使得城裏的商業區，即太平路地區和所謂波茨坦廣場（按：指新街口廣場）以南的整個地區在肆無忌憚地掠奪之後變成一片瓦礫，只零星可見一些建築物的殘垣斷壁。日本軍隊放的大火在日軍佔領一個多月之後至今還在燃燒⋯⋯日軍在南京這方面的所作所為自己豎立了恥辱的紀念碑。」[51]

戰後「遠東國際軍事法庭」在判決書中說：

> 在日本兵搶劫了店鋪和倉庫以後，經常是放一把火燒掉它。最重要的商店街的太平路被火燒掉，並且市內的商業區一塊一塊的、一個接一個的被燒掉了。日本兵毫無一點理由的就把平民的住宅也燒掉。這類的放火在數天以後，就像按照預定的計畫似的繼續了六個禮拜之久。因此，全市的三分之一都被毀了。[52]

關於強姦與輪姦中國婦女的性暴行。

日軍在對南京軍民實施屠殺、搶劫與焚燒的同時，始終伴隨著對中國婦女的大規模的、持續多日、毫無掩飾與毫無節制的瘋狂強姦與輪姦。南京大屠殺同時也是一場南京大姦殺。

日軍的瘋狂姦淫活動，也是日本最高軍政當局在攻略南京中實施的恐怖威懾政策的重要組成部分。日本最高當局要讓中國人民認識到，日本軍事力量的強大與恐怖，不僅有戰爭、屠殺、搶劫與焚燒，還有對中

人民出版社 2000 年版，第 210 頁。

[50] [德]拉貝著，本書翻譯組譯：《拉貝日記》，江蘇人民出版社 1997 年版，第 296 頁。

[51] 中國第二歷史檔案館、南京市檔案館合編：《侵華日軍南京大屠殺檔案》，江蘇古籍出版社 1997 年版，第 624 頁。

[52] 張效林譯：《遠東國際軍事法庭判決書》，群眾出版社 1986 年版，第 485 頁。

國婦女的威脅。進佔南京的日軍提出的口號是：「征服中國女性！」「憑力量找女人！」因此，日本軍政當局對日軍在南京的瘋狂姦淫活動，不僅不認為是一種罪惡、是一種恥辱，不僅不加以禁止或節制，反而認為是一種戰勝者的榮耀與征服者應享有的戰果，是「增長士氣的一種必要手段」，進行公然的倡導與縱容。

　　《遠東國際軍事法庭判決書》認定：「在（日軍）佔領後的一個月中，在南京市內發生了 2 萬多起強姦的事件。」[53]

　　拉貝在 1937 年 12 月 17 日的日記中寫道：「有一個美國人這樣說道：『安全區變成了日本人的妓院』。這話幾乎可以說是符合事實的。昨天夜裏約有 1000 名姑娘和婦女遭強姦，僅在金陵女子文理學院一處就有 100 多名姑娘被強姦。此時聽到的消息全是強姦。如果兄弟或丈夫們出來干預，就被日本人槍殺。耳聞目睹的盡是日本兵痞的殘酷暴行和獸行。」拉貝在這天日記中還記載，就在這天，「在我院牆後面小巷子裏的一所房子裏，一名婦女遭到了強姦，接著又被刺刀刺中頸部。我好不容易弄到了一輛救護車，把她送進了鼓樓醫院。」[54]

日軍在強暴中國婦女後還強行拍照

　　1937 年 12 月 19 日，幾個日本士兵在五臺山學校的一個地下室內，企圖強姦一位已有 6 個多月身孕的中國年輕婦女李秀英，遭到拼死反

---

[53] 張效林譯：《遠東國際軍事法庭判決書》，群眾出版社 1986 年版，第 485 頁。

[54] [德]拉貝著，本書翻譯組譯：《拉貝日記》，江蘇人民出版社 1997 年版，第 197 頁。

抗。拉貝在 1937 年 12 月 22 日的日記所附〈日本士兵在南京安全區的暴行〉文件中，第 115 條，寫道：

> 12 月 19 日下午，一名日本士兵在美國學校（五臺山）試圖強姦一名懷有 6 個半月身孕的 19 歲的中國女子，當女子反抗時，日本士兵手執匕首或是刺刀向她襲擊。該女子胸部和臉部有 19 處刀傷，腿上也有數處刀傷，下身有一個很深的刀傷，胎兒的心跳已經聽不見。該女子目前被安置在大學醫院。（威爾遜大夫）。[55]

1938 年 1 月 2 日，日軍企圖強姦一名中國婦女——五個孩子的母親。在遭受到其丈夫劉培坤的阻攔後，這個日本兵惱羞成怒，於當日下午攜手搶來報復，不顧多人求情，悍然舉槍打死了這位中國劉姓男人。——這是日軍佔領南京三周後，在光天化日下幹的罪行。拉貝在 1 月 3 日的日記中詳細記載了這次事件經過。拉貝稱之為「一個有預謀的殘忍的謀殺事件」。[56]

直到 1938 年 2 月，日軍大屠殺的高潮已經過去，南京的社會秩序似乎也漸漸穩定下來，但日軍強姦與殺害中國婦女的惡性事件仍連連不斷。魏特琳在 1938 年 2 月 7 日的日記中記載了獸性大發的日軍官兵在尋找不到足夠數量的中國婦女時，就找中國男孩，作為「男妓」以發洩獸欲，「好像在西華門附近的一戶人家，日本兵找不到年輕姑娘，就找十來歲的男孩。」[57]2 月 11 日，拉貝在日記中記載了一件日軍強姦中國婦女遭到反抗竟縱火焚燒殺人的事件：「剛剛傳來一條消息：麻生將軍

---

[55] [德]拉貝著，本書翻譯組譯：《拉貝日記》，江蘇人民出版社 1997 年版，第 258 頁。

[56] [德]拉貝著，本書翻譯組譯：《拉貝日記》，江蘇人民出版社 1997 年版，第 324 頁。

[57] [美]魏特琳著，南京師範大學南京大屠殺研究中心譯：《魏特琳日記》，江蘇人民出版社 2000 年版，第 273 頁。

所稱的具有良好紀律的日本軍隊的一個士兵闖入民宅，屋內住有一位婦女和他兩個女兒。這個士兵想要強姦其女，遭到反抗，隨後他把這 3 位婦女鎖入屋內，縱火燒屋。一個女兒被燒成了焦炭，母親臉部嚴重灼傷……。」[58]

正因為燒、殺、淫、掠是日本最高軍政當局既定的恐怖威懾政策在南京的實施，因此，1937 年 12 月 18 日下午，日「華中方面軍」在南京明故宮機場舉行「慰靈祭」後，當松井石根迫於國際輿論壓力，訓誡其部下將領要約束官兵軍紀時，在場的日軍將領們竟「大家笑了起來，某師團長甚至說那是理所當然的。」[59]這位「某師團長」就是第 16 師團長中島今朝吾中將。如前所述，第 16 師團是日軍中一支最兇悍殘暴、殺害中國軍民最多的部隊，於 1937 年 11 月中旬從華北戰場調到華中，成為進攻南京的主力。著名的「百人斬」殺人競賽就發生在該師團。師團長中島今朝吾被稱之為「魔鬼」。他多次宣稱，日軍官兵強姦婦女「在戰爭中是不得已的」。他在 1938 年 1 月初對來自東京日陸軍省的人事局長阿南惟幾說：「中國人什麼的，有多少殺多少。」[60]就是這位「魔鬼」，在松井石根「訓話」後數天，在 1937 年 12 月 21 日，被松井石根任命為日軍南京地區警備司令官，第 16 師團成為南京警備部隊。第 16 師團的所謂「警備」，實際上就是更肆無忌憚地搜捕與屠殺中國軍民，就是更瘋狂地燒殺淫掠。在進軍南京途中舉行過「百人斬」殺人比賽的野田毅就得意地說：「入南京城之前一刻，已斬了一百零五人。其後在掃蕩戰中再亂七八糟地大來一陣，一共斬了二百五十三人。」[61]

---

[58] [德]拉貝著，本書翻譯組譯：《拉貝日記》，江蘇人民出版社 1997 年版，第 608 頁。按：麻生將軍即日軍在 1938 年 1 月中旬新任命的日軍南京警備司令官、第 11 師團第 10 旅團旅團長天谷真次郎少將。

[59] [日]洞富雄著，毛良鴻等譯：《南京大屠殺》，上海譯文出版社 1987 年版，第 232 頁。

[60] [日]洞富雄著，毛良鴻等譯：《南京大屠殺》，上海譯文出版社 1987 年版，第 231 頁。

[61] 報導：〈這次千人斬比賽，創造了斬殺二百五十三人的最高紀錄，劍俠野田

　　拉貝等西方僑民也從血的事實中認識到：「我們原先期望隨著最高指揮官的到達能恢復秩序，但是遺憾的是，我們的願望並沒有實現。正相反，今天的情況比昨天還要糟糕。」[62]

　　1938 年 1 月 23 日，日軍第 16 師團奉命將南京警備任務轉交給日軍第 11 師團第 10 旅團──天谷支隊。第 10 旅團長天谷真次郎少將接任南京警備司令官。天谷支隊進駐南京後，展開對中國民眾新一輪的殺燒淫掠的暴行狂潮。拉貝在 1938 年 2 月 2 日的日記中寫道：「我們有證據表明，最近報告的一系列強姦事件和其他事件是新部隊所為。」[63]

　　日軍在侵佔南京後所瘋狂進行的燒、殺、淫、掠等戰爭暴行，使南京變成了人間活地獄。拉貝寫道：「這是一個無休無止的歲月，無論人們怎麼想像都絲毫不會過分。」[64]

　　日軍侵佔南京後對中國軍民實施的戰爭暴行是史所罕見、舉世震驚。

第二節　日本隨軍記者目睹的南京大屠殺

　　日軍在南京實施大規模的、慘絕人寰的大屠殺時，實行了嚴密的新聞封鎖。

　　在 1937 年 12 月 13 日日軍佔領南京後，立即按照預定計劃，嚴密封鎖了全城，切斷了南京與外界的一切聯繫，包括人員進出、書信與電訊往來。這種情況一直持續到 1938 年 2 月日軍大屠殺基本收斂為止。

　　少尉的痛快手記〉，刊[日]《大阪每日新聞》1938 年 2 月 9 日；中譯文引自《文摘戰時旬刊》第十五號，1938 年 3 月 18 日出版。

[62] [德]拉貝著，本書翻譯組譯：《拉貝日記》，江蘇人民出版社 1997 年版，第 200 頁。

[63] [德]拉貝著，本書翻譯組譯：《拉貝日記》，江蘇人民出版社 1997 年版，第 549 頁。

[64] [德]拉貝著，本書翻譯組譯：《拉貝日記》，江蘇人民出版社 1997 年版，第 267 頁。

在日軍佔領後的南京城裏，開始幾天還有滯留南京的五位西方記者。而當這五位西方記者先後在 1937 年 12 月 15、16 日先後離開南京後，南京城裏，除了日本隨軍採訪的新聞記者、攝影師、作家、詩人、畫家、評論家外，就沒有一個中、外新聞傳媒界人士了。因此，在日軍南京大屠殺的四十多天期間，日本隨軍採訪的新聞記者、攝影師、作家、詩人、畫家、評論家等，就成為世界新聞傳媒界關於南京現狀的唯一的目擊者。

隨軍採訪的大批日本新聞記者、攝影師、作家、詩人、畫家、評論家等都親眼目睹了十數萬日軍野獸般地衝進南京後，對已放下武器的中國戰俘與手無寸鐵的南京市民實施數十天血腥的大屠殺的駭人聽聞的的暴行。但在當時，由於日本當局的政治高壓與嚴密封鎖政策，更由於絕大多數日本隨軍記者、作家的立場、感情與認識的限制，他們沒有也不可能將他們看到的日軍大屠殺暴行如實地加以記錄與報導。直到戰後，由於種種原因，大多數當日的日本隨軍記者、作家仍然對他們親見的南京大屠殺暴行閉口不言；只有少數日本隨軍記者將他們當年親見親聞的南京大屠殺的真實歷史向世界公佈。僅從這少數幾位日本記者的回憶記述中，也可以看到日軍南京大屠殺的駭人聽聞的暴虐與血腥。

日本《東京日日新聞》記者鈴木二郎於 1937 年 12 月 13 日，即在南京淪陷那天，最早隨日軍進了城。當時，剛攻入南京城的日軍首先對在中山門、光華門、通濟門、雨花門、水西門一線內廓與城垣陣地上作戰負傷、未及撤退而被俘的的中國軍隊負傷官兵進行了集體屠殺。鈴木二郎親眼目睹了日軍在南京城東的中山門殘酷地屠殺中國被俘官兵的恐怖情景：

> 在那裏，我第一次遇上毫無人性的大屠殺。在 25 米高的城牆上站著排成一列的俘虜。他們一個接著一個被刺刀捅落到城外。許多日本兵提起刺刀，吶喊一聲往城牆上的俘虜的胸膛和腰

間刺去，鮮血濺向空中。這情景陰森可怕。看著這慘景，我久久茫然呆立在那裏。[65]

鈴木二郎還看到了中國被俘官兵在被日軍殘酷地屠殺前所表現的無畏的態度與表情：

> 可是，就在這一殘酷屠殺的情景中，出現了不可理解的現象，使我無法忘懷。那就是被刺後跌落下去的俘虜們的態度，他們的表情。
>
> 在死神面前，有的露出滿意的微笑，有的時而哈哈大笑，期待著「死亡的到來」。[66]

從 1937 年 12 月 13 日晨開始，日軍以坦克車開路，從南京東部、南部、西南部的各城門攻入城內，迅速地沿著城內各條大、小街道，向城北追擊；在這過程中，他們對最後撤退的中國掩護部隊的官兵與大量的、驚慌失措地從家裏逃出來的普通百姓不分青紅皂白地加以掃射屠殺。日軍的瘋狂追殺使得南京的主要街道——從南到北橫貫南京城的中山路與中央路等，成了「血路」。《東京日日新聞》記者鈴木二郎親眼看到從光華門到中山東路朝北的馬路上所發生的悲慘情景，他描述如下：

> 通向光華門的馬路兩側都是長長的壕溝，裏面填滿了燒得焦爛不堪的屍體，鋪在馬路上的許多木頭下面，也有屍體，手腳飛出在外，活像一幅今世的地獄圖。

---

65 [日]鈴木二郎：〈我目睹了那次「南京的悲劇」〉，刊[日]《丸》1971 年 11 月特大號《日中戰爭全貌》；中譯文引自[日]小俁行男著，周曉盟譯：《日本隨軍記者見聞錄》，世界知識出版社 1985 年版，第 56～57 頁。

66 [日]鈴木二郎：〈我目睹了那次「南京的悲劇」〉，刊[日]《丸》1971 年 11 月特大號《日中戰爭全貌》；中譯文引自[日]洞富雄著，毛良鴻、朱阿根譯：《南京大屠殺》，上海譯文出版社 1987 年版，第 63～64 頁。

> 我看到坦克發出履帶的轉動聲，無情地壓在上面飛馳而過。屍體的臭氣和硝煙彌漫的臭氣一起散發出來，猶如置身於焦熱的地獄、血池的地獄，以至於有了一種錯覺，好像已經站到「獄卒」的立場上了。[67]

12 月 13 日，隨軍進入南京的日本《東洋經濟新報》社記者岡田酉次親眼看到的日軍抓捕殺害中國戰俘與平民的情景：

> 隨著隊伍的前進，映入眼簾的除了道路兩邊的累累死屍之外，就是那些戰敗的中國士兵。有些人剛從城牆上逃出，卻又馬上被抓繳械，和戰俘一起遣送回來。在一個小廣場上還看到了一隊像念珠一樣，一個挨一個地排著的戰敗兵。他們神情漠然，中間居然還夾雜著一些女人。面對死亡，人的心理是很特別的，是一種淒慘、悲壯的亢奮。而這種狀況可能反更觸發了那場與日本武士道精神相悖的、震驚世界的南京大屠殺。[68]

在日軍佔領南京的第二天，1937 年 12 月 14 日，日本陸軍特約攝影記者河野公輝也進入南京。他說：

> 我是晚一天進入南京的。我穿著中國衣服，攜帶了 2 支毛瑟槍，一到城內就被憲兵扣留了，幸虧有坐飛機先到的新聞記者和從軍作家證明了我的身份，才讓我通過。
>
> 在長江漂流著 50 到 100 人抱成團的屍體。南京城外的池塘變成鮮紅的血海，真是好看！如果用彩色膠捲照下來，可真是了

---

[67] [日]鈴木二郎：〈我目睹了那次「南京的悲劇」〉，刊[日]《丸》1971 年 11 月特大號《日中戰爭全貌》；中譯文引自[日]洞富雄著，毛良鴻、朱阿根譯：《南京大屠殺》，上海譯文出版社 1987 年版，第 30 頁。

[68] [日]岡田酉次：《日中戰爭側記》，前引《南京大屠殺史料集》（10），江蘇人民出版社 2005 年版，第 425 頁。

不起。死屍到處堆積如山，其中很多是睜著眼睛還沒有死的，日本兵正用刺刀挨著個捅。下關尤其厲害，簡直成了一片血海。

我沒有親眼看到屠殺老百姓。可是我看見過屠殺俘虜的現場，還用我的萊卡相機拍下了照片。那裏面可能也有很多老百姓吧。[69]

也在 1937 年 12 月 14 日，《東京日日新聞》社攝影師佐藤振壽親眼目睹了日軍第 9 師團部隊在南京中山東路原中國守軍第 88 師司令部所在地——勵志社有組織地大規模地屠殺中國戰俘的場景：

這時，有一個聯絡員跑來告訴我，勵志社那邊好像出事了。

雖不知出了什麼事，但還是帶上照相機前往，以便弄清真相。

到了目的地，那兒有一扇大門，兩側都有步哨，我先照了一張全景。

進門一看，裏面一座兵營式的房子，房子前面是廣場。廣場上坐著一百來人。他們被反綁著手，像是被俘虜來的傷病員。他們面前已掘好了兩個 5 平方米大小、深約 3 米的大坑。

右邊坑前的日本兵舉著中國軍的步槍，讓中國兵跪在坑邊，槍口抵住後腦，扣動扳機。槍聲響起的同時，中國兵如表演雜技一般，一傾身，向著坑底翻落下去，成為一具屍體。左邊坑前的日本兵光著上身，舉起上刺刀的槍，叫著「下一個」，將坐著的俘虜拖起來，命令他們走到坑前，然後「呀」地大喝一聲，猛地將刺刀紮進中國兵的背部，中國兵即刻跌落坑中。偶爾有個中國人在向坑邊走的時候會突然轉身全力奔跑，試圖逃走。察覺不妙的日本兵便迅速將其擊斃。開槍的地方距我不足一米，子彈就擦著我的耳邊飛過去。那一瞬間實在是危險至極。

---

[69] 中譯文引自[日]森山康平著，天津市政協編譯委員會譯：《南京大屠殺與三光政策》，四川教育出版社 1984 年版，第 148 頁。

實行槍殺與刺殺的日本兵們臉部都扭曲著，難以想像他們是正常人。他們似乎極為亢奮，已進入了一種瘋狂的境界。

在戰場上殺敵，是在一種被迫的條件下進行的──不去殺人，就會被人殺，但在殺害手無寸鐵、毫無抵抗力的人時，如果不拼命將自己的精神提升到近乎瘋狂的狀態，恐怕是難以下手的。……

似乎親見過此類事件的不只我一人。[70]

《東京日日新聞》特派記者鈴木二郎在南京中山東路勵志社也看到了日軍有組織地屠殺中國戰俘的場景：

在歸途中再一次鑽進勵志社的門去看看。剛才還是個不引人注意的地方，現在院內的大樹下用鐵絲綁著十幾個敗兵。個個臉色慘白，破衣露肉，有的坐著，有的站著，都用呆滯的目光盯著我。

這時，哼哼走進來幾個日本兵，有兩三個拿著軟雲梯，看樣子是工兵。他們毫不理會我站在旁邊。他們中的一個站在大樹下，吼道：「這些傢伙經常襲擊我們！」突然舉起尖鎬對準一個俘虜的頭砸了下去。那是一個毫無抵抗能力的俘虜。

閃光的鎬尖哼嚓一聲扎進頭顱，鮮血咕嘟一下冒出來。這都是在瞬間發生的事。看著這慘景的俘虜們拼命掙扎，可是無濟於事，在別的士兵的暴力下，不能動彈。

這些俘虜中，有些穿著軍裝，但也有百姓模樣的。看到這種殺戮，我一刻也不想停留，轉身逃走了。[71]

---

[70] [日]佐藤振壽：《步行隨軍》，前引《南京大屠殺史料集》（10），江蘇人民出版社 2005 年版，第 470～471 頁。

[71] [日]鈴木二郎：〈我目睹了那次「南京的悲劇」〉，刊[日]《丸》1971 年 11 月特大號《日中戰爭全貌》；前引《南京大屠殺史料集》（10），江蘇人民出版社 2005 年版，第 521 頁。

《東京朝日新聞》隨軍記者足立和雄在 1937 年 12 月 14 日在南京城內的另一個地方見到日軍成批槍殺中國戰俘。他說：

> 攻進南京的第二天，我想應該是 14 日吧，我見到日本兵槍斃了幾十名中國兵。中國兵是並排站在壕溝前被槍決的。地點不大清楚，但不是難民區內。[72]

足立和雄還在南京大方巷《東京朝日新聞》社南京分社旁的一片空地上，親眼看到了日軍藉口搜捕中國「便衣兵」、濫殺南京難民的場景。他回憶說：

> 昭和 12 年 12 月，日軍的大部隊從四面八方殺進南京城。跟隨部隊一起，許多隨軍記者聚集到了南京。其中包括守山（義雄）君和我。
>
> 在《朝日新聞》南京分社的旁邊，有個火災後形成的廣場。在那裏，在日本兵的監視下，中國人排起長隊。留在南京的中國男子，幾乎都被稱作「便衣隊」而遭逮捕。我們的夥伴證明，其中的一個人，在事變之前就與朝日分社有過來往，因而救了他一命。從那以後，到朝日分社乞求救命的婦女和兒童接踵而來。但憑我們的力量，實在是愛莫能助。「便衣隊」在妻兒老小的哭泣聲中，眼睜睜地一個接一個地被槍殺了。
>
> 「真可憐啊！」我對守山君說。
>
> 守山君的臉上也呈現出痛苦的表情。[73]

與足立和雄一道在南京採訪的日本《東京朝日新聞》隨軍記者守山義雄親眼看到了日軍對中國戰俘集體屠殺的場景。他後來調任《朝日新

---

[72] [日]阿羅建一：《南京事件見聞》；前引《南京大屠殺史料集》（10），第471 頁。

[73] [日]足立和雄：《南京大屠殺》；中譯文引自[日]本多勝一著，劉春明、包容、吳德利等譯校：《南京大屠殺始末採訪錄》，第 284～285 頁。

聞》社柏林分社社長。在二戰期間，他向正在柏林研究德國哲學的日本留學生篠原正瑛作了如下敘述：

> 日本軍佔領南京後，曾一次把三萬數千名中國人——其中大部分是老人、婦女和兒童——趕入市區的城牆內，然後從城牆上往下扔手榴彈和用機槍猛烈掃射，將他們全部槍殺。當時在南京城牆內，的確屍山高築，長靴幾乎浸沒在血海之中。據悉，對此慘無人道的行為，甚至還必須以「皇軍」、「聖戰」之類的謊言來進行報導。[74]

不僅是足立和雄與守山義雄，《東京朝日新聞》的隨軍記者今井正剛與中村正吾也在南京難民區大方巷原《朝日新聞》南京分社所在地，目睹了日軍野蠻搜捕與大規模槍殺中國平民的恐怖情景。今井正剛在戰前曾在《朝日新聞》南京分社工作過，他隨日軍入城後，重新來到大方巷。今井正剛首先看到日軍野蠻搜捕「中國便衣兵」的情景：

> 我邊說邊往前走，當走到戰前的《朝日新聞》南京分社所在地的大方巷一帶時，我們被眼前的情景驚呆了。
>
> 在主幹道上沒有見到一個人影，而這裏都是中國人。雖然只是些老人和孩子，無論是哪一家的視窗上都透出一雙雙充滿恐懼和不安的眼睛。這一帶大概是難民的集中區吧。已經有好多天沒見到平民百姓了，社會部的記者漸漸來了興趣。……
>
> 就在此時，晃著刺刀的一幫士兵吵吵嚷嚷地進了門。「記者先生，他們是當兵的？」
>
> 「好像不是。是下人什麼的吧。」
>
> 「那怎麼會知道？喂！脫掉帽子讓我們看看。」

---

[74] [日]篠原正瑛：〈西方有納粹主義，東方有軍國主義〉，刊[日]《日中文化交流》1971 年 8 月號（總 157 號）；中譯文引自[日]洞富雄著，毛良鴻等譯：《南京大屠殺》，上海譯文出版社 1987 年版，第 61 頁；譯文略有改動。

突然，一個士兵奪過那個男子的毛線帽。也就是說，如果額頭是白的，就可以斷定是當兵的。

「呵，不白，行啊，過來。」

士兵猛地勾住了男子的肩膀。

「他不是當兵的啊！」

「便衣隊躲在城裏，所以男人都要帶走。」

手持上了刺刀的槍的士兵們押著男子吵吵嚷嚷地離開了。

接著，今井正剛在大方巷原《朝日新聞》南京分社旁的空地上，目睹了日軍大規模槍殺中國平民的恐怖情景：

> 進入從前的分社，看到這裏也擠滿了難民……
>
> 上了二樓，倒在沙發上，迷迷糊糊的一股睡意襲來。……
>
> 「先生，不得了了，請救救人吧。」
>
> 我們被臉色陡變的女傭推醒了。一問，原來是這麼回事：
>
> 就在近在咫尺的一片空地上，日本兵抓來很多中國人正在槍殺。其中，有附近服裝店的楊老闆和他的兒子，女傭說如果不快點去，那兩個人就會沒命了。他們倆都不是軍人，所以請你趕緊去救救他們。楊老闆的妻子就跟在女傭的後面，麻臉上淚流滿面，不斷抽泣著。我和中村正吾記者趕緊跑過去。
>
> 在分社附近的一座土丘前，多達四五百人的中國男子蹲在那裏，把那塊空地都蹲滿了。空地一角，有堵坍塌了的黑磚牆。每次讓六個中國人走到那裏，面壁而立，在他們身後二三十步遠的地方，日本兵一齊用步槍射擊，然後猛撲過去，用刺刀對準倒地的人的脊背猛刺。臨死前痛苦的慘叫聲，在灑滿夕陽的土丘上空回蕩。緊跟著又是六個人。
>
> 蹲在空地上的四五百人，用發呆的眼神看著一個接一個地被槍殺、被刀捅的情景。他們那呆滯的表情、虛無的感覺，到底意味著什麼呢？

在他們的周圍，許多婦女和兒童正在眼睜睜地看著自己的父親、丈夫、兄弟和孩子被槍殺的情形。如果仔細端詳她們的表情，無疑都充滿著恐怖和憎恨。她們也在悲鳴和號哭吧？可是我卻聽不到。充斥耳鼓的是「叭──叭──」的槍聲和「啊──啊──」的慘叫；眼前只見西下的夕陽的餘輝將那堵黑色的磚牆映染得通紅通紅。

我氣喘吁吁地對站在我身旁的軍曹說：「這裏頭有普通市民，請你饒了他們吧。」

我盯著板著面孔的軍曹，說：「有服裝店的老闆和他的兒子。我們可以證明他們的身份。」

「你知道是哪個傢伙嗎？」

「知道。他的太太就在這裏。一叫就出來了。」

不等軍曹答話，我們就將楊老闆的太太往前推。她於是大聲喊起來。

從人群裏跑出滿臉皺紋的楊老闆和一個二十來歲的青年。

「就是這兩個人，他們絕對不是當兵的，是給我們做過衣服的裁縫。好啦，你們快點回家去吧。」

廣場上的人們忽地一聲站起來了。只要求這位先生就能保住性命，也許是這種想法使他們從呆滯和虛無中解脫出來。人們一下子圍攏過來，拉住我們外套的袖口。

「還繼續下去嗎？看看那裏，女人一個勁地在哭啊。儘管要殺他們也是沒有辦法的事，但不會找個女人和孩子看不到的地方嗎？」我們激動地一口氣說完上面的話。晚霞已經從空中消失。軍曹板著面孔，一聲不吭。我和中村君轉身離開了空地。槍聲從背後傳來。

我離開了大屠殺的現場。儘管我救了兩個男人的性命，但我的腦海中，沒有湧現出任何的感慨。這也只不過是在我眼前出現

的戰場上軍人行為的一個鏡頭而已。就連我自己都陷入了異常的心理之中。[75]

今井正剛的夥伴、《東京朝日新聞》記者中村正吾在 1937 年 12 月 15 日對美國《紐約時報》記者德丁（Frank Tillman Durdin）說：「真讓人恐怖！」[76]

日本「東寶映畫株式會社」第二製作部（文化電影部）的攝影師白井茂與錄音師藤井慎一、計畫人員米澤秋吉一道，帶著一部電子管攝影機，一部轉頭型攝影機，一部 35 毫米攜帶型攝影機，以及大量膠片，經上海，於 12 月 14 日到達南京，拍攝日軍佔領南京的新聞，歷時約二十餘天。他們親眼看到了日軍大批殺害中國戰俘與平民的慘況。攝影師白井茂回憶道：

> 在通往揚子江邊的中山路上，中國人沿著左側高高的柵欄站成了長長的一排隊伍。我們從旁邊經過，不知道發生了什麼事情。他們想要抓住路過的我，把手中皺巴巴的煙袋和零錢遞到我面前，並且帶著悲傷的神情哀求著我。旁邊的男人和前面的男人都拿著錢和煙等哀求我，就這樣順著隊伍一直延續下去。到底發生了什麼事啊？原來這些都是馬上要被槍斃的人，所以才哀求我放他們一條生路。雖然知道了這些，但我也沒有辦法，一個人也沒有救下來。
>
> 在柵欄內空曠的平地上挖了一條像戰壕一樣的溝，槍斃就在那裏進行。一個（中國）士兵的臉被鮮血染紅了，正舉著雙手在叫著什麼，無論怎麼射擊他都舉著雙手叫個不停，也沒有倒下。

---

[75] [日]今井正剛：〈南京城內的大屠殺〉，刊[日本]《文藝春秋》1956 年 12 月號《特輯：我在現場——目擊者的證言》；中譯文引自[日]本多勝一著，劉春明、包容、吳德利等譯校：《南京大屠殺始末採訪錄》，第 280～283 頁；譯文參閱前引《南京大屠殺史料集》（10），第 531～533 頁，略有改動。

[76] [日]秦郁彥：《南京事件》，中譯文轉引自程兆奇：《南京大屠殺研究》，第 43 頁。

我仿佛看到了執著信念的可怕。財物、工具什麼的全都堆在了道路的中央。另外，在城內的一角，士兵們還在進行戰鬥，我們既能聽到聲音，也感覺到了氣氛。我們接受到司令部的命令，去佔領南京銀行的三樓陣地。大家手握手槍出了門，朝著目標分開摸索前進，不知道什麼時候會被擊中。我們看到包括槍殺在內的很多場面。從第二天開始了少量的拍攝。……

剛才所說的延綿排列的人群，只有一個士兵看守，我想他們應該很容易逃跑。我這樣想，在街道的中央架著一挺機關槍，朝向河邊，這邊只有一個士兵，而面前則是上百的人群，在這種情況下，如果有一兩個人犧牲的話，大家都可以逃出去。而大家沒有逃走，是因為在機關槍面前感到害怕吧。雖然經常聽說有這樣的事，但事實上所看到的是他們被槍殺。因為是向一大群人射擊，所以有的人中彈後可能並沒有死。海軍在這種情況下採取的聰明辦法是在江上放置一個水上射擊用的板子，然後把人一個一個地踹到水裏，等到人從水裏浮上來後就一槍打死，被打死的支那人屍體就會順著江水漂走。

戰爭真是殘酷啊，就像槍彈擊中了自己的心臟一樣。那張滿是鮮血的臉和那種執著的信念，一直印刻在我的心中，無法忘懷，心情十分難受。我在揚子江邊也看到了槍殺，在其他地方也看到了許多像是被槍殺的人。太殘酷了，使我無法再寫下去。這就是我所看到的傳遍世界的南京大屠殺事件的一部分。戰爭的發生是命中註定的嗎？難道就不能沒有戰爭，讓世界和平共處嗎？我不由得陷入深深的沉思。[77]

與白井茂一道的電影錄音技師藤井慎一講述了他看到的大屠殺的慘景：

---

[77] [日]白井茂：《攝影机与人生——白井茂回忆录》，ユニ通信社（東京）1983年 5 月 25 日版；前引《南京大屠殺史料集》（33），江蘇人民出版社 2007 年版，第 423～424 頁。

把江門附近有大量的屍體，在屍體上架著木板，上面可以通
汽車。空襲的痕跡清晰可見，小河近旁的門裏，看到了被擊斃的
似俘虜者。當時和白井氏在一起。若干的屍體被澆上了汽油，點
了火。其中有活著的士兵，「快射吧」，指著胸口，呼喊著「蔣介
石萬歲」，還記得當時十分吃驚。此外，在銀行後面也看到了百
人以上的被殺者。記得好像是胸部被刺刀刺的。屠殺的傳說也聽
到過，但看到只是這些。[78]

　　從 1937 年 12 月 15 日下午開始，日軍將大屠殺推向了高潮。這是
因為日本大本營與日「華中方面軍」策劃在攻佔南京後僅四天，即 12
月 17 日，要舉行一場規模盛大的「入城式」。結果，為了準備這「入城
式」，為了保證參加檢閱的日「華中方面軍」司令官松井石根大將與「上
海派遣軍」司令官、皇族朝香宮親王中將的絕對安全，各部日軍更加瘋
狂地、大規模地屠殺中國軍民。其中，最慘絕人寰的是在南京長江邊對
數以萬計的中國戰俘與普通民眾進行集體大屠殺。當時正在南京採訪的
日本《東京朝日新聞》的隨軍記者今井正剛就此寫道：

　　雖說這不是南京大屠殺的直接原因，但促進南京大屠殺的一
個最大的理由就是日本軍的南京入城式。因為當舉行皇軍堂堂進
入南京的盛大儀式之際，決不允許敵人的一兵一卒殘存於南京，
當時華中方面軍司令部的意向，就是要徹底掃蕩殘敵。所以這
種大掃蕩的目標就是殺得一個不留，直至發展成為瘋狂殘暴的
行為。[79]

---

[78] 中譯文引自程兆奇：《南京大屠殺研究》，上海辭書出版社 2002 年版，第 279
　　～280 頁。
[79] [日]今井正剛：《南京城內的大屠殺》，刊《文藝春秋》1956 年 12 月號《特
　　輯：我在現場——目擊者的證言》；天津編譯中心編：《日本軍國主義侵華人
　　物》，中國文史出版社 1994 年版，第 539 頁；譯文參閱前引《南京大屠殺史
　　料集》（10），第 528 頁，略有改動。

　　另外，記述日軍第 6 師團所屬第 47 聯隊戰史的《鄉土部隊奮戰史》一書的的作者松平鷹史也指出，日軍當局認為，在 12 月 17 日舉行南京入城式之前，「萬一民眾之間混進了便衣的敗殘兵，在入城式那天出現傷亡事件，很有可能成為世界的笑柄，因此下達了無論如何不能留下一個敗殘兵的嚴格命令，進行了異常激烈的搜捕敗殘兵活動。」[80]

　　從 15 日晚上開始，日軍在長江岸邊對俘虜進行集體大屠殺。在這一晚上，有幾千名中國人排成不見其尾的長長的隊伍，路過《東京朝日新聞》設在大方巷的分社前面的馬路，被押赴屠殺場所。該報社隨軍記者今井正剛等尾隨著隊伍來到下關，目睹了在那裏所發生的大慘劇。今井將他看到的淒慘情景敘述如下：

　　　　沒有電燈的黑暗的夜晚，來到了陷落的首都。在找來的油燈的燈影下，我們低聲議論著黃昏時發生的那件事。

　　　　突然，從窗外寬寬的柏油路上，傳來嘈雜的腳步聲。那聲音一直持續著，是幾百人、幾千人走路的聲音，其間還不時地夾雜著「呀、呀」的軍靴聲。

　　　　披上外套，走到霜凍的街頭，看見好長好長一眼望不到頭的中國人的佇列，不知是從哪兒抓來的？我一眼便知道是要到什麼地方去屠殺。

　　　　「去哪裡？」

　　　　「下關，揚子江的碼頭。」

　　　　「我們去看看。」

　　　　我們立即返回住地，往外套裏添了件長袖對襟毛衣後，便追了上去。

　　　　……

---

[80]　《鄉土部隊奮鬥史》，天津編譯中心編：《日本軍國主義侵華人物》，中國文史出版社 1994 年版，第 539 頁。

這時突然響起了機關槍的齊射聲，腳下都感到有些顫動。接著傳來「哇——」的哭喊聲，又從反方向響起機關槍的掃射聲。

「……」

「真動手了。」

「動手？啊，是殺支那人嗎？」

「嗯。我想是的。因為那是些殘兵敗卒，就該收拾乾淨。」

「去看看。」

「不行。記者先生。太危險了，子彈不長眼啊。」

就像放焰火一樣，建築物的影子在明暗變幻著。不時傳來「乒——乒——」的聲音，那是子彈被鐵皮彈回去的聲音。

不知道有幾萬人。恐怕其中只有百分之幾的人是當兵的，其餘都是南京市民吧，他們是從少年到老年的男子。

從市內各處集中起來帶到江邊的這些老少男人，僅用步槍是來不及將他們都殺盡的，於是從東西兩側用機槍的交叉火力射殺。……

「剛才在分社旁邊時有一輛車從我們邊上通過吧。」中村君說。

「上面坐著洋鬼子。」

「我想那是中國紅十字會的吧。這件事馬上就會傳到日內瓦吧。」

「……」

我們走到江岸邊，混濁的揚子江水猶如一條黑色的帶子，仍在筋疲力盡地流著。乳白色的晨霧，就像爬在水面上一樣，籠罩著大江。黎明就要來了。

一眼望去，整個碼頭上到處都是屍體，一片黑黝黝的，堆積如山。約有五十個乃至一百個人影在屍體中間來回走動，他們在拖屍體，把屍體丟入江中。尚未斷氣的人在呻吟著，鮮血在滴瀝，手腳抽搐著，像默劇那樣，一片寂靜。可以隱約地看見對岸了。

碼頭上到處都是血水，道路化為泥濘。血水在月光下映出一片微弱的光亮。

過不多久，「苦力們」完成了工作，被迫朝著江岸站成一行。「噠！噠！噠……」一陣機槍聲。只見他們仰面朝天，翻身撲地，騰空躍起，都一起跌入江中，就此了結。

從緩緩向下游駛去的汽船上射出的機槍子彈穿過水面，濺起幾條水波，隨即消失。

「約有兩萬人。」

一個軍官說。他們絕大部分是在從左右兩面齊射過來的彈雨中，東倒西歪地落入寒夜中的揚子江的。機槍的彈雨一直灑到揚子江面。也許有個別人抓住什麼東西爬上岸來，死裏逃生，但這也是徹底的殲滅掃蕩。

南京入城式就是在這種大掃蕩的舞臺上舉行的。[81]

在 1937 年 12 月 16 日上午，日本同盟社隨軍記者前田雄二在南京軍官學校裏看到了日軍對中國戰俘「行刑」屠殺的場景。他寫道：

在軍官學校見到了「行刑」的現場。日本兵把收容在校舍一角的俘虜一個個地拉到校園的操場上，下士官命令他們朝前面防空壕的方向跑去。早已列隊等待在那裏的士兵用槍上的刺刀從背後向他們猛刺，於是俘虜慘叫著掉進壕裏，士兵又從上面捅刺，直至把人殺死。這種處死的方式是在三個場所同時進行的。

被拉出、押著的俘虜中，雖然有抗拒、抵抗、喊叫的人，但多數像是已經絕望了，順從地朝向死亡之壕跑去。我詢問旁

81　[日]今井正剛：〈南京城內的大屠殺〉，刊《文藝春秋》1956 年 12 月號《特輯：我在現場——目擊者的證言》；[日]本多勝一著，劉春明、包容、吳德利等譯校：《南京大屠殺始末採訪錄》，[太原]北嶽文藝出版社 2001 年版，第 285～288 頁；譯文參閱前引《南京大屠殺史料集》（10），第 533～535 頁，略有改動。

邊的軍官，他說這是「新兵教育」。戰壕中堆積著滿是鮮血的
屍體。

　　接下來，我便一個個地凝視將要被處死的俘虜的臉。他們同
樣都蒼白的臉上卻沒有表情。這些男人們也有父母，也有兄弟姐
妹吧，但現在卻不是被當作人類，而是被當作物品來處理。

　　在旁邊輪換進行刺殺的士兵的臉色，也已變得蒼白。刺殺吶
喊聲與被刺者的臨死慘叫聲交織在一起，這種情景淒慘之極。

　　我勉強地看到第十個人時，覺得心裏只想嘔吐，於是像逃跑
似地出了校園的操場。[82]

　　前田雄二回到同盟社野戰支局後，就與同事乘車外出。他們在挹江
門看到了被屠殺的中國軍民的「屍體之門」：

　　回到支局時，荒木和稻津正要坐車出去，於是，我和他們同
乘一輛車，往通向下關的出口挹江門駛去。到那邊一看，城門就
像堵住了一樣，被中國士兵的屍體塞得滿滿的。

　　「怎麼回事啊，這是？」駕駛員首先發出了詫異的聲音。城
門的內側，屍體就像沙袋一樣堆積著，車輛必須在只空出一股車
道寬的門洞裏慢慢地穿過去，裏面散發著屍體的臭味。

　　到底為什麼會變成這個樣子？是什麼時候的事情？雖想這
樣問，卻沒有人知道。問了下關的部隊也得不到答案。回去的時
候，我們不得不又從散發著惡臭的城門穿了過去。

　　吃午飯時，我和同事說了我的見聞：「今天看到的儘是些令
人討厭的事情。」但是，事情還遠遠沒有結束。[83]

---

[82] ［日］前田雄二：〈在戰爭的浪潮中──從華中到法屬印度支那〉；中譯文引自
　　天津編譯中心編：《日本軍國主義侵華人物》，中國文史出版社 1994 年版，
　　第 534 頁；參閱前引《南京大屠殺史料集》（33），江蘇人民出版社 2007 年
　　版，第 449～450 頁。
[83] ［日］前田雄二：《在戰爭的激流中》，東京善本社 1982 年 8 月 1 日版；前引《南

在 12 月 16 日下午，前田雄二又在交通銀行水池邊看到了日軍對中國戰俘「行刑」屠殺的場景。他寫道：

> 下午，從支局（按：指日本同盟通訊社南京野戰支局）出來後聽到了槍聲。我便帶著聯絡員中村太郎去尋找槍聲的來源，發現就在交通銀行裏面的水池畔。原來這裏也在「行刑」。死刑執行人是拿著步槍和手槍的士兵，他們叫俘虜站在池邊，從背後射擊。由於衝擊力而掉進池裏，如果俘虜還沒有死，就從上面再補一槍。……
>
> 「記者先生，不想試試嗎？」指揮士兵行刑的下士官把步槍遞給我。我驚恐地縮回了手。下士官於是問中村太郎「你怎麼樣？」說著把槍給他。中村笑嘻嘻地接過了槍，用槍口抵近俘虜後背扣動扳機，隨著呼地一聲，俘虜的背部前傾「嘭」然掉進池中濺起水花，就這樣斃命了。[84]

報社聯絡員中村太郎也成了大屠殺的劊子手，他的手上沾滿了中國死難者的鮮血。

到了 12 月 17 日晚上，前田雄二聽到同事深澤幹藏講在長江邊看到了日軍對中國戰俘大規模「行刑」屠殺的場景，第二天他親自驅車前往下關江邊，果然，他看到了深澤幹藏所講的恐怖情景。他寫道：

> 這一夜（按：指日軍舉行入城式的十七日那天晚上），我們在野戰分局再次舉行慶祝宴會。席間，深澤幹藏報告了一個驚人的消息。深澤曾在傍晚獨自一人去下關看看，得知就在下關長江下游有許多屍體，堆積如山。他走去一看，那堆積如山的屍體綿

京大屠殺史料集》（33），江蘇人民出版社 2007 年版，第 450 頁。

[84] [日]前田雄二：〈在戰爭的浪潮中——從華中到法屬印度支那〉；中譯文引自天津編譯中心編：《日本軍國主義侵華人物》，中國文史出版社 1994 年版，第 534 頁。

延很長距離。據說，警備兵如發現其中有人尚未死去而在動的話就立即把他們殺死。

第二天早晨，我和兩、三個朋友驅車外出。途經挹江門，看到所有屍體都已被清除掉，因此沒有穿過地獄之門的恐懼感覺。駛過下關，的確像深澤所說的那樣，在揚子江岸邊的馬路上，大批中國兵的屍體堆積如山，綿延很長距離。這些屍體像是被澆上了汽油，用火焚燒過的。「好像是用機槍幹的，」袱川說，「而且好多啊！」

屍體超過了一千，也許有二千具，是一支部隊士兵的屍體。我們目瞪口呆了。無論說屍體堵塞了挹江門，還是說在揚子江岸邊死亡的部隊士兵怎麼會有這種事，我們就不得而知了。

回到城內，我們試著向警備隊的參謀打聽。他的說明是：為數不多的日本部隊在護送大批投降的部隊時，途中反遭襲擊，因而殲滅了他們。[85]

時任日本同盟社上海分社社長的松本重治於 1937 年 12 月 17 日晚隨日本「華中方面軍」報導部部長深堀游龜中佐，乘坐剛剛勉強通車的京滬鐵路火車，來南京採訪。他們在 18 日到達南京，參加了當日下午在南京明故宮機場舉行的所謂「忠靈祭」，還親耳聽到了松井石根對部下將領關於約束軍紀的「情深意切的訓誡」。同時，他也目睹了當時南京城內的慘況，還「聽說不少屠殺、暴行的傳言」。[86]直到戰後多年的 20 世紀 70 年代，松本重治為了寫作回憶錄《上海時代》，特地找到三位當年的日本同盟社記者新井正義、前田雄二、深澤幹藏，這幾個人早

---

[85] ［日］前田雄二：〈在戰爭的浪潮中──從華中到法屬印度支那〉；中譯文引自［日］洞富雄著，毛良鴻、朱阿根譯：《南京大屠殺》，上海譯文出版社 1987 年版，第 51 頁。

[86] ［日］松本重治著，曹振威、沈中琦等譯：《上海時代》；上海書店出版社 2005 年版，第 607 頁。

於松本重治進入日軍剛佔領的南京，採訪多日。松本重治憑著未完全泯滅的良心，如實地記下了那幾位昔日同事的談話：

> 最近，我找了原來的同僚新井正義、前田雄二、深澤幹藏三人，他們曾作為隨軍記者在南京剛佔領的時候去南京採訪過幾天。我直接聽他們談了當時的見聞，作為參考。特別是深澤先生，一直記隨軍日記。他給我看了當時的日記，很有參考價值。從12月16日到17日，三人親眼看到從下關到草鞋峽一帶的河岸上，有許多被焚燒後的屍體，有人說大約有兩千人，也有人說大約有兩三千人。大概是先用機槍掃射，再澆上汽油燒死的。還說從河岸被扔到長江裏的屍體不知有幾千。另外，在原軍政部的院子內，年輕的軍官和下士官號稱「新兵訓練」，讓新兵用步槍上的刺刀刺殺中國俘虜，扔進那裏的防空洞內。前田先生說他親眼看到刺殺了十二三名俘虜，當時就感到一陣噁心，只想嘔吐，趕快就離開了。還有，在軍官學校的校園內，看見用手槍射殺俘虜，看他們殺了兩個人，就看不下去了。[87]

日軍在長江岸邊對俘虜進行集體大屠殺人數最多的一次，是1937年12月16日夜間，日軍第13師團山田支隊第65聯隊——兩角部隊，即所謂「白虎部隊」在幕府山下長江邊草鞋峽的大屠殺。1938年被派遣到該部隊任隨軍記者的日本作家秦賢助，調查到了該部隊在長江邊草鞋峽大規模屠殺中國數萬中國戰俘的詳細情況。他在回憶錄《沾滿了俘虜血跡的白虎部隊》中作了記述：

> 從四面八方源源不斷地開進南京城的各部隊，都帶著大批俘虜。……

---

[87] [日]松本重治著，曹振威、沈中琦等譯：《上海時代》；上海書店出版社2005年版，第609頁。

屠殺事件從十五日下午就開始了，到晚上達到了頂點。這一天，有一長隊俘虜穿過南京市區，向太平門走去。其數量多達二萬人。……這就是白虎部隊在南京入城時當作禮物帶來的大量俘虜。俘虜隊伍長得看不到頭，而前面等待他們的卻是死亡。

甚至連被稱為「精銳的白虎部隊」也屠殺其俘虜，這難道是白虎部隊的過錯嗎？是所謂富有人情味的部隊長兩角大佐的意圖嗎？抑或是師團長即荻洲部隊長荻洲立兵中將所選擇的處理方法嗎？

軍司令部曾向中央（參謀本部、陸軍省）請示了幾次，最初發出來訓電是：「好好謀劃！」這一命令很不明確，也沒有關於處理俘虜的方法。一再請示後，發來的訓電也是「研究後處理！」如何研究好呢？軍司令部覺得為難，於是第三次請示，得到的命令是「由軍司令部負責處理！」軍司令部認為中央的態度曖昧。為迎接朝香宮中將而舉行的入城式迫在眉睫，軍司令部十分焦急。「殺掉吧」，軍司令部就輕易地作出了這樣的結論。在城內，日本軍已經屠殺了俘虜，並掃蕩殘敵，直至看不到一個中國士兵。而且，日本軍認為在缺乏糧食的情況下，只有殺掉二萬俘虜。

不過，據說兩角大佐畢竟表示了反對。他原來想，為我方抓來的俘虜，解除其武裝後予以釋放，讓他們回鄉。他這一內心想法是正常的，但其主張未能實現。他雖說是部隊長，但只是一個聯隊長而已。再說，無論哪一個部隊在大陸戰線上連勝後，都是驕傲非凡、得意忘形的。結果，什麼都幹了。[88]

到了 1937 年 12 月 27 日，已是日軍佔領南京後的第 15 天。但日軍在南京的大屠殺仍在繼續。杉山平助作為日本雜誌的特派作家，來到了

---

[88] [日]秦賢助：〈沾滿了俘虜血跡的白虎部隊〉，刊《日本週報》第三九八號；中譯文引自[日]洞富雄著，毛良鴻、朱阿根譯：《南京大屠殺》，上海譯文出版社 1987 年版，第 7、36～37 頁。

南京。他住在《朝日新聞》社南京分社，直到 12 月 31 日離開，前後在南京採訪了約五天。這位親臨現場的日本作家看到了許多日軍大屠殺造成中國難民屍體塞道的悲慘場面。他在所寫的隨筆〈南京〉一文中，寫道：「要詳細記述當時的所見所聞，對我來說，現在是辦不到的。」但他還是作了如下記述：

> （分社）外面一片漆黑。周圍住滿了難民。到處都躺著死屍。
>
> 弘法大師曾在此修行的清涼山，就在南京城外郊區附近……那裏，還躺著中國人的死屍。
>
> 我剛剛聽了老婆子──她抱起了自己兒子的遺體，在雨中連續哭了兩天──說的話，據說在莫愁湖畔也有難民的死屍。[89]

日本《讀賣新聞》的特派員、隨軍記者小俁行男於 1938 年 1 月到達上海。他在這裏聽到了從南京回來的報社聯絡員向他講述的日軍在南京下關江邊大規模地殘酷屠殺中國戰俘的情景：

> 在南京，到處都可以掠奪、強姦。剛進城時，還有很多建築物，可是第二天就開始放火，主要建築物全被焚毀。士兵們衝進深宅大院，在屋裏亂翻一氣，掠走值錢的東西後就放火燒房。
>
> 俘虜的人數大約有 10 萬名。頭一批入城的部隊向軍司令部請示如何處理這些俘虜時，所得的答覆是：「適當地處理掉」。……所謂「處理掉」就是殺掉的意思，這是軍方最初的方針。於是把俘虜帶到長江畔的下關去砍頭。日本兵把俘虜排成一列一列，頭一列砍完後，屍體投入長江中，下一列向前到岸邊砍頭。如此從早到晚，一天內不停地也只砍了兩千人。第二天因為手都砍酸了，便抬出兩挺重機槍，組成交叉火力。面向江岸，讓俘虜排成一列，嗒嗒……扣動了重機槍的扳機。俘虜們一齊往江裏跳，然

---

[89] 前引[日]洞富雄著，毛良鴻、朱阿根譯：《南京大屠殺》，上海譯文出版社 1987 年版，第 20 頁。

> 而沒有一個人能掙扎著遊到對岸。……此時，已有不計其數的俘
> 虜被殺了。長江上飄滿了中國士兵的屍體，鮮血染紅了江水，慘
> 不忍睹啊！[90]

1938 年 1 月底，日軍才停止了大規模的屠殺，但零星的燒殺搶掠
仍經常發生。直到 1938 年 3 月 28 日，已是日軍佔領南京三個多月以後，
日軍當局正力圖在南京軍民白骨與鮮血之上建立起穩定的殖民秩序，扶
植的偽「維新政府」即將上臺，日本《靜岡民友新聞》社的隨軍記者片
山兵二來到南京採訪，在當日的日記中寫道：「視察了中華門附近的中
國街道。商店稀落地開著，只要看到（日本）軍人或者我們這些日本人，
就逃得無影無蹤，尤其是年輕的姑娘，早早就逃走了。」[91]可見，直到
這時，南京居民仍對日軍充滿了恐懼。

如前所述，親眼目睹了十數萬日軍對南京市民實施數十天大屠殺暴
行的日本記者、攝影師、作家、詩人、評論家，絕不止上述這幾個人。
還有更多的日本記者、攝影師、作家、詩人、評論家對他們所親眼目睹
的日軍南京大屠殺暴行一直閉口不言。日本歷史學家洞富雄指出：

> 這些人或多或少地理應對發生在南京的今世活地獄有所耳
> 聞目睹。這些撰稿人既有寫作能力，又有發表的場所。可是，在
> 什麼都可以說的戰後，他們中間究竟有幾個人將他們所親眼目睹
> 的、親身經歷過的感受用筆寫出來的呢？就我所知，只有兩個
> 人，一個是前《朝日新聞》社的今井正剛，另一個是前《每日新
> 聞》社記者鈴木二郎。就連那個喋喋不休的大宅壯一，最終也沒
> 有講出其親眼目睹的關於南京暴行的真相，而與世長辭了。不
> 過，1966 年成立了十分失禮的「大宅考察組」，訪問了文化大革
> 命中的中國。那時，大宅壯一在當地召開的座談會上，只說了這

90 [日]小俣行男：《侵略》，前引《南京大屠殺史料集》（10），第 499～501 頁。
91 [日]片山兵二：《中國大陸從軍談》，非賣品，1977 年出版；中譯文由易青
　提供。

麼一句話：「我以為，在入城前後，或到入城為止，曾有過大規模的屠殺，這是事實。殺害了三十萬人啦，燒毀了三分之一的建築物啦，雖然這些數字有點不可信。但是，我作為一個目擊者，也可以絕對有把握地說，曾發生過大規模的屠殺。」（《大宅考察組訪問中共的報告》，刊[日]《每日週刊》1966 年臨時增刊）稍後進入南京城的雜誌社派遣的某著名作家，據說於戰後不久，曾在某報紙上登載了一大版有關報導。但是，現在那位作家似乎也「無『執筆的』記憶」了。寫南京事件依然是撰稿人所忌諱的主題。[92]

還必須指出，上述幾個隨軍的日本記者所見到的日軍的暴行，只是日軍在南京大屠殺暴行的冰山一角。他們只是在某個特定的時間、特定的地點，被允許看到了部分的日軍暴行。這在他們的記述裏已有明確的說明。日軍在南京歷時長達四十多天的的燒殺淫掠的暴行，是不可能讓幾個隨軍的日本記者完全瞭解的。但僅就這幾個隨軍的日本記者的所見所聞所記，已是非常的觸目驚心與駭人聽聞了。

第三節　目睹南京大屠殺的日本記者的不同反應

面對著日軍在南京長達四十多天的、大規模的血腥大屠殺，日本各新聞傳媒的數百名隨軍記者、攝影師及作家、詩人、評論家等，有不同的態度與不同的反應。

在這些日本隨軍記者與作家中，確有少數良心未泯的人，在親眼目睹了日軍駭人聽聞的的暴行以後，感到震驚，甚至感到羞愧與自責，對苦難的中國人民流露出同情。

---

[92] [日]洞富雄著，毛良鴻、朱阿根譯：《南京大屠殺》，上海譯文出版社 1987 年版，第 415 頁。

例如在 1937 年 12 月 16 日，在日軍燒殺淫掠下的南京，南京德勝教堂的美國傳教士約翰・馬吉（J.Magee）牧師在日記中寫道：

> 在這之前，一名日本記者用流利的英語對我說過，有些日本兵很壞。[93]

在 12 月 20 日，有兩名日本報社記者到馬吉的禮拜堂來採訪他。馬吉寫道：

> 正當我們結束禮拜時，有人敲門，來了兩名日本記者，後來證實他們是正直的人。我邀請他們進來，並說如果他們願意的話可以拍照。他們照了陳汝林身穿教士服，演奏風琴，其他人坐在草地上的照片。接著我同《朝日新聞》的記者談話，他會英語。我告訴他發生在南京的可怕的事——抓走我們 14 個人，不是我開始認為的 12 個人，剛才佈道的牧師的兒子可能已被殺害，和街對面寺廟和尚請求我收留尼姑及其他許多事情。他說：「你不能認為所有日本人都像這些士兵一樣。」我說我當然知道，並告訴他我以前曾幾次去過日本。然後我告訴他關於傷兵問題，屠殺無辜平民，以及我個人在中國生活的一些事。他似乎很感興趣，直到吃午飯時才離開。他說他希望能再來，我說我可以盡力幫助他。[94]

也在 12 月 20 日，《大阪朝日新聞》記者 Y・森山在下午 6 時訪問了「南京安全區國際委員會」主席拉貝。當他聽了拉貝的介紹後，也承認了日本陸軍的聲譽「因此受到損害」。拉貝在這天的日記中寫道：

---

[93] [美]約翰・馬吉：《致夫人函——1937 年 12 月 15 日日記》，章開沅編譯：《天理難容——美國傳教士眼中的南京大屠殺》，南京大學出版社 1999 年版，第 190 頁。

[94] [美]約翰・馬吉：《致夫人函——1937 年 12 月 20 日日記》，章開沅編譯：《天理難容——美國傳教士眼中的南京大屠殺》，南京大學出版社 1999 年版，第 196 頁。

下午 6 時，在米爾斯牧師的引見下，《大阪朝日新聞》記者 Y・森山訪問了我們。森山先生能說流利的德語與英語，他用記者慣常的規則向我進行提問。我絲毫不隱瞞自己的觀點，請求他利用自己的一切影響，儘快恢復日本軍隊中的秩序。他承認這件事是當務之急，因為日本陸軍的聲譽會因此受到損害。[95]

還有少數日本隨軍記者與作家，很想把這些他們親見親聞親身經歷的南京大屠殺情景與事件記錄下來，寫到他們的報導或通訊中。但他們絕大多數人面對日本當局嚴厲的新聞管制與殘酷的政治迫害，沒有寫，或不敢寫，或不能寫，還有些人因為寫了不能發表而不願意寫。

如前所述，在 1937 年 7 月日本發動全面侵華戰爭以後，日本當局迅速制訂、發出了《處理有關時局報告的文件》、「新聞紙法第 27 條」、「陸軍省令第 24 號」及「新聞揭載禁止事項之標準」、《報紙可否登載事項審訂綱要》等一系列法令文件，對日本新聞傳媒記者報導日中戰事等作了種種十分嚴厲而又具體的規定；日本內務省員警保安局創辦發行《出版員警報》，專門「指導」與監督日本的各新聞傳媒機構與報導內容。這些法令、文件與機構，就好像撒下了一個巨大而嚴密的文網，將日本的所有的隨軍採訪的記者、作家、攝影師、評論家等及其寫作統統籠罩其中，使他們不敢、不能、不會寫出任何有違日本政策的報導與文章，更使日本所有的報紙雜誌不敢、不能、不會刊出任何有違日本政策的報導與文章。因此，許多隨軍採訪的記者、作家、攝影師、評論家等在日方當局製造的這個巨大、嚴密而殘酷的文網面前，望而卻步了。

在日軍南京大屠殺期間先後到上海、南京採訪的日本《讀賣新聞》隨軍記者小俁行男說：

---

[95] [德]拉貝著，本書翻譯組譯：《拉貝日記》，江蘇人民出版社 1997 年版，第 228 頁。

在戰場上聽到的儘是一些見不得人的暴行，但這些事是絕對不能寫的。只讓寫些什麼在戰場上邂逅的友情和前後方的佳話等，這類軍中的所謂美談。[96]

這種淒慘的情節是不准報導的，連談論也不准。[97]

戰爭狀態可以說是個瘋狂的時代。由日本人記錄下自己同胞所犯下的野蠻行徑，心情實感憂鬱。自己無法制止這種野蠻行徑，然而又不能報導這些殘暴行為（即使寫了也無法報導，否則要被處分），卻還要專門寫「皇軍之勇戰」的情況。[98]

在南京大屠殺期間在南京採訪的《東京朝日新聞》隨軍記者今井正剛，在目睹日軍在南京下關江邊對中國軍民用機槍掃射、大量「處刑」的殘暴恐怖情景時，真想寫卻又不能寫。他後來記述了他當時與另一位記者中村正吾的對話及「難以言語的苦痛心情」[99]（日本歷史學家秦郁彥語）：

「我真是很想寫出來啊！」

「那是以後的事，嗨，眼下可不能寫。不過我們真是看到了呀！」

「不，要親眼再看一次。」

這樣說著，兩個人都直起腰來。因為不知什麼時候機槍聲停了。[100]

---

[96] [日]小俣行男：《侵略——中國戰線從軍記者的證言》；前引《南京大屠殺史料集》（10），第 506 頁。

[97] [日]小俣行男：《侵略——中國戰線從軍記者的證言》；前引《南京大屠殺史料集》（10），第 512 頁。

[98] [日]小俣行男：《侵略——中國戰線從軍記者的證言》；前引《南京大屠殺史料集》（10），第 521 頁。

[99] [日]秦郁彥：《南京事件——屠殺的構造》，[東京]中央公論新社 1999 年 8 月 20 日第二十版，第 18 頁；轉引自程兆奇：《南京大屠殺研究》，上海辭書出版社 2002 年版，第 42 頁。

[100] [日]今井正剛：〈南京城內的大屠殺〉，刊《文藝春秋》1956 年 12 月號《特

　　今井正剛的這種「難以言語的苦痛心情」，是當時日本隨軍採訪的記者、作家、攝影師、評論家中少數良心未泯的人的共同心聲。

　　南京大屠殺期間在南京採訪並親眼看到了日軍對中國戰俘集體屠殺的場景的日本《朝日新聞》隨軍記者足立和雄與守山義雄，則感情更為激烈，「悲憤交織，震顫不已」，感到「像這樣的日本已將失去戰勝的資格了」。守山義雄回日本後，指責日軍在南京的暴行。《朝日新聞》社恐怕他會受到軍部的迫害，調他到德國擔任駐柏林分局局長。他仍然十分愁苦煩惱，說：「對於這樣慘無人道的暴行，我們記者還得要作虛偽的報導，鼓吹『皇軍』、『聖戰』，使我對新聞記者的職業感到絕望，每天都陷入苦惱中，想要捧掉筆桿子，回日本去算了。」[101]

　　但在日本隨軍採訪的記者、作家、攝影師、評論家中，像足立和雄、守山義雄、今井正剛、小俁行男這樣的人畢竟只是極少數；更多的人則因長期受到日本軍國主義與法西斯主義的思想灌輸與教育，早就喪失了人類起碼的良知，具備了日本軍國主義者的一切思想特徵與行為特徵。如前所述，他們充滿了侵略戰爭狂熱，是日本當局對中國實施武力征服與屠殺恐怖政策的熱烈擁護者與宣傳鼓動者。當日軍發動對南京的瘋狂進攻時，他們搶先報導甚至捏造日軍的武功與勝利捷報，自覺地充當了惡魔的吹鼓手；而當日軍佔領南京後實施血腥的大屠殺時，他們則自覺地充當了惡魔的辯護士與粉飾工。他們對他們親見的日軍大屠殺的暴行，或認為是征服者應享有的「成果」，理所當然，或認為是戰爭中必然要出現的事情，在所難免。

　　1937 年 12 月 20 日，在日軍大屠殺的瘋狂日子裏，擔任南京「安全區國際委員會」委員兼總稽查的美國牧師約翰・馬吉（J.Magee）將

　　輯：我在現場——目擊者的證言》；前引[日]本多勝一著，劉春明等譯：《南京大屠殺始末採訪錄》，第 286～287 頁；譯文略有改動。

[101] [日]篠原正瑛：〈西方有納粹主義，東方有軍國主義〉，刊《日中文化交流》1971年 8 月號（總 157 號）；中譯文轉引自徐志耕主編：《血祭——侵華日軍南京大屠殺實錄》，中國人事出版社 1994 年版，第 264 頁；譯文略有改動。

日軍大肆強姦中國婦女的暴行告訴日本駐南京總領事時，竟得到這樣的回答：

　　「這是不可避免的。」

　　更令人不可思議的是，當馬吉將日軍大肆強姦中國婦女的暴行告訴《朝日新聞》的一位日本記者時，竟也得到同樣的回答：

　　「這是不可避免的。」

　　約翰·馬吉就此事感歎道：「如何去評說日本人的性格呢！但確確實實就是這樣，因為他們說這些話時是如此的自然，絲毫沒有意識到這些事給我留下更強烈的印象。」[102]

　　《東京日日新聞》特派記者鈴木二郎在戰後回憶與懺悔他在日軍南京大屠殺期間的心態時，說：

　　　……南京大屠殺後來引起了國際輿論的震驚。當時處於硝煙、屍體和血河中的我，由於一時的「責任感」，對戰爭這種行為的錯覺，以及對國際戰爭法的無知，儘管是件恥辱的事，卻仍沒有感覺到。目睹南京大屠殺以前，也就是在上海、南京之間隨軍的一個月期間，也屢屢目睹過屠殺。因常常在殘酷的戰鬥與戰場上，置身於大批的屍體和血腥中，神經都處於麻木狀態了。還不能不承認，每當看見眼前大批倒下的日軍戰死者，便會騰起一種一心想對敵報復的復仇心理，就會閃出嗜虐心理。[103]

　　「嗜虐心理」——這就是絕大部分的日本隨軍記者在日軍南京大屠殺期間的心理狀態。

---

[102] ［美］馬吉：《致夫人函——1937 年 12 月 19 日日記》；章開沅編譯：《天理難容——美國傳教士眼中的南京大屠殺》，南京大學出版社 1999 年版，第 194～195 頁。

[103] ［日］小俁行男：《侵略——中國戰線從軍記者的證言》，前引《南京大屠殺史料集》（10），第 522 頁。

那麼，那些作為日本報刊、雜誌特派到南京前線隨軍採訪的作家、詩人們又如何呢？

杉山平助作為日本報刊、雜誌的特派作家，於 1937 年 12 月 27 日來到南京，住在《朝日新聞》社南京分社，直到 12 月 31 日離開，前後在南京採訪了約五天。當時日軍在南京的大屠殺仍在進行中。這位親臨現場的日本作家看到了許多日軍大屠殺造成中國難民屍體塞道的悲慘場面。他是怎麼看待日軍的屠殺的呢？他在其所寫的一篇題為〈南京〉的隨筆文章中，這樣寫道：「一到夜裏，年輕的記者不知不覺地在燈光下就戰爭與人道問題專心致志地議論起來。他們議論得十分起勁。我說，雖然戰爭已將開始，為取得勝利，並為確保戰果，怎麼幹都行，這時，一切道德規範都無能為力。戰鬥人員與非戰鬥人員等等，嚴格說來無法區別。」[104]

「怎麼幹都行」——這就是絕大部分的日本隨軍作家、詩人們在日軍南京大屠殺期間的心理。

這些隨軍的記者、攝影師、作家與評論家的思想與心理，與日本當局的軍國主義與法西斯思想已是十分的相近，甚至完全一致了。

更為惡劣的是，這些隨軍到南京前線進行採訪與報導的記者、攝影師、作家、評論家、聯絡員中的一些人，在日軍南京大屠殺期間，自己也加入到搶劫財物的行列中去。《東京日日新聞》特派記者、曾連續寫出所謂「百人斬比賽」多篇報導的淺海一男說：「在戰場上，發生變化的不僅僅是官兵。這種變化的發展趨向稍有不同，但他也可以從少數隨軍記者身上看到。」淺海一男就兩個在南京採訪的日本記者的行動發表感慨，其中一人以報社臨時囑託的資格從軍，後來成了記者；另一個是與他同去採訪消息的當地記者。淺海一男說：「他們早晨出去，似乎去採訪消息。但夜裏回到帳篷裏來時，兩人雙手捧著各種各樣中國傳統的

---

[104] [日]杉山平助：《南京》，刊日本《改造》雜誌 1938 年 3 月號；中譯文引自[日]洞富雄著，毛良鴻、朱阿根譯：《南京大屠殺》，上海譯文出版社 1987 年版，第 20 頁。

美術品，我們十分吃驚，感到憤慨。」[105]許多報社的聯絡員更是十分活躍，做起了套購日軍手中大量搶劫來的法幣的生意。「一旦從軍報導部領到聯絡員臂章，就可在戰線上自由走動。不少人利用這種方便，從前線的士兵手中套購法幣，或拼命搜集古董。戰場居然也是一個掙錢的地方！」[106]

擔任南京警備司令官的日軍第 16 師團長中島今朝吾在 1937 年 12 月 19 日的日記中，也對日本新聞記者參予搶劫與販賣貨幣作了記載，他寫道：

> 最惡劣的是搶劫貨幣。部隊中有以中央銀行紙幣為目標，專門搶各地銀行金庫的行家。而且相對於美元來說，中央銀行紙幣要比日本錢值錢，因此要送到上海兌換成日本紙幣。新聞記者和汽車駕駛員中有不少這類仲介人，上海又有靠牟取暴利為生的掮客。[107]

當然，這些隨軍的記者、攝影師、作家與評論家的主要工作與作用，還是在新聞傳媒上。他們遵照日方當局的指使，連篇累牘地寫下與拍發出一篇篇捏造南京秩序恢復與「祥和」景象、南京市民感激日軍「恩德」、掩蓋日軍大屠殺暴行與南京浩劫的電訊與特稿。當時留駐南京的西方僑民以自己的親眼所見與親身經歷，記述與揭露了日本隨軍記者、作家憑空捏造南京「祥和」景象的卑劣伎倆：

1938 年 1 月 6 日，金陵女子文理學院難民所的負責人魏特琳教授在日記中記載了幾名日本記者到難民所拍制、製造假新聞的事情：

---

[105] [日]本多勝一編：《筆桿子的陰謀》；中譯文引自[日]洞富雄著，毛良鴻、朱阿根譯：《南京大屠殺》，上海譯文出版 1987 年版，第 142～143 頁。

[106] [日]小俁行男：《侵略——中國戰線從軍記者的證言》；前引《南京大屠殺史料集》（10），第 502 頁。

[107] [日]中島今朝吾：《中島今朝吾日記》；前引《南京大屠殺史料集》（8），第 284 頁。

幾個日本記者來拍照，他們要求婦女們面帶笑容，顯出高興的樣子，她們盡力而為了。[108]

1938 年 1 月 9 日，金陵大學鼓樓醫院美籍行政主管麥卡倫（MaCallum）在日記中記載了日本記者在難民營「製造」電影的情況：

有些（日本）報界人士來到一個難民營入口處，（向中國難民）分發餅乾、蘋果，並且拿出少許銅板給難民。還為這種善行拍了電影。就在同一時間，一夥日本兵爬越大院後牆，強姦了約 12 個婦女。這卻沒有拍電影帶回去。[109]

這種用事實進行的強烈的對比反差，辛辣地揭露與批判了日本記者製造假新聞的卑劣無恥。

1938 年 3 月 8 日，金陵大學美籍社會學教授史邁士在的一封信中，也揭露了日本當局在南京一方面瘋狂燒殺淫掠濫施淫威、一方面又進行欺騙宣傳的兩面派伎倆：

我們也更加瞭解了日本的新聞宣傳！在他們濫施淫威的 1 月份，日本新聞小組在城裏演出日本士兵給小孩發糖和一名日本軍醫給 20 名孩子檢查身體的鬧劇，但這些舉動在照相機不存在時怎麼沒有重複呢？而在為美國製作的宣傳中，日本則把自己描繪成在中國保護外國權力和遏制共產主義的模樣。日軍在中國則用中文印刷聲明，講述他們要努力把白種人驅逐出亞洲。[110]

---

[108] [美]魏特琳著，南京師範大學南京大屠殺研究中心譯：《魏特琳日記》，江蘇人民出版社 2000 年版，第 226 頁。

[109] [美]麥卡倫：《致家人函——1938 年 1 月 9 日日記》，章開沅編譯：《天理難容——美國傳教士眼中的南京大屠殺（1937-1938）》，南京大學出版社 1999 年版，第 264 頁。

[110] [美]史邁士：〈致朋友函〉（1938 年 3 月 8 日）：章開沅編譯：《天理難容——美國傳教士眼中的南京大屠殺（1937-1938）》，南京大學出版社 1999 年版，第 343 頁。

　　然而，這些日本隨軍記者、作家的南京虛假報導卻符合與迎合日本
當局的政策與需要，因而備受青睞，在日本各大小報刊上大登特登，幾
乎控制了報紙的全部版面，成為當時日本新聞傳媒的主流輿論。在日軍
嚴密封鎖南京約兩個月的時間內，日軍當局與由日軍當局控制的日本新
聞記者成為關於南京現狀的唯一的「合法發言人」。他們利用這個「獨
佔的權力」，精心製造與發佈各種虛假、編造的消息，嚴格控制與查禁
一切不符合其政策與需要的真實新聞報導。

　　著名的英國《曼徹斯特衛報》記者田伯烈在當時就指出：「日本軍
隊佔領南京以後的情形，日本報紙上很少記載，或者簡直可以說沒有什
麼記載，翻閱在日本出版的英文報紙，關於日軍在南京及其他城市的種
種暴行，也看不出什麼痕跡。日本報紙卻想把南京粉飾為太平安靜的
地方。」[111]

　　日本著名歷史學家洞富雄憤慨地說：「記者、作家、評論家、畫家、
電影導演等多達一百十多個與新聞界有關的人們，或在攻打南京時隨
軍入城，或在稍晚一些時候到達中國首都。當時，在這許多舞文弄墨
的人所寫的從軍記中，沒有一篇觸及日本軍在南京市內所幹的大屠殺
事件。」[112]

第四節　捏造南京的「祥和」景象

　　在日方當局嚴格控制下的日本的新聞傳媒，首先大量刊登前方隨軍
記者發回的刻意「製造」的文字報導與圖片報導，盡力掩蓋與粉飾日軍
攻佔南京後實施大屠殺的嚴酷現實，卻憑空虛構出一幅社會秩序已迅速

---

[111] [澳]田伯烈：《外人目睹中之日軍暴行》，前引《侵華日軍南京大屠殺史料》，
江蘇古籍出版社 1997 年版，第 260 頁。
[112] [日]洞富雄著，毛良鴻、朱阿根譯：《南京大屠殺》，上海譯文出版社 1987
年版，第 54 頁。

恢復、中國居民安居樂業的南京「祥和」景象。這是日本新聞傳媒在日軍南京大屠殺期間的第一項報導手法與宣傳內容。

連續多日以大量的照片來報導南京被日軍佔領後「祥和」景象的，當首推《東京朝日新聞》。在 1937 年 12 月 13 日日軍攻佔南京後，該報「特地採用大量照片，逐日詳細報導了佔領以後南京迅速恢復和平的情況」；「《東京朝日新聞》極為忠實地報導了〈歡迎皇軍全城沸騰，南京恢復和平〉的情景，並多次刊登佔半個版面的『照片專輯』。……總之，這類專題照片佔版面很大，共刊登七次之多。」[113]

1937 年 12 月 14 日，即日軍佔領南京的第二天，《東京朝日新聞》以〈婦女從公用防空洞裏爬出來〉為題，刊登了該社特派記者角野拍攝的大幅照片。照片內容是，日軍官兵引導中國姑娘和抱著小孩的太太，陸續從公用防空洞裏爬出來，恢復正常生活，表現了南京婦女獲得皇軍「解放」後欣喜與感激的心情。[114]——這是《東京朝日新聞》第一次刊登日軍佔領下的南京的專題照片。

1937 年 12 月 17 日，《東京朝日新聞》刊登反映日軍佔領下的南京狀況的兩幅照片，照片的說明分別是〈日軍保護下的難民群〉、〈忙於農活的郊區農民〉。[115]——這是《東京朝日新聞》第二次刊登日軍佔領下的南京的專題照片。

1937 年 12 月 18 日，《東京朝日新聞》刊登反映日軍佔領下的南京狀況的兩幅照片，照片的說明分別是〈接受治療的中國傷兵〉、〈領取食物的俘虜〉。[116]——這是《東京朝日新聞》第三次刊登日軍佔領下的南京的專題照片。

---

[113] [日]田中正明著，軍事科學院外國軍事研究部譯：《「南京大屠殺」之虛構》，[北京]世界知識出版社 1985 年版，第 203、12 頁。

[114] [日]田中正明著，軍事科學院外國軍事研究部譯：《「南京大屠殺」之虛構》，[北京]世界知識出版社 1985 年版，第 203 頁。

[115] [日]田中正明著，軍事科學院外國軍事研究部譯：《「南京大屠殺」之虛構》，[北京]世界知識出版社 1985 年版，第 12 頁。

[116] [日]田中正明著，軍事科學院外國軍事研究部譯：《「南京大屠殺」之虛構》，

　　1937 年 12 月 20 日，《東京朝日新聞》的晨報，以半頁的篇幅，第四次刊登反映日軍佔領下的南京狀況的專題照片，總題為〈回復和平的南京，熱烈歡迎皇軍〉，內容是該社特派記者河村 17 日在南京拍攝的四幅照片：第一幅照片題為〈士兵買東西〉，反映南京市民圍觀在貨攤購物的日軍士兵的情景；第二幅照片題為〈皇軍進城後，在城外安心耕種的農民〉，反映三名中國男女農夫在南京城外的田頭播種、施肥的情景；第三幅照片題為〈得到皇軍保護的一群難民〉，反映二、三百名中國居民從四鄉返回南京城內安居的情景；第四幅照片題為〈和藹可親的理髮師〉，反映一位胳膊上纏著太陽旗袖章的中國理髮師，正在南京街頭為日軍士兵理髮的情景。[117]

　　1937 年 12 月 22 日，《東京朝日新聞》，用了半個版面，第五次刊登反映日軍佔領下的南京狀況的專題照片，標題為〈對昨日之溫情──南京城內的親善情景〉。照片共五幅，是該社特派記者河村於 12 月 20 日在南京拍攝的。

　　第一幅照片，題為〈接受治療的中國傷兵〉，內容是在一家醫院裏，日軍的軍醫和護士正在為中國傷兵診斷和治療。它不同於以前刊登的野外治療照片。

　　第二幅照片，題為〈皇軍官兵之情──滿足食欲的投降兵〉，內容是在一排排中國俘虜中間，有兩個日本兵拖著竹簍，向俘虜們分發大米飯。

　　第三幅照片，題為〈炮聲停止後南京城內的親善情景〉，內容是正在和中國攤販打趣的日本兵。

　　第四幅照片，題為〈正在和田山部隊長談話的敵教導總隊參謀沈博士少校〉，內容是一位日軍軍官正在同一位被俘的中國軍官親切地談話。

　　[北京]世界知識出版社 1985 年版，第 12 頁。

[117] [日]田中正明著，軍事科學院外國軍事研究部譯：《「南京大屠殺」之虛構》，[北京]世界知識出版社 1985 年版，第 204 頁。

　　第五幅照片，題為〈南京城內的親善景況〉，內容是在一個貨攤周圍，許多中國居民正在和幾個日本兵做遊戲，中國居民的胳膊上都帶有非常顯眼的日本太陽旗袖章，一幅與戰前沒有什麼區別的熱鬧的南京街頭景象。[118]

　　1937年12月25日，《東京朝日新聞》以〈南京在微笑——城內特寫〉為題，用了半個版面，第六次刊登反映日軍佔領下的南京狀況的專題照片。照片共四幅，是該社特派記者林於12月23日在南京拍攝的。

　　第一幅照片攝於南京中山路，內容是一群中國孩子嬉笑著，圍著兩個日本兵在玩玩具坦克。照片的說明是：「和孩子們一起玩玩具坦克的日本兵（於南京中山路）」。

　　第二幅照片攝於南京住宅區街道，內容是一群中國孩子在一輛炸壞的馬車上嬉笑。照片的說明是：「戰火一停，炸壞的馬車也成了孩子們的遊樂場（於南京住宅區街道）」。

　　第三幅照片攝於南京難民區，內容是日軍衛生班的醫生正在為中國難民兒童看病。照片的說明是：「皇軍衛生班積極治療，加強日中親善（於南京難民區）」。

　　第四幅照片攝於南京寧海路，內容是南京寧海路上一塊灑滿陽光的草地上，五十名孩子在美國約翰·馬吉（J.Magee）牧師的帶領下，在風琴的伴奏下，正在唱基督教的讚美歌。照片的說明是：「沐浴和平之光，中國教堂的讚美歌（於南京寧海路）」。

　　特派記者林還在四張照片的最後附加了一篇簡短的文字報導，題為〈士兵與孩子玩耍——南京街頭的日中友好之情〉。這篇報導寫道：

　　　　看到中國孩子在天真地玩耍，士兵們想起了在家鄉等待著自己的孩子。「記者，今晚給帶封信吧。」他們懇求給家鄉帶封信。[119]

---

[118] [日]田中正明著，軍事科學院外國軍事研究部譯：《「南京大屠殺」之虛構》，[北京]世界知識出版社1985年版，第206頁。

[119] [日]田中正明著，軍事科學院外國軍事研究部譯：《「南京大屠殺」之虛構》，

　　1937 年 12 月 30 日，《東京朝日新聞》晨報，第七次刊登反映日軍佔領下的南京狀況的專題照片。這次專題照片的內容是在日軍統治下的南京迎接 1938 年新年的情景，總題為：〈共祝新年——南京與日俱增的日中親善〉。照片共有四幅，仍然都是該社特派記者林的攝影作品，仍然佔了報紙的半個版面。

　　第一幅照片的內容是，一位中國修鞋匠主動熱情地為日軍修鞋。照片的說明是：「當兵的，過年啦，給你修修鞋吧」；第二幅照片的內容是，一位領配給牛奶的中國母親，滿臉堆笑。照片的說明是：「喂，奶不夠，給你牛奶——鬍子隊長的溫情」；第三幅照片的內容是，帶著紅十字會袖章的日軍衛生班成員在原外交部大樓裏，為收容的中國傷兵、俘虜進行治療與看護的情景。照片的說明是：「孩子，不治好沙眼，新年就不來啦——軍隊衛生班積極活動」；第四幅照片的內容也是，帶著紅十字會袖章的日軍衛生班成員在原外交部大樓裏，為收容的中國傷兵、俘虜進行治療與看護的情景。照片的說明是：「換上新紗布，好好過個年——軍醫部的活動」。

　　在專題照片的下面，還附了幾行文字報導，其主要內容如下：

　　　　……皇軍官兵在南京城內過新年，28 日各部隊向官兵分發圓形年糕和扁平年糕。

　　　　……29 日下午自來水恢復，皇軍決心在過年前修好電燈，使南京城像過去一樣燈火輝煌。29 日晨南京下了第二場雪，從紫金山到城裏，一片銀色世界。雪中，士兵幫助市民修路。士兵們為了過一個家鄉式的新年，砍來松枝和竹子，立即搭起了松門。如果能有裝飾就是真的了，真遺憾。

　　　　難民區的早市開始，一片繁榮昌盛景象。

　　[北京]世界知識出版社 1985 年版，第 207 頁。

……孩子們一手舉著太陽旗，一手使勁攥著糖葫蘆，高興地在雪地上玩耍。元旦來臨，新的南京即將誕生。[120]

在《東京朝日新聞》連續多日集中以照片形式報導南京的「祥和」景象時，其他各報也不約而同地刊登了大量照片，既有像《東京朝日新聞》那樣以整版或半版的篇幅集中圖片報導，更多的則是與文字報導配合，或作為文字報導的配圖，起相得益彰的作用。因為報紙不同於畫報，必須以文字報導為主。

至於專門刊登新聞照片的日本各家畫報社，如《世界畫報》、《朝日畫報》、《支那事變畫報》等，則連續出版了多期的「日支大事變專刊」、「支那戰線寫真」等專刊，報導日軍在華北、華中的戰爭場景，歌頌日軍的殺人「勇士」，捏造日軍對中國民眾的「親善」等，其中對日軍佔領中國首都南京則是報導重點中的重點。

例如，《朝日畫報》1938 年 1 月 19 日發行的「支那戰線寫真」第三十期以《南京陷落一周後》為題，刊登多張照片，報導日軍佔領南京一周後，已迅速恢復社會秩序，南京街頭一片繁榮昌盛，日軍官兵幫助南京市民治病、與南京市民親密無間的景象。[121]

1938 年 2 月 1 日出版的東京《支那事變畫報》，刊登了日軍佔領下的南京的照片〈南京街頭出現了賣東西給日本人的小商販〉等。[122]

1938 年 3 月 21 日出版的東京《支那事變畫報》刊登日軍佔領下的南京的照片〈在南京漢中路露天商店雲集的熱鬧景象〉、〈城內的田地——光華門內農民復活了，背景是紫金山〉等。[123]

---

[120] [日]田中正明著，軍事科學院外國軍事研究部譯：《「南京大屠殺」之虛構》，[北京]世界知識出版社 1985 年版，第 207～208 頁。

[121] 《南京陷落一周後》，刊《朝日畫報》1938 年 1 月 19 日發行的「支那戰線寫真」第三十期；藏侵華日軍南京大屠殺遇難同胞紀念館。

[122] [日]東中野修道著，嚴欣群譯：《南京大屠殺的徹底檢證》，新華出版社 2000 年版，第 154 頁。

[123] [日]東中野修道著，嚴欣群譯：《南京大屠殺的徹底檢證》，新華出版社 2000 年版，第 278、118 頁。

　　1938 年 4 月 1 日，東京國際情報社發行的《世界畫報》刊登題為〈南京春景〉的彩色照片，內容是一個日軍士兵雙手牽著兩個中國小孩，行走在南京的一條春色爛漫的道路上，另有兩個中國小孩在旁注視著他們。[124]

　　眾所周知，圖片新聞有著直接訴之於讀者視覺、比文字新聞更具體、更形象、更真實、更有視覺衝擊力的特點與優點，能更快地為更廣大的讀者群所接受。因此，日本各新聞傳媒都十分重視攝影記者的作用，向南京戰場派來了為數眾多的攝影師。對日本報刊上刊登的這些「南京祥和景象的照片」，日本進步評論家草森紳一一針見血地指出：「經過檢定的照片才能得以公開刊行，所以只是宣傳照片而已。」[125]

　　草森紳一說得對！戰時日本當局對日本隨軍記者、攝影師、作家拍攝的「南京戰事」的新聞圖片與電影新聞紀錄片，都要進行嚴格的審查與控制。這在本書後面將要詳述。因此，能夠刊登到日本報刊上的照片，都必然是符合日本的侵華政策的，因而也必然是掩蓋與粉飾南京大屠殺現狀的刻意「製造」的「宣傳照片」，與南京的嚴酷現實相去甚遠。

　　請看日本報紙上刊登的這張照片（見上圖），其文字說明是：「日本人給中國小孩吃奶糖」。但我們仔細辨認一下，那照片中被裝模作樣的日軍圍住的兩個中國小孩子緊張、恐懼的模樣，是接受糖果時應該有的表現嗎？可以說，這張照片中除了兩個小孩惶恐的眼神，其他都是假的！這是日本隨軍記者「製造」的許多「宣傳照片」中破綻較明顯的一張。

　　除了圖片新聞，日本各新聞傳媒關於日軍佔領下南京「祥和」景象的文字報導，則更是鋪天蓋地，連篇累牘。

124　〈南京春景〉，刊《世界畫報》1938 年 4 月 1 日發行；藏侵華日軍南京大屠殺遇難同胞紀念館。
125　《不許可寫真 1》，日本每日新聞社 1998 年出版；轉引自[日]南京事件調查研究會編：《南京大屠殺否定論的十三個謊言》，柏樹房 1999 年出版；易青譯，未刊。

　　1937 年 12 月 14 日出版發行的《東京朝日新聞》12 月 15 日晚報，
刊登同盟社 14 日發自南京的電訊報導：〈南京市內秩序早已井然有
序〉，稱：「憲兵監視著所有的地方，市內治安業已秩序井然。」[126]

　　1937 年 12 月 15 日，東京《讀賣新聞》刊登特派記者岩村 12 月 14
日從上海發出的電訊，題為：〈盛大入城式日漸臨近，官兵激動歡騰雀
躍〉，副題是〈空中俯瞰太陽旗下的南京城〉。該報導稱，「14 日是完全
佔領南京的報導令國民歡呼雀躍的日子」。在這一天，該記者「經批准
乘坐軍用飛機，訪問淪陷後的南京天空。」他在空中對南京巡視後，竟
發現，經受日軍數月的戰火破壞與入城後大屠殺的摧殘，南京城竟「看
不出有很大的破壞痕跡」。其文如下：

> 　　[上海岩村特派員 1937 年 12 月 14 日電]：14 日是完全佔領
> 南京的報導令國民歡呼雀躍的日子。記者經批准乘坐軍用飛機，
> 訪問淪陷後的南京天空。……本以為一片廢墟的南京街道，卻意
> 外地看不出有很大的破壞痕跡。除了城牆附近被看做是軍事據點
> 處，受到我軍炮擊外，市區主要部分看不見破壞痕跡。硝煙散盡
> 的城裏，青天白日旗已銷聲匿跡。看呵！遭到幾枚炮彈襲擊、快
> 要崩塌的抗日據點中央軍官學校屋頂，已嘩啦啦地飄起了太陽
> 旗！……現在我軍已稱霸南京。死亡之城南京，現在只有等待我
> 軍舉行盛大入城式後重獲新生。[127]

　　1937 年 12 月 15 日出版發行的《東京朝日新聞》16 日晚報刊登該
社橋本、山本兩位記者 12 月 15 日發自南京的電訊消息，題為〈死亡之

---

[126] [日]本多勝一著，劉春明等譯：《南京大屠殺始末採訪錄》，北岳文藝出版社
　　2001 年版，第 263 頁。

[127] [日]岩村 1937 年 12 月 14 日南京電：〈盛大入城式日漸臨近，官兵激動歡
　　騰雀躍，空中俯瞰太陽旗下的南京城〉，刊《讀賣新聞》1937 年 12 月 15
　　日；前引《南京大屠殺史料集》(6)，江蘇人民出版社 2005 年版，第 244
　　～245 頁。

都巡禮——四個月後飄揚的社旗〉，報導他們在南京巡視所見到的情況。這兩位在戰前曾在該社南京分社工作過的記者，在日軍佔領南京後重來舊地採訪，竟然見到正遭受日軍浩劫的南京「完好無損」。他們的報導寫道：

> [南京橋本、山本兩特派員 1937 年 12 月 15 日電]：完全佔領南京後，市區北部仍能聽到搜捕殘敵的零星槍聲。我們順中山路一路走到新街口，接著又向中山北路方向一帶前進，進行視察。故宮飛機場前的勵志社及與它相鄰的中央醫院，依然完好無損。……從中山路一路往北，行約 300 米處，那兒的富貴山炮台下的中央軍官學校也和從前一模一樣。可以看出，我軍在進攻南京之際，出於武士道精神，提出的方針就是要儘量保護城內各種主要建築物，看來是完全成功了。[128]

1937 年 12 月 16 日，《東京日日新聞》頭版頭條刊登該社特派記者若梅、村上於 15 日在南京對金陵大學美籍教授貝德士的採訪記。採訪記的橫欄大標題十分醒目，佔了六欄版面：〈空襲下的南京生活，走訪金陵大學美籍教授，高物價和高稅率夾擊，缺少交通工具的市民，風傳宋美齡巡視前線〉。此報導斷章取義、甚至憑空捏造地「報導」貝德士的談話，稱貝德士一開口就說：「秩序井然的日軍一進城，南京很快就恢復了和平，這比什麼都好。」貝德士「懇切而詳細地向兩位（日本）特派記者若梅、村上談了南京陷落前那令人窒息的生活，還叫苦連天地談到物價飛漲、交通情況很差、苛捐雜稅等情況」；貝德士還說，「他的妻子在東京，她同孩子生活很好，很放心。他十分歡迎日軍佔領南京。」[129]

---

128 [日]橋本、山本 1937 年 12 月 15 日南京電：〈死亡之都巡禮——四個月後飄揚的社旗〉，刊《東京朝日新聞》1937 年 12 月 16 日晚報；前引《南京大屠殺史料集》（6），第 239～240 頁。

129 [日]若梅、村上 1937 年 12 月 15 日南京電：〈空襲下的南京生活，走訪金陵

　　貝德士對日軍在南京暴行的真實態度到底怎樣？只要稍稍翻一下這位美籍教授在南京大屠殺期間寫的給友人的多封書信、給日本駐南京使領館的多封抗議信等，就可一目了然。1937 年 12 月 15 日，即日軍佔領南京的第三天，他就以自己的親身經歷，專門寫成了一份新聞稿〈南京一瞥〉，報導日軍進入南京兩天來實施大屠殺的駭人暴行，提供給當時尚留在南京的西方新聞記者使用。當日該報告被離開南京的西方記者帶往上海，為租界中的《字林西報》、《密勒氏評論報》等多家西方報紙刊載。後來他又寫下了多篇揭露日軍在南京暴行的書信與文章；他還鼓勵、支持、協助英國《曼徹斯特衛報》記者田伯烈（H・J・Timeuey）編寫全面揭露日軍戰爭暴行、特別是南京大屠殺暴行的的長篇專門著作 What War Weans: The Japnese Terror in China（《戰爭意味什麼：日軍在華暴行》），即《外人目睹中之日軍暴行》一書。這些事實鐵一般地證明了日本記者報導的虛假。

　　1937 年 12 月 17 日，《東京日日新聞》刊登該報記者 12 月 15 日發自南京的簡訊：〈正常狀態已恢復！中國商人準備開張新的商店〉，聲稱：

> 正常狀態已恢復！
>
> 中國商人準備開張新商店！
>
> 南京，1937 年 12 月 15 日。……現在可以期望該城不久將恢復正常狀態，中國商人已經離開難民區，準備重新開張營業。
>
> 　　城裏的和平與秩序得到了日本憲兵隊的維護，日本憲兵隊在中國政府所有重要的大樓前，如行政院、立法院、財政部、中央軍事研究院和中央航空學校前布了崗哨。[130]

大學美籍教授〉，刊《東京日日新聞》1937 年 12 月 16 日頭版頭條；[日]田中正明著，軍事科學院外國軍事研究部譯：《「南京大屠殺」之虛構》，[北京]世界知識出版社 1985 年版，第 246 頁。

[130] 記者 1937 年 12 月 15 日南京簡訊：〈正常狀態已恢復！中國商人準備開張新

　　當時正在南京擔任「安全區國際委員會」主席的德國商人拉貝在
1938 年 1 月 8 日的日記中引述了這則《東京日日新聞》的簡訊後，
以事實給予了有力的駁斥與辛辣的嘲諷。他寫道：「這裏要說明的
是，正常狀態在今天（1 月 8 日）還沒有恢復。難民還住在我們的安
全區並且不敢出去，因為他們的妻子有遭四處遊蕩的日本士兵姦污
的危險。」[131]

　　1937 年 12 月 20 日，《東京日日新聞》晨報在頭版頭條位置，以六
欄標題，刊登特派記者志村 12 月 18 日從南京發出的電訊專題報導，題
為〈令人窒息的南京城，痛苦顫慄的一個月──一個人外國人的日記〉。
如前所述，這篇報導的內容，是憑空捏造一位「第三國人士」從 11 月
15 日到 12 月 13 日在南京的部分日記，反映南京陷落前夕的痛苦混亂
狀況。其目的是與日軍攻入南京後迅速恢復正常、安寧秩序的情況相
比，以顯示日軍給南京人民帶來的「祥和」與「幸福」。因此，這篇報
導的引言一開始就是這樣寫道：

　　　　松井最高指揮官在皇軍入城後立即發出了保護居民的佈
　　告。陷入恐慌混亂之中的南京已日趨恢復正常秩序。在中山路一
　　帶，有的士兵在店鋪裏買東西，有的士兵在理髮店裏理髮，氣氛
　　已趨平和。然而在國民政府向內地疏散期間，人們每天卻處於極
　　度恐慌與戰慄之中，幾乎失去了生的願望。[132]

　　的商店〉，刊《東京日日新聞》1937 年 12 月 17 日；引自[德]拉貝著，本書
　　翻譯組譯：《拉貝日記》，江蘇人民出版社 1997 年版，第 381～382 頁。
[131] [德]拉貝著，本書翻譯組譯：《拉貝日記》，江蘇人民出版社 1997 年版，第
　　382 頁。
[132] [日]志村 1937 年 12 月 18 日南京電：〈令人窒息的南京城，痛苦顫慄的一個
　　月──一個人外國人的日記〉，刊《東京日日新聞》1937 年 12 月 20 日晨報
　　頭版頭條；前引[日]田中正明著，軍事科學院外國軍事研究部譯：《「南京大
　　屠殺」之虛構》，[北京]世界知識出版社 1985 年版，第 144 頁。

　　也是在 1937 年 12 月 20 日，日本廣播電臺播報說，南京的局勢已經完全穩定了，電廠、水廠和電話設施都已經全面正常運轉。[133]

　　南京真的「已日趨恢復正常秩序」了嗎？

　　在南京城外江南水泥廠主持難民營的丹麥僑民辛德貝格聽到日本廣播電臺的上述播報後，信以為真，於這一天冒著雨雪，開車帶著幾個受傷的中國難民進南京城醫治。但當他瞭解了南京城內的真實情況後，非常驚訝，不得不於半路上讓人將傷員送回去。他自己則步行進城，找到寧海路「安全區國際委員會」總部，報告城外的危難情況。[134]

　　還是在 1937 年 12 月 20 日，鼓樓醫院的美籍醫生羅伯特·威爾遜聽到日本同盟通訊社報導「南京居民已回到家中，商業正常進行，人們歡迎日本人的到來，還有諸如此類的話」，在日記中寫道：「如果這些新聞傳出南京，而事實真相大白於天下後，必定會造成極大震撼。」[135]

　　1937 年 12 月 21 日，《東京朝日新聞》在第三版頭條位置，以五欄篇幅，並穿插照片，刊登了該社特派記者守山 12 月 19 日從南京發出的報導，標題是〈忘記抗日口號的南京市民，與日俱增的友情〉，副題是〈使人想起「奈良之鹿」的配給情景，敵國首都的具有諷刺意味的明朗氣氛〉，報導被日軍佔領一周後的南京「祥和」景象：中國市民過去一見到日本人就扭過頭去藏起來，而現在完全變了，同日本兵交上了朋友，笑嘻嘻地接近他們；物價雖是戰前的十倍，但賣火柴、蠟燭、鹽和茶葉的貨攤生意興隆；日軍的宣撫工作在穩步進展。[136]報導寫道：

---

[133] [德]拉貝著，本書翻譯組譯：《拉貝日記》，江蘇人民出版社 1997 年版，第 228 頁。

[134] [德]拉貝著，本書翻譯組譯：《拉貝日記》，江蘇人民出版社 1997 年版，第 228 頁。

[135] 前引章開沅編譯：《天理難容——美國傳教士眼中的南京大屠殺（1937-1938）》，第 445 頁

[136] 參閱[日]田中正明著，軍事科學院外國軍事研究部譯：《「南京大屠殺」之虛構》，[北京]世界知識出版社 1985 年版，第 204 頁。

[南京守山特派員 1937 年 12 月 19 日電]：戰後，南京市區很快恢復了和平。皇軍入城正好一周的 19 日，信步來到支那人街。來到南京稱支那人街的說法有些怪異，但日本大軍進駐了南京各個街區，對日本人來說，眼下的南京市就像一條小小的支那人街。

支那人聚集的所謂難民區，是由中山路和西康路環繞的一個街區，佔城內面積不到十分之一。這裏雲集了十八萬支那市民，大部分是來不及逃走的難民。……起初，他們見到日本人都害怕地躲開，但一會兒就完全和日本士兵熟悉了。日本兵經過時，他們微笑著靠近過來，喊著：「先生！先生！」一副討好的模樣，此刻也不講什麼面子了。蒙受戰敗國巨大悲慘命運的人們，具有一種奇異的幾乎讓人難以理解的心理。領導階級已逃走的南京街上，看不到絲毫「仇日」的氣氛，恰好說明了抗日宣傳具有怎樣的性質。

……順應一切環境的支那人，其生存能力也體現在這場戰爭中了。他們開設了對他們來說是特殊時期的市場，物價很高。一盒火柴五分錢，一把鹽一毛錢，是日本戰前的十倍。一個衣衫襤褸的男人在路邊攤開包袱賣饅頭。旁邊一個男人賣生薑。還有一個女人在賣火柴和蠟燭。還有老人在賣鹽和茶水。

在住宅區，男孩和女孩爬上壞馬車，一邊玩一邊唱歌。有的孩子在柏油馬路上滾動著不知從哪兒找來的不像玩具的大鐵桶，玩打仗遊戲。教堂傳來恬靜的讚美歌聲，這是美國牧師約翰・馬吉在硝煙散去後集中安下心的支那信徒進行祈禱的高潮。今天是星期天啊。他們悠悠的歌聲反而提醒了我們。派遣軍的宣撫在一步步地展開。今天在日本大使館內的廣場上，日本兵向難民分發點心和年糕，還將牛奶、罐頭送給抱嬰兒的母親。一派親善光景。[137]

---

[137] [日]守山 1937 年 12 月 19 日南京電：〈忘記抗日口號的南京市民，與日俱增的友情〉，刊《東京朝日新聞》1937 年 12 月 21 日；前引《南京大屠殺史料

　　在日本記者的筆下，浩劫中的南京竟然是一個歌聲繚繞、秩序井然的「天堂」。

　　1937 年 12 月 27 日，是日軍佔領南京的第三周，日方當局安排「日清汽船會社」一艘商船，滿載日本觀光客，從上海抵達南京訪問，以示慶祝。日本觀光客「被用心良苦地領去逛了幾條現已清除了死屍的街道」，「他們穿過馬路走向中國兒童，親切地拍拍他們受了驚嚇的腦袋」，送給他們一點甜食。一些日本婦女陪伴日本商務代表遊覽市容。日本遊客們興高采烈，自鳴得意，為日本軍隊攻佔南京的巨大勝利感到驕傲。日本同盟通訊社在一星期後發表了關於這次日本觀光客抵達南京訪問的報導。對這次被日方大加宣揚的「觀光」活動，南京基督教青年會的美籍牧師喬治·費奇在日記裏寫道：日本遊客們「似乎自我陶醉，同時也為日本的大勝慶賀，當然他們聽不到任何真實情況，我想，外在世界同樣也無從得知」。[138]

　　在日軍大屠殺的腥風血雨中，南京城度過了悲慘的一個月。到 1938 年 1 月中旬，日本當局一方面繼續指揮日軍搜捕、屠殺中國軍民，另一方面則操縱剛建立起來的偽政權，企圖在中國軍民的白骨與鮮血上建立穩定的殖民統治。為了適應與配合這個新的形勢，日本當局指使日本各新聞傳媒進一步加大對在日軍統治下的南京「祥和、幸福」情景的報導。於是，日本一批新的記者、作家來到了南京。很快，一批新的反映在日軍統治下的南京「祥和、幸福」情景的報導出現在日本的大小報刊上。

　　1938 年 1 月 13 日是日軍攻佔南京的一整月，日本新聞傳媒大做文章。《東京日日新聞》1938 年 1 月 14 日晨報在第三版刊登該報記者井上 1 月 13 日發自南京的電訊消息，題為《南京陷落一個月》，大加報導日軍佔領南京一個月後「完全恢復了和平」的情況。報導寫道：

　　　集》（6），第 241～242 頁。
[138] 前引章開沅編譯：《天理難容──美國傳教士眼中的南京大屠殺（1937-1938）》，第 111 頁。

難民區的難民也很安心，並感激皇軍的恩情，一大早就修理遭到破壞的房屋，搬運糧食、燃料和傢俱等。陷落後一個月，南京便完全恢復了和平景象。[139]

1938 年 1 月 17 日是日軍在南京舉行所謂「入城式」的一整月，日本新聞傳媒又大做文章。日本《東京日日新聞》1938 年 1 月 18 日晨報在第三版頭條位置，以五欄篇幅，穿插著照片，刊登該社特派記者金子義男發自南京的電訊，大加報導日軍舉行南京入城式一個月後的情況。報導文章的黑字橫標題是〈「新生南京」曙光燦爛〉，下附三個小標題：〈中國少女也闊步於街頭〉、〈「日元」流通，發揮威力〉、〈僅一個月便生機盎然〉。照片有兩幅：一幅是中國人在中山陵散步的情景；另一幅是未攜帶武器的日軍士兵們正拿著球板打羽毛毽子的情景。文章上方還刊登著金子義男的頭像。報導寫道：

隆重的皇軍入城式已時過一個月。為了瞭解在這一個月裏南京發生了什麼變化，記者從上海長途驅車趕到了南京。16 日晚南京實行燈火管制。寒夜裏，只有月光照射著街道，不見一個人影。天亮後（17 日），宿營部隊的號聲驚醒了我們。睜眼一看，一個充滿生機的新生南京清晰地出現在我們眼前。

漫步街頭，首先使我驚訝的是中國婦女多起來了。南京陷落時，除老人外，不見她們的蹤影。如今，中國婦女特別是少女大搖大擺地闊步於街頭。當然，一看便知她們不是上流家庭的婦女。其中還有的少女與年輕的情人邊走邊逗趣兒呢。這不是治安已得到維持的一大佐證又是什麼呢？中山路廣場以及挹江門附近一帶的秩序業已恢復正常，再沒有屍臭氣了。

---

[139] [日]井上 1938 年 1 月 13 日南京電：〈南京陷落一個月〉，刊《東京日日新聞》1938 年 1 月 14 日晨報第三版；前引[日]田中正明著，軍事科學院外國軍事研究部譯：《「南京大屠殺」之虛構》，[北京]世界知識出版社 1985 年版，第189 頁。

在下關附近以及中山東路附近駐有部隊的地區，街道兩側都有日本人開設的商店，而且多貼有「近日開店」的廣告。照這樣下去，一個月前的敵國首都南京的大街，定會變成南京的「銀座」。其中，最能反映日中友好親善的場面是在街頭的理髮攤上。一位中國理髮師把椅子拿到一個陽光充足的地方營業。一個圓腦袋四方臉的人出現在理髮師面前，那當然是我日本兵。理髮兩毛錢，刮臉一毛錢。從理髮攤的設備說，價錢不便宜。這位士兵舒舒服服地理完髮後，打了個噴嚏站起來走了。在他後面正等著理髮的下一個顧客說：「先生，請給我理一下。」說完便坐在椅子上。這位有生以來第一次被人稱為先生的中國理髮師，竟受寵若驚瞪大眼睛不知所措。

我漫步街頭，使我更為驚訝的是，居民懇切希望用中國貨幣兌換日本貨幣的情景。中國人的交易另當別論，但當時要買日本貨，不用日本錢是買不到的，因而很想兌換日本貨幣。中國人手裏拿著零錢，央求兌換日本貨幣。記者也應中國人的要求，兌換了一美元和一日元。與美元聲譽高、萬事方便的上海相比，南京的現實情況如何呢？日本的實力在不斷發展，一個新生南京的曙光將更加燦爛。[140]

到 1938 年 2 月 13 日，已是日軍佔領南京兩個月了，日軍大屠殺的屠刀剛剛收起，南京的社會秩序還未完全恢復正常。然而 2 月 14 日《東京朝日新聞》刊登守山特派記者於 2 月 12 日從南京發出的電訊報導〈卸下鍋灰偽裝，南京美人亮相——和平之一景〉，卻將日軍兩個月的屠場描繪成一片溫馨的景象：

---

[140] [日]金子義男 1938 年 1 月 17 日南京電：〈「新生南京」曙光燦爛〉，刊《東京日日新聞》1938 年 1 月 18 日晨報第三版頭條；前引[日]田中正明著，軍事科學院外國軍事研究部譯：《「南京大屠殺」之虛構》，[北京]世界知識出版社 1985 年版，第 187～189 頁。

[南京守山特派員 1938 年 2 月 12 日電]：繫著日本髮結的漂
亮小姐邁著碎步，行走在被炸彈和戰火破壞的破爛不堪的、但被
清掃得乾乾淨淨的柏油大馬路上。在難民區的角落，滿臉充滿回
家希望的支那人相互議論說：「終於可以回家了！我家現在不知
怎樣了？如果去上海，可以乘火車，真棒！我要回常州，很近，
必須步行回家。回自家真開心！」

和平之春也相隨而至，南京的太陽暖意融融。今天 12 號，
正好是日本軍進入南京城的第二個月。南京街頭巷尾那些大字書
寫的「浴血抗戰」等字樣，現在都銷聲匿跡，取而代之的是「感
謝日本軍，解除同胞痛苦」、「大日本做東亞盟主使有色人種前途
光明」等新招貼畫。[141]

1938 年 2 月，日本最大的電影公司「東寶電影公司」拍攝的時事
紀錄片《南京》也製成了，裏面充斥的都是日軍解放了南京，給中國
百姓帶去了和平、友好與幸福的鏡頭，是日軍救助中國難民、與中國
難民親密無間的鏡頭，是南京民眾生活無憂、感激皇軍恩澤的鏡頭。

在 1938 年 2 月以後，日本的新聞傳媒仍然關注著南京的「新生」、
南京民眾獲得的「祥和、幸福」生活的報導。因為這可以證明日本對華
侵略戰爭的正義性與必要性，可以掩蓋、抵賴日軍南京大屠殺的兇殘、
醜惡與罪孽深重，可以進一步欺騙中國人民、世界人民也包括日本人
民。這些報導、簡訊顯然都是在說謊，因為當時的南京剛剛經歷了日軍
四十多天的的燒殺淫掠，許多慘死者的屍體還未收斂，而許多的倖存者
心靈還在流血。這在本書前面已有論述。在本書後面的有關章節中我們
還將進行批駁與揭露。

直到 1938 年 3 月，日軍的暴行才有所減少，南京的形勢才逐步穩
定下來，逃到外地的老百姓開始陸續回到南京，逃進「安全區」的老百

---

[141] [日]守山 1938 年 2 月 12 日南京電：〈卸下鍋灰偽裝，南京美人亮相——和平
之一景〉，刊《東京朝日新聞》1938 年 2 月 14 日；前引《南京大屠殺史料
集》（6），第 242 頁。

姓也回到被洗劫一空的家中或被迫另行覓屋居住。南京的人口緩慢地有所增加。1938 年 5 月 5 日，上海日軍控制的《新申報》專門刊登報導，列表公佈了南京市 1938 年第一季度的居戶與人口統計數字，說明日軍佔領南京後，南京人口的不斷增長，以此證明日軍給南京帶來的興旺發達，掩飾日軍大屠殺的暴行及其帶來的南京人口銳減。1938 年 5 月 10 日，南京偽政府的《南京公報》轉載了這篇報導：

	月份	戶數	人口數
第一區	1 月	8,251	43,018
	2 月	15,653	69,067
	3 月	18,031	78,639
第二區	1 月	10,674	38,256
	2 月	18,067	64,551
	3 月	21,454	77,694
第三區	1 月	1,483	4,509
	2 月	5,219	19,806
	3 月	10,929	36,036
第四區	1 月	無統計	無統計
	2 月	3,125	12,007
	3 月	7,739	32,473
第五區	1 月	884	2,647
	2 月	2,624	6,921
	3 月	2,934	10,214

統計結果，南京五個區在 1938 年 3 月底的人口總數雖略有增加，仍只有 235,056 人，[142]只有戰前南京人口的不足四分之一，是 1937 年 12 月 13 日南京淪陷時人口的不足二分之一。

---

[142] 《德國使館的報告 75：1938 年 1～3 月的南京人口統計》；前引《南京大屠殺史料集》(6)，江蘇人民出版社 2005 年版，第 424 頁。本書著者按：《南京大屠殺史料集》(30)，江蘇人民出版社 2007 年版，第 206 頁所載同一篇文章，編譯有誤。

第五節　製造日軍的「恩德」與南京難民的「感激」

　　日本新聞傳媒在日軍南京大屠殺期間的第二項報導手法與宣傳內容，是憑空「製造」了日軍對南京軍民的巨大「恩德」與南京難民對日軍的「感激」之情。這是與前一項報導手法與宣傳內容緊密聯繫與互相配合的。

　　1937 年 12 月 15 日出版發行的《東京朝日新聞》16 日晚報刊登該社橋本、山本兩位記者 12 月 15 日發自南京的電訊消息，題為〈死亡之都巡禮──四個月後飄揚的社旗〉，報導他們在南京巡視所見到的情況。這兩位記者在南京城內漫步遊覽，來到了位於鼓樓附近的原外交部大樓。外交部的招牌早已被摘了下來，換上了「萬國紅十字會醫院總部」的牌子，裏面收容了 1000 多名中國傷病軍人，「其中大部分是在抗日戰爭中負傷的中國士兵」。然而日本佔領軍卻向這家醫院的中國傷病軍人送水、送藥、送糧。這兩位記者又來到大方巷原《東京朝日新聞》南京分社的駐地，原分社的中國員工從「安全區」跑出來同他們互相擁抱，高興異常，等等。[143]總之，在這兩位記者的筆下，日軍焚燒掉南京三分之一房屋的慘像不見了，日軍大規模屠殺中國軍民的滿街屍體不見了，有的是日軍的「仁慈」、「大度」，有的是中國居民對日軍的無限感激與熱誠歡迎。

　　1937 年 12 月 21 日，《東京朝日新聞》在第三版頭條位置，以五欄篇幅，並穿插照片，刊登了該社特派記者守山 19 日從南京發出的報導，標題是〈忘記抗日口號的南京市民，與日俱增的友情〉，副題是〈使人

---

[143] [日]橋本、山本：〈死亡之都巡禮──四個月後飄揚的社旗〉，《東京朝日新聞》1937 年 12 月 16 日晚報；中譯文轉引自[日]田中正明著，軍事科學院外國軍事研究部譯：《「南京大屠殺」之虛構》，[北京]世界知識出版社 1985 年版，第 195 頁。

想起「奈良之鹿」的配給情景，敵國首都的具有諷刺意味的明朗氣氛〉，
報導被日軍佔領一周後的南京，日軍的宣撫工作在穩步進展，在日本大
使館後面的廣場上，日本兵在給居民發點心、香煙，給抱著嬰兒的母親
送奶粉，場面非常熱鬧，使人回想起奈良公園飼養的鹿向遊人要餅乾吃
的情景。[144]報導寫道：

> [南京守山特派員 1937 年 12 月 19 日電]：……（日本）派
> 遣軍的宣撫在一步步展開。今天在日本大使館內的廣場上，日本
> 兵向難民分發點心和年糕，還將牛奶和罐頭送給抱嬰兒的母親。
> 一派親善光景。[145]

　　1937 年 12 月 24 日，《東京朝日新聞》晨刊刊登了一張以「和平又
來到南京」為題的照片，照片的說明是：「皇軍士兵在給難民分發點心」。
　　1937 年 12 月 23 日，由日軍報導部直接控制的上海中文《新申報》
上，刊登了一張照片，內容是南京「安全區」入口處的景象。最醒目的
是在「安全區」的入口處的上方，掛有「安全區」標誌的一面旗子。照
片旁有說明文字，稱南京「安全區國際委員會」請求日軍當局為「安全
區」的難民發放睡床和床上用品。這張照片的用意很明顯，是在告訴讀
者南京日軍當局十分重視對「安全區」的保護，並盡力向南京難民提供
各種生活用品。
　　事實怎樣呢？南京「安全區國際委員會」主席、德國商人拉貝在
1937 年 12 月 28 日的日記中指出，這是日方造謠。拉貝寫道：

> 12 月 23 日，一家由日本人出版、在上海印刷的中文報紙《新
> 申報》上刊登了一張照片，照的是掛有我們安全區標誌的旗子的

---

[144] 參閱[日]田中正明著，軍事科學院外國軍事研究部譯：《「南京大屠殺」之虛
構》，[北京]世界知識出版社 1985 年版，第 204 頁。
[145] [日]守山 1937 年 12 月 19 日南京電：〈忘記抗日口號的南京市民，與日俱增
的友情〉，刊《東京朝日新聞》1937 年 12 月 21 日第三版；前引《南京大屠
殺史料集》（6），第 242 頁。

安全區入口處。這篇文章說，難民區國際委員會請求日本人為發
放床和床上用品。我們從來沒有過這種想法，也許我們曾對日本
士兵拿走難民的一些床上用品提出過口頭抗議。不過，向（日本）
軍隊請求給予床上用品這種想法，我們從來沒有過，因為軍隊它
自己也沒有。[146]

1937 年 12 月 27 日，上海中文《新申報》又編造刊登了一則「日
軍在南京設立三家臨時醫院救護中國傷病軍人」的消息，還無中生有
地造謠說，這些被日方救治的中國軍人為表達感激之情，竟願意為日
本而戰：

> 在南京，（日軍）為受傷（中國）士兵設立了三所臨時醫院，
> 即外交部、軍政部和國立中央大學各一個。當中國軍隊撤出該城
> 時，醫院的醫生全跑了，沒有留下來繼續照顧可憐的受傷或瀕臨
> 死亡的中國士兵。約 30 具因受了重傷死於金陵大學醫院的中國
> 士兵的屍體就躺在地板上並已經腐爛。另外一些輕度受傷的士兵
> 被安置在外交部和軍政部。這些人臉色蒼白，給人的印象是可憐
> 的貧民。日本醫療隊不想讓這些傷員死亡，派出了在壽山大夫和
> 岡田大夫領導下的 10 名醫生以及 20 名護士前往上述兩個政府部
> 門，給每個傷員以細心的護理。在外交部總共大約有 300 個傷
> 員，在軍政部大約有 200 個傷員。這些士兵供述，在日本人佔領
> 該城的前一周，所有的中國醫生和護士同戰敗的中國軍隊一起離
> 開了南京，幸虧後來來了一個英國（本書著者按：應該是美國）
> 牧師馬吉大夫，他帶了 13 名中國醫生和 50 名護士護理中國士
> 兵。但是，每天都有屍體被抬出去。目前日本醫生在為這些中國
> 士兵治療，他們因此而很感激日本軍隊。一個中國士兵腿部中彈
> 受傷，為他治療的醫生壽谷大夫問及他身體情況和是否有興趣繼

---

[146] [德] 拉貝著，本書翻譯組譯：《拉貝日記》，江蘇人民出版社 1997 年版，第
297 頁。

續當兵時，他回答說，不，但是如果我必須繼續當兵的話，我願
意為日本而戰。云云。[147]

這又是在說謊！日方的報導竟把屠城的日軍打扮成南京軍民的救
護天使。日軍對中國傷兵無微不至、悉心盡力的救護不僅是中國政府不
能比擬，甚至也是西方僑民們所不能比擬的。但事實真相如何呢？眾所
周知，日軍進入南京的大屠殺就首先是從對中國的戰俘與傷殘兵開始
的，並一直是以對中國的戰俘與傷殘兵為屠殺重點。而設在外交部與軍
政部的紅十字醫院，本來是由西方僑民組成的「南京安全區國際委員會」
與「國際紅十字會南京分會」在南京淪陷前創辦與主持的，他們向這些
醫院中的中國傷病軍人提供醫療護理與食品。但在日軍佔領南京後，日
軍官兵就侵入並控制了這些醫院，趕走「國際紅十字會南京分會」的人
員，隨意地殺害中國傷殘兵，強姦婦女；對在這些醫院工作的中國醫護
人員進行嚴格的限制，使得這些醫院缺醫少藥。

擔任「國際紅十字會南京分會」主席的美國傳教士約翰・馬吉牧師
看到 1937 年 12 月 27 日《新申報》的這則虛假報導後，在 1938 年 1
月 11 日的日記中寫道：「我認為（日方當局）優待這些傷員是為了宣傳
而故意做出來的，這樣可以抵消當時盛行的難以啟齒的兇殘。日本人送
來一些米，不過大多數都是用我們手中的錢購買的。」馬吉還以日軍對
中國傷病士兵的兇殘事實揭穿了日軍的偽善與兇暴：「後來我得知，一
名中國士兵被刺死，原因是他的碗被打翻而發脾氣。」[148]——只因為一
名中國傷病士兵的碗被打翻，就發脾氣刺死了他。這難道就是「日軍在
南京救護中國傷病軍人」麼？

---

[147] [德]拉貝著，本書翻譯組譯：《拉貝日記》，江蘇人民出版社 1997 年版，第
   327～328 頁。
[148] [美]馬吉：〈致夫人函〉（1938 年 1 月 11 日）；前引章開沅編譯：《天理難容》，
   第 211 頁。

為了揭穿日方當局的謊言，以正視聽，馬吉牧師特地於 1938 年 1 月 15 日寫了一封致國際紅十字會的電報草稿，準備發出。其文如下：

致國際紅十字會

上海國際飯店

　　日本人在他們的出版物中向全世界公告，被安置在外交部的中國傷兵受到他們的關懷。在這裏我們要指出的是，中國醫護人員以及病人的食品一直都是由我們（紅十字會南京分會）提供的。貴會是否認為，在日本人自 12 月 13 日以來拒絕我們進入外交部這家醫院後，我們應繼續提供食品？

簽名　約翰·馬吉
1938 年 1 月 15 日[149]

　　同日，馬吉牧師又致函日本駐南京大使館，再次要求日方當局准許「國際紅十字會南京分會」人員進入被日方霸佔的外交部中國傷兵醫院查看。其文如下：

致日本大使館

南京

　　在日本軍隊進入南京之前，南京紅十字會負責管理外交部中國傷兵醫院。儘管我們於 12 月 15 日正式向日本司令官請求准許我們繼續進行我們的人道主義工作，但從 12 月 14 日以來，我們的代表沒有哪個獲准進入這家醫院。在此期間，我們還是從不間斷地向醫院送去食品。

　　我們再次請求你們准許我們進入這所醫院，以便我們能夠查明至今仍由我們負責的食品供應情況是否令人滿意。

---

[149] [德]拉貝著，本書翻譯組譯：《拉貝日記》，江蘇人民出版社 1997 年版，第 415 頁。

由於已有一個月不瞭解實際情況，我們懇切盼望貴使館能儘快答覆。

順致崇高敬意

簽名：約翰·馬吉

紅十字會主席，南京[150]

為了能使「國際紅十字會南京分會」的工作人員進入這兩家醫院，1938 年 1 月 22 日，南京「安全區國際委員會」主席、德國商人拉貝與「國際紅十字會南京分會」主席約翰·馬吉以及會講一點日語的俄國僑民克拉一道，去訪問日軍後勤軍醫總監平井大夫。拉貝在當天的日記中寫道：

今天早晨，約翰·馬吉牧師陪我和會講一點日語的克拉到後勤軍醫總監平井大夫那裏，我必須對他作一次回訪。我們利用這個機會，請求平井大夫准許我們訪問紅十字醫院，這所醫院是我們在外交部設立起來的。我們現在還向那裏提供大米。但在南京淪陷後就不許我們進去，因為日本人接管了這家醫院的管理工作。[151]

1938 年 1 月 25 日，拉貝與馬吉一道聽取了外交部醫院中兩名中國護理人員關於日軍在這家醫院中新的暴行的報告——因為尋找花姑娘不得，竟殺死了這家醫院的一名勤雜工，以及軍政部醫院的情況報告。拉貝與馬吉以這些材料寫成《南京安全區國際委員會關於南京外交部紅十字醫院事件的機密檔案》、《關於外交部紅十字醫院狀況的機密檔案》和《軍政部紅十字醫院狀況》等幾份文件。其中寫道：

---

[150] [德]拉貝著，本書翻譯組譯：《拉貝日記》，江蘇人民出版社 1997 年版，第 419 頁。

[151] [德]拉貝著，本書翻譯組譯：《拉貝日記》，江蘇人民出版社 1997 年版，第 477 頁。

　　1 月 22 日 23 時，三名日軍士兵出現在外交部醫院的 3 樓過道上尋找姑娘。由於她們都躲了起來，所以沒有找到。

　　第二次，那是 1 月 23 日凌晨 4 時，又有一名日軍小個子士兵出現在 3 樓的過道上，他的肩章上有一顆星，手執刺刀，皮帶上別著左輪手槍。他叫來了醫院的勤雜工，逼迫他去找姑娘。勤雜工非常害怕，因為他發現了這名士兵手上和刺刀上的血跡。當他走出房間時發現了醫院裏另一名勤雜工的屍體，看起來是被這名士兵殺害的。於是他領著這名士兵上了 4 樓，在後者的威脅下，打開了幾個女護士的臥室門……[152]

　　拉貝、馬吉等記述的日軍在這些醫院中的醜惡的罪行，有力地揭穿了日本新聞傳媒的荒謬與虛假。

　　1938 年 1 月 8 日，《新申報》再次刊登了一則從南京發出的新聞通訊，題為：〈日本軍親切關懷難民，南京充滿和睦氣氛〉，則是編造與欺騙手段「已達登峰造極的地步」[153]的典範之作：

　　　　南京市的的街道依然沉寂。慈和的陽光照耀著城市西北角的難民區。從死裏逃生的南京難民，現在已經受到皇軍的撫慰。他們跪拜道旁，感激涕零。在皇軍入城以前，他們備受中國反日軍隊的壓迫，生病的人沒有醫藥上的幫助，饑餓的人不能夠取得一米一粟，良民的痛苦，無以復加。

　　　　幸而皇軍現已入城，伸出慈悲之手，散播恩惠之露，在日本大使館的西首，難民數千人放棄了以前無聊的反日態度，因為生活有保障，群相額手稱慶。男男女女，老老少少，跪迎皇軍，表

---

[152] [德]拉貝著，本書翻譯組譯：《拉貝日記》，江蘇人民出版社 1997 年版，第 499 頁。

[153] [德]拉貝著，本書翻譯組譯：《拉貝日記》，江蘇人民出版社 1997 年版，第 475 頁。

示忠忱。在難民區內，日兵向難民分散麵包、餅乾及香煙，難民莫不感激逾恒。日兵並在營房附近，饋贈禮物。

　　同時，衛生隊也已開始進行醫藥與救濟工作。眼睛將失明的人得重睹天日，咳嗽甚劇的孩子，兩腳膿腫的老嫗，都免費治療。難民沾受皇軍的恩惠後，滿面愉悅，圍繞日兵，高呼「萬歲」，憲兵看見一個老闆佈置重開店鋪，便報以微笑。……在運動場上，日本兵和中國兒童共遊樂。現在，只有在南京可以呼吸到安寧生活和愉快工作的空氣，全世界的人士應該注意今後南京的發展。[154]

　　金陵女子文理學院美籍教授魏特琳女士在 1938 年 1 月 21 日的日記中，對這則報導作了如下評價：「新出版的《新申報》在 1 月 8 日有一篇題為〈日本軍溫和撫慰難民，南京城裏氣氛和諧〉的文章，文章有二十五句話，其中四句是真話，即關於太陽的一句、鼓樓的一句、有關憲兵的一句和日本國旗位置的一句；有一句話一半是真的；十九句是假的；還有一句我無法確定。在『是非題』的測試中，這一得分可不高啊！」[155]

　　拉貝則在 1938 年 1 月 22 日的日記中，對這篇報導憤怒地斥責道：「下面收入了刊登在日本人在上海辦的《新申報》上的一篇關於這裏情況的文章譯文，它再一次表明報紙特別是日本報紙什麼胡言亂語都會有。這篇文章是一個徹頭徹尾、荒謬絕倫的無恥謊言，其造謠手段已達登峰造極的地步。」[156]

　　對《新申報》的這篇報導，上海租界中的英文《字林西報》（The North China Daily News）在 1938 年 1 月 22 日報導中加以轉載；接著，英文

[154] 報導：〈日本軍親切關懷難民，南京充滿和睦氣氛〉，刊[上海]《新申報》1038 年 1 月 8 日；中國第二歷史檔案館等編：《侵華日軍南京大屠殺史料》，江蘇古籍出版社 1997 年版，第 260〜261 頁。

[155] 前引[美]魏特琳著，南京師範大學南京大屠殺研究中心譯：《魏特琳日記》，第 252 頁。

[156] [德]拉貝著，本書翻譯組譯：《拉貝日記》，江蘇人民出版社 1997 年版，第 475 頁。

《密勒氏評論報》（The China Weekly Review）在 1938 年 3 月 19 日增
刊又加以轉載。當然，這些堅持人類正義與新聞真實的西方中立國家報
紙轉載這篇謊話連篇的報導，是將它作為反面教材進行對比、揭露、批
判用的。例如，《密勒氏評論報》在 1938 年 3 月 19 日轉載這篇報導的
同時，發表題為〈南京──到底發生了什麼──還是日軍的天堂〉的長
篇報導，針鋒相對地批駁、揭露了日本新聞傳媒報導的虛假與造謠，
指出：「下一頁上發表了一篇日本人希望全世界相信在南京所發生事情
的文章，然而，12 月 13 日佔領南京數天，甚至數周之內，在中國首都
發生事件的真實記載卻顯示事實與之描繪的情況大相徑庭。」[157]

　　1938 年 1 月 9 日出版的東京《大阪朝日新聞》上，刊登該報特派
記者近藤從南京發出的電訊報導〈「內衣外套夏裝」的男子──「等等！
敗兵！」〉，報導該報記者在南京召開的一場日軍士兵座談會以及採訪日
軍士兵的情況，恬不知恥地吹噓是日軍士兵的辛苦警備，保護了南京的
和平與建設。報導寫道：

> 在輝煌的太陽旗下，南京迎來戰後第一個春天。現在，南京
> 正在飛快地進行建設。絕不能忘記在南京這一派和平的背後，有
> 著忘記過年的我（日本）軍將士。他們「正身負著警備南京的重
> 任，不分晝夜，站在凜冽的寒風中，吃盡辛苦。」

該報導還寫了一個姓清水的日軍上等兵接受記者採訪時的談話：

> 入城後即刻進行市內整頓。那時心想，如此多的難民遭受那
> 麼猛烈的攻擊，一直不逃，躲在城裏，真讓人吃驚，實在佩服。
> 13 日入城的那幾天，只有敗兵出沒，看不見一個良民。第二天，
> 14 日，不知躲在哪裡的人開始陸續成群地出現。有些靈活的支

---

[157] 報導：〈南京──到底發生了什麼──還是日軍的天堂〉，刊《密勒氏評論報》
　　1938 年 3 月 19 日；前引《南京大屠殺史料集》（6），第 176 頁。

那人早早地開起理髮店、修鞋店等等。如果是一兩千人，那還好辦。要從七八萬人中找出穿便衣的敗兵，那是費時費工的事。[158]

　　從這位日本兵的談話中，似乎侵入南京的日本兵是那麼的善良、辛勞，對南京人民是那麼的友愛與佩服，他們到南京，完全是為了讓南京人民安居樂業，不受敗兵的騷擾。但事實是這樣的嗎？

　　1938 年 1 月 11 日，東京出版的《支那事變畫報》上，刊登多張日軍攻佔南京以及日軍給南京人民帶來「恩德」與「安祥」生活的照片，如〈獲得我軍分發的點心、香煙而欣喜高呼日軍萬歲的南京難民〉、〈為南京難民區患者進行治療的日軍醫療班〉等。[159]

　　就在這同一天，1938 年 1 月 11 日，當時正在南京「安全區」救護中國難民的基督教南京青年會美籍牧師喬治‧費奇（Fitch）在日記中記述與評價了日方新聞傳媒關於南京情況的無恥編造：

　　　　我們曾經看到上海一家的日文報紙的幾篇文章和《東京日日新聞》的兩篇文章，它們告訴我們，甚至早在 12 月 28 日，商店迅速開張，貿易恢復正常，日本人與我們合作，為可憐的難民提供食物，市區已經根除中國搶劫者，和平與秩序籠罩全城。

　　喬治‧費奇接著辛辣地指出：

　　　　如果在南京發生的這些事不是如此悲慘，我們會被這謊言逗得大笑。[160]

---

[158] [日]近藤 1938 年 1 月 8 日南京電：〈「內衣外套夏裝」的男子——「等等！敗兵！」〉，刊《大阪朝日新聞》1938 年 1 月 9 日；前引《南京大屠殺史料集》（6），第 251 頁。

[159] [日]東中野修道著，嚴欣群譯：《南京大屠殺的徹底檢證》，新華出版社 2000 年版，第頁 194～195。

[160] [美]喬治‧費奇：《1938 年 1 月 11 日日記》，章開沅編譯：《天理難容——美國傳教士眼中的南京大屠殺（1937-1938）》，南京大學出版社 1999 年版，第 115 頁。

第六節　吹噓日軍尊重外國權益

日方各新聞傳媒的記者們還在他們的報導中，吹噓與捏造日軍是如何刻意保護外國駐南京的外交機構與外僑的生命、房屋、財產等。

1937 年 12 月 16 日《東京朝日新聞》刊登該報記者發自南京的電訊報導，在標題中特地標明：〈特別保護外國權益〉。1937 年 12 月 17 日《東京日日新聞》刊登發自南京的電訊報導，寫道：

> 南京一片慘狀，到處是斷壁殘垣，只有外國人的房屋完好無損。

據司令部通訊員村上大馬壯報導：

> 只有外國大使館、公使館和公共建築物沒有遭到日本軍隊的轟炸。這個事實表明，當日本人向昔日的中國首都發起攻擊時，他們轟炸得多麼準確，他們是多麼慎重。[161]

南京「安全區國際委員會」主席、德國商人拉貝以事實給日本新聞傳媒的這則虛假宣傳以有力的駁斥與辛辣的嘲諷。他在 1938 年 1 月 8 日的日記中，針對上述虛假報導，寫道：

> 這裏我想說的是：如果說日本人轟炸的「準確」使歐洲人的房子倖免於難的話，再如果說日本部隊出於慎重沒有向這樣的建築物發起攻擊的話，那麼為什麼在他們攻佔南京後允許同一些部隊對 60 幢德國人的房屋中的 40 幢進行搶掠並把兩幢房屋徹底燒毀呢？美國人甚至有 100 多所（約 120 所）房子被日本士兵搶掠

---

[161] 報導：〈特別保護外國權益〉，刊《東京朝日新聞》1937 年 12 月 16 日；[德] 拉貝著，本書翻譯組譯：《拉貝日記》，江蘇人民出版社 1997 年版，第 382 頁。

或破壞。絕對沒有弄錯，這些罪行不是中國部隊犯下的，而是日
本部隊犯下的。[162]

拉貝的揭露與反駁完全正確。日軍在南京長時期瘋狂的燒殺淫掠波
及到幾乎所有在南京的西方僑民，燒毀他們的房屋，搶掠他們的財產、
汽車，甚至侮辱他們的人格、傷害他們的身體、威脅他們的生命安全。
「各國的房屋財產均遭到了搶劫者的劫掠，他們根本不理會懸掛的外國
國旗。」[163]

德國是日本的盟國。但德國僑民的房屋財產也難逃厄運。德國大使
館行政主管沙爾芬貝格在 1938 年 1 月 13 日關於南京局勢的報告中說：

德國人的房子被燒毀的有：基斯林－巴德爾糕餅店、黑姆佩
爾的飯店，埃克特的房子、封‧施佩林的房子等。羅德膳宿公寓
被洗劫一空。遭到嚴重搶劫的還有：沙爾芬貝格的宅寓（損失約
5000 元）、施特雷齊烏斯的宅寓、布盧默的宅寓、封‧博迪恩的
宅寓、博爾夏特的宅寓、尤斯特的宅寓、增切克的宅寓、林德曼
的宅寓、孔斯特‧阿爾貝斯公司。這份清單還沒有完全列完，再
說搶劫事件還在持續不斷地發生。其餘未提到的德國人的房子也
都遭到了搶劫，但程度並不嚴重，被搶走的東西中多半也還包括
中國傭人的財產。[164]

不僅對德國的普通僑民，就是德國駐華大使館及大使陶德曼的房屋
財產也遭到日軍的劫掠。1938 年 1 月 10 日，德國人史波林看見日本駐
南京領事館的警官田中「正從一間精緻的德國人住宅裏出來，裝走兩黃

[162] [德]拉貝著，本書翻譯組譯：《拉貝日記》，江蘇人民出版社 1997 年版，第
382～383 頁。
[163] [德]拉貝著，本書翻譯組譯：《拉貝日記》，江蘇人民出版社 1997 年版，第
423 頁。
[164] [德]拉貝著，本書翻譯組譯：《拉貝日記》，江蘇人民出版社 1997 年版，第第
422～423 頁。

包車珍奇古玩。他無疑對那些東西已覬覦多日。」[165]甚至德國駐華大使
陶德曼的屋裏，也「有幾幅中國畫卷被日本兵偷走了」。[166]

如果說日軍對德國僑民拉貝等人還心存一些顧忌的話，那麼對美國
僑民則要放縱得多。這是因為美國不是日本的盟國，美國政府與美國輿
論都對日本的侵華戰爭進行譴責。日軍不顧國際公法，不僅多次侵入美
國僑民的房屋，搶劫美國僑民的財產，甚至搶劫美國大使館的汽車與財
產，引起美國政府的抗議；而且多次對美國僑民與美國外交官的人身加
以傷害與威脅。其中較大的事件有如下幾次：

1937 年 12 月 16 日，日軍毆打、侮辱里格斯的「司法部事件」。

里格斯（又譯林查理）是金陵大學美籍教授。16 日早晨，日軍在
安全區內大規模搜捕中國士兵，帶去槍決。在中山路的司法部裏，日軍
認為在他們搜查過該房屋後，「國際委員會」的西方人士又私自放進了
中國士兵。「在事件的過程中，里格斯先生一再想把事件解釋清楚，避
免中國平民被當作士兵抓走，結果 3 次遭到這名軍官用軍刀威脅。他還
用拳頭重擊裏格斯的胸部。」[167]

1937 年 12 月 17 日日軍在金陵女子文理學院毆打魏特琳事件。

日軍在 12 月 16 日、17 日連續兩天對金陵女子文理學院難民所進
行大規模的搜查，抓走被他們認為是中國士兵的難民，侮辱婦女，搶走
財物。魏特琳作為該難民所的負責人，一次次勇敢地阻攔日軍官兵的野
蠻行徑。17 日晚飯後，魏特琳阻止兩個日本兵進中央樓抓人，那日軍
士兵竟蠻橫地打了這個已 52 歲的美國女教授一記耳光，並迫令魏特琳
與金陵女子文理學院難民所的其他工作人員站在校門口，迫令工友跪在

---

[165] [美]麥卡倫：《致家人函——1938 年 1 月 11 日日記》，前引章開沅編譯：《天
理難容——美國傳教士眼中的南京大屠殺（1937-1938）》，第 265 頁，譯文
略有改動。

[166] [德]拉貝著，本書翻譯組譯：《拉貝日記》，江蘇人民出版社 1997 年版，第
435 頁。

[167] 《司法部事件備忘錄》，[德]拉貝著，本書翻譯組譯：《拉貝日記》，江蘇人民
出版社 1997 年版，第 207 頁。

地上，直到夜裏 11 點多鍾。聞訊趕來的費奇、史邁士、米爾斯也受到日軍的侮辱與驅趕。[168]

1937 年 12 月 19 日日軍在鼓樓醫院槍擊麥卡倫、特裏墨事件。

據拉貝日記載，在 1937 年 12 月 19 日下午 3 時，一日本士兵闖入鼓樓醫院（大學醫院）。醫院行政主管麥卡倫與醫院院長特裏墨要求他離開醫院時，他竟然朝他們開槍，幸虧子彈打偏了。[169]

1938 年 1 月 11 日還發生了日軍包圍、查抄「南京安全區國際委員會」總部的事件。

日軍藉口尋找一包被一位中國難民搶去的衣服，在這日中午 12 時多，包圍了設在寧海路上的「南京安全區國際委員會」總部所在地；然後由一個日軍軍官帶領幾個士兵，在未徵得拉貝同意的情況下，衝進來搜查各個房間，未有所獲。下午 1 時 30 分，那個日軍軍官帶領士兵，再次包圍了總部，並指揮士兵翻越圍牆，再次衝進總部，搜查各個房間，並毆打總部的中國工作人員；直到下午 2 時，「南京安全區國際委員會」的總稽察克勒格爾趕來，找出那包衣服，並請來偽「市自治委員會」的王承典作解釋，日軍才撤離總部。[170]

在南京戰事結束後，1937 年 12 月中、下旬，在日軍進攻南京時避往外地的一些西方國家駐中國外交官多次向日方當局要求回到南京使館中。日方當局深知這些外交人員對南京的觀感以及他們向各國政府的報告、向國際新聞傳媒的談話，將產生極其重要而深廣的影響，因而，竭力設法阻撓和拖延他們回南京。直到 1938 年 1 月初，美、英、德三國駐南京使館的部分外交人員，經過多次交涉，終於陸續回到南京使館中開

---

[168] [美]魏特琳著，南京師範大學南京大屠殺研究中心譯：《魏特琳日記》，第 199 頁。

[169] [德]拉貝著，本書翻譯組譯：《拉貝日記》，江蘇人民出版社 1997 年版，第 230 頁。

[170] [德]拉貝著，本書翻譯組譯：《拉貝日記》，江蘇人民出版社 1997 年版，第 395、403～404 頁。

展工作。日方的新聞傳媒立即抓住這則新聞，大加報導，力圖顯示日方當局對外國使節的尊重，顯示南京作為國際都市已恢復正常。

1938 年 1 月 8 日，《新申報》刊登新聞通訊〈日本軍親切關懷難民，南京充滿和睦氣氛〉，在造謠報導中國居民安居樂業的同時，還造謠報導美國、英國、法國與蘇聯駐南京的使館已在南京開始正常工作，在這些使館的上方飄揚著各國的國旗：

> 從鼓樓高地四眺，貼近日本大使館飄揚著美國國旗，西北面飄揚著英國國旗，北面飄揚著法國國旗，東面飄揚著蘇聯的紅色國旗，與後湖的碧水相映成趣。在這些國旗的中央，日本大使館的鐵塔高高聳起，太陽旗在微風中迎風招展。[171]

歷史的真實是：在 1938 年 1 月 8 日之前，只有美國使館的三名外交官回到南京，他們是 1938 年 1 月 6 日回來的。德國的三名外交官與英國的三名外交官是在 1938 年 1 月 9 日才回到南京。其他國家使館的外交官則一直毫無蹤影。因此，稱在 1938 年 1 月 8 日就看到英國、法國與蘇聯駐南京的使館已開始正常工作，在這些使館建築的上方飄揚著各國的國旗云云，一定是造謠。而蘇聯駐南京的使館建築在 1938 年 1 月 1 日被焚燒，大火燃燒到第二天，對此我們將在後面論述，更不可能有什麼國旗飄揚。難怪拉貝將《新申報》的這篇報導稱作「登峰造極」的造謠之作。

1938 年 1 月 14 日，《東京日日新聞》晨報在第三版刊登該報記者井上 1 月 13 日發自南京的電訊消息，題為〈南京陷落一個月〉，在報導南京「完全恢復了和平」的同時，還報導了美、德等國使館恢復工作的繁忙情況。報導寫道：

---

[171] 中國第二歷史檔案館等編：《侵華日軍南京大屠殺史料》，江蘇古籍出版社 1997 年版，第 260～261 頁。

美國領事館已開始辦公，插著卐字旗的德國汽車也頻繁來往於南京街頭。[172]

各國外交使節回到南京開展工作，他們在忙於什麼呢？原來他們在緊張地調查並如實地向本國政府與新聞界報告日軍在南京的暴行及其對各國使館與僑民生命財產的侵犯。這從他們的大量外交文件就可以得到證明。——這就引起了南京日軍當局對他們的仇視與報復。很快，日軍的暴行殃及到美國的外交官。1938 年 1 月 26 日，發生了日軍毆打美國駐南京使館三等秘書、領事阿利森的事件。

據美國傳教士福斯特 1938 年 1 月 26 日致妻子函記載，在 1938 年 1 月 26 日，「日本兵在金陵大學一所校舍中抓走一個少女並加以姦污。她回來時，案情上報領事。阿里森和（金陵大學教授）林查理（即里格斯）陪同少女前往她被抓走的地方。這是一個相當於憲兵司令部的地方。有幾個憲兵陪同領事出去。少女被叫進這所建築，也許是為了辨認施暴者，但不許阿里森和林查理一同進去，他們站在門內約 2 英尺處。有個士兵試圖把他們推出去，當時一個官員走過來，怒氣衝衝地吼叫他們是美國人，一個士兵從背後衝過來並打阿里森一個耳光。當一個曾經陪同阿里森的憲兵告訴別人他是美國領事時，另一個士兵抓住林查理，揪著他的外衣衣領猛揉，直到把它撕破。但他們（堅持）等待著，直到女孩被交還他們。」[173]

日軍的暴行引起了各國外交使節的不滿與美國政府的多次抗議，更引起了各國新聞傳媒的廣泛關注與連續報導，形成國際新聞界的焦點，給日本當局以巨大的壓力。

---

[172] [日]井上 1938 年 1 月 13 日南京電：〈南京陷落一個月〉，刊《東京日日新聞》1938 年 1 月 14 日晨報第三版；前引[日]田中正明著，軍事科學院外國軍事研究部譯：《「南京大屠殺」之虛構》，[北京]世界知識出版社 1985 年版，第 189 頁。

[173] 章開沅編譯：《天理難容——美國傳教士眼中的南京大屠殺（1937-1938）》，南京大學出版社 1999 年版，第 157 頁。

出於外交政策與新聞宣傳的考慮，日本最高當局一方面指示日本各新聞傳媒封鎖或淡化處理上述消息，據美聯社東京 1938 年 1 月 28 日電訊報導：「日本外務省發言人今天說，美國 1 月 17 日抗議書中指控『日軍公然罔顧美國的權益』之詞將不會在日本公諸於眾。日本報紙只簡略地刊登了美國使館三等秘書阿里森在南京被日軍哨兵打耳光的事件」[174]；另一方面，為了平息各國外交使節的不滿與各國政府的抗議及其在國際輿論上的不良形象，日本最高當局派遣總參謀部第二部（情報部）部長本間雅晴陸軍少將趕到南京視察，配合南京的日軍當局與日本外交使節，開展各種活動，以各種方法，如舉辦各種名目的招待會、宴會、音樂會等，招待各國駐南京的外交人員，竭力對他們進行拉攏，企圖用金錢、美女堵住他們的嘴；同時，日本最高當局指示日本各新聞傳媒對這些招待會、宴會、音樂會等大肆報導與渲染，力圖造成南京外交機構與外交人員安全、歡樂、與日軍和諧相處的輿論印象。

各國駐華使館留守南京辦事處的官員對日方的態度不盡相同。

納粹德國駐南京大使館的政務秘書羅森對日軍在南京的暴行與日方當局的虛偽公開表示厭惡，經常拒絕日方的邀請；而行政主管沙爾芬貝格與羅森不同，對日方有好感，重視維護納粹德國與日本的關係。沙爾芬貝格多次應邀參加了日方舉辦的各種招待會、宴會、音樂會等。他於 1938 年 2 月 10 日向移住武漢的德國駐華大使陶德曼所寫的關於南京形勢的個人報告中，寫道：「日本人最近邀請我們參加社交聚會十分頻繁。」[175]他列舉了僅在 2 月份前十天就有如下社交聚會：

1938 年 2 月 1 日，日本陸軍參謀本部情報部部長本間雅晴陸軍少將與日本駐南京大使館參贊日高信六郎一同宴請了英、美、德等各國所

---

[174] 美聯社東京 1938 年 1 月 28 日電：〈日本人隱瞞抗議一事〉，刊《芝加哥每日論壇報》1938 年 1 月 29 日第 2 版；前引《南京大屠殺史料集》（6），江蘇人民出版社 2005 年版，第 212 頁。

[175] 《德國駐華大使館留守南京辦事處的行政主管沙爾芬貝格的報告》；前引《南京大屠殺史料集》（6），江蘇人民出版社 2005 年版，第 406 頁。

有駐南京的外交人員。日本「華中方面軍」副參謀長武藤章大佐及日本
陸軍參謀本部的許多軍官出席作陪。

沙爾芬貝格寫道：

> 宴席擺了 3 桌，每桌大約 10 人，我們身後照例是一批日本
> 藝妓充當服務員。酒席從一開始就大杯狂飲，本鄉少佐聲稱日本
> 酒清得像「水一樣」，還想把許爾特爾先生灌倒。然後就唱歌，
> 除了日本歌曲外還唱了《守衛萊茵河》。接著跳了舞，又狂飲一
> 番。……可以說是最融洽的聚會。[176]

沙爾芬貝格寫得較簡略。參加這次宴會的美國駐南京使館的三等秘
書、領事阿利森剛剛在 1938 年 1 月 26 日遭受日軍的毆打與侮辱。他在
回憶錄《來自草原的大使》中，對這次日方邀請的宴會則作了較詳盡的
記述與分析，寫得很有趣，也很生動。他先寫了日方舉行這次晚宴的
由來：

> 打耳光事件引起的另一結果是日本人向南京派了一名特使
> 去調查事件的真相，以期安撫美國人和發送負面報告的英國和德
> 國外交人員。被選中承擔這一任務的是本間雅晴少將，七年之
> 後，由於他統領的部隊在菲律賓犯下的戰爭罪行而被處以死刑。
> 將軍能操流利的英語，修剪過的鬍鬚使他很像一名英國軍官。我
> 的英國、德國同行們與我一道應邀參加了一個很像是愛利絲奇境
> 中瘋狂茶會的晚宴。

接著，阿利森記述了日方借這次宴會向英、美、德等國駐南京的外交使
節解釋南京日軍官兵侵犯西方權益的原因。看來這才是日方當局的目的：

---

[176] 《德國駐華大使館留守南京辦事處的行政主管沙爾芬貝格的報告》（1938 年
2 月 3 日），前引《南京大屠殺史料集》（6），江蘇人民出版社 2005 年版，
第 405 頁。

　　在日本大使館客廳會見我們的不僅有本間將軍，還有統領駐
南京地區日軍的將領，他的幾名參謀，以及日本大使館的官員。
餐前喝了各種好酒，包括本間將軍專門為我們進口的黑標籤蘇格
蘭威士卡和高登杜松子酒，大家輪番把盞。我們在享用這些勾起
對往日輕鬆生活懷念之情的醇酒之際，本間將軍開始發言，解釋
為什麼日本兵的所作所為會如此糟糕。

本間是如何為日軍的強盜與流氓行為辯護的呢？阿利森寫道：

　　三名外交官端坐在那兒靜靜地聽著這一自相矛盾的故事。
一會兒，日本兵洗劫商店、搶劫住家被說成是由於中國軍隊抵
抗能力弱，日軍向前推進得太快，運輸給養的卡車跟不上，他
們的搶劫只是為了獲取自己的給養跟上來之前的生活必須品。
幾分鐘後，我們被告知日軍對中國老百姓表現出的冷酷殘暴是
由於遭到中國軍隊意想不到的抵抗後，日軍感到異常憤怒所
致。這樣的事情是不應該發生在皇軍身上的！接著又告訴我們
在戰爭狀態下，對這麼龐大的軍隊實施統一的紀律是有困難
的。本間將軍極其嚴肅地解釋說，當年他任大佐指揮一個新的
團，花了他六個月才使當兵的按照他的要求行禮。

本間這番自相矛盾的解釋既表現了日方當局的強詞奪理，也表現了
他們的理屈詞窮。它自然不可能說服那些已深深領教過日軍軍風紀的西
方外交官們。西方外交官們心知肚明，但在這樣的宴會上只能以外交禮
節應付。阿利森寫道：

　　我們啜著黑標籤蘇格蘭威士忌酒，莊嚴地點點頭。然後，我
們被領進餐廳，豪華的宴會已恭候我們多時。這是感恩節和耶誕
節食品的混合體：有烤火雞、鵝、火腿、甜薯、紅酸梅果汁、新
鮮芹菜和碧綠的沙拉菜。為了讓我們的英國同行高興，最後我們
就著質量不錯的葡萄酒吃了蛋糕和乳酪。吃乳酪、喝葡萄酒之

際，三名身著鮮豔和服的日本少女蹦蹦跳跳地進來，對外國客人深深地一鞠躬，唱上一支迎賓小曲。然後，她們走到每個客人的身旁，舉起盛滿米酒的杯子，做出笑顏，用英語唱道：「我喜歡你呀。你可喜歡我？」吉伯特和薩利文可從來不像這個樣子。我們的日本主人落了座，開懷大笑。顯而易見，他們的客人這下不會再往東京發送有關日本的壞報告了。[177]

日本主人的大笑說明，他們以為他們舉行酒會的目的達到了，即已消除了各國駐南京使節對日本的敵意。

僅僅過了兩天，1938 年 2 月 3 日，日本駐南京大使館參贊日高信六郎又一次舉行宴會招待各國駐南京的使節，目的是聯絡感情，增強日本與各列強國家的關係。沙爾芬貝格寫道：

> 大使館參贊日高邀請了各國的外交官員，沒有軍人參加，只有福井總領事和一位參贊出席。……晚宴的飯菜很豐盛，有上等葡萄酒──只是勃艮第葡萄酒太冷了。與本間的聚會相反，安靜有序，氣氛適度。大使館參贊在和三位外交官談話時都說了這句套話：「今天我們不談公事。」[178]

又是僅僅過了兩天，1938 年 2 月 5 日，新任日軍南京警備司令官天谷真次郎陸軍少將邀請在南京的「全體外交官員」參加茶話會。沙爾芬貝格寫道：

---

[177] [美]阿利森：《來自草原的大使》第三章〈一泓淚水和瘋狂的茶會〉；陸束屏彙輯編譯：《英美人士的目擊報導》，紅旗出版社 1999 年版，第 417～418 頁；按：吉伯特（1836-1911）是英國的劇作家，薩利文（1842-1900）是英國的作曲家。兩人在 1871-1896 年間多次合作，創作出多種妙語詼諧的吉伯特──薩利文風格歌劇。
[178]《德國駐華大使館留守南京辦事處的行政主管沙爾芬貝格的報告》（1938 年 2 月 10 日）；前引《南京大屠殺史料集》（6），江蘇人民出版社 2005 年版，第 406～407 頁。

　　本月 5 日，全體外交官員又一次受到邀請參加茶話會，而且是作為衛戍司令天谷少將的客人。日高參贊、日方全體官員以及本鄉少佐和其他幾名軍官也在場。我們無拘無束的交談了很長時間。

　　就在這次茶話會上，天谷少將向外交官員們發表了著名的講話，要求西方人士「不要干涉我和中國人做買賣。」[179]

　　過了三天，1938 年 2 月 8 日 16 時，日本駐南京大使館又邀請在南京的所有外國人，包括外交使節與外僑，參加一場日方精心準備的「軍人音樂會」。美、英、德等國駐南京的使館人員阿利森、傑佛瑞、沙爾芬貝格、許爾特爾與西方僑民拉貝、魏特琳、貝德士、斯邁士等，共約二十人應邀出席。

　　對日方精心準備的這場「軍人音樂會」，當時參加或沒有參加此會的西方外交使節或外僑，都有自己的觀感。其中共同的是，他們都對日方當局的用心有明確的認識。

　　擔任「南京安全區國際委員會」主席的德國西門子公司商人拉貝在日記中，寫道：

　　　　昨天下午，日本大使館邀請我們去聽音樂會，羅森博士斷然拒絕，而我們委員會只能逢場作戲，笑臉前往！

　　拉貝記下了這場「軍人音樂會」的劇目單：

　　　　　　　　　南京日本大使館軍人音樂會
　　　　　　　　　1938 年 2 月 8 日下午 3 時
　　　　　　　　　　　　節目單
　　　　　　　　音樂指揮：陸軍軍樂中尉大沼哲

---

[179] 《德國駐華大使館留守南京辦事處的行政主管沙爾芬貝格的報告》（1938 年 2 月 10 日）；前引《南京大屠殺史料集》（6），江蘇人民出版社 2005 年版，第 407 頁。

1.序曲：輕騎兵（進行曲）　F.V.蘇佩　曲

2.多瑙河之波圓舞曲　V.尹瓦諾夫斯基　曲

3.一步舞：中國城，我的中國城　J.施瓦爾茨　曲

4.長歌：老松　大沼哲　曲

5.夢幻曲：阿依達　威爾第　曲

6.序曲：威廉・退爾　G.羅西尼　曲

7.進行曲：我們的軍隊　軍樂隊

拉貝對日方精心準備的這場「軍人音樂會」評價說：

　　我們上午還在四處查看被日本軍人殺害的中國人，下午卻要去欣賞日本軍隊舉行的音樂會，顯然有些過分，但是，在這充滿了欺騙的東方世界，一切都是可能的。為了給對方面子（一張早已丟盡的臉面），為了顧及聞名於世的東亞禮儀，我們委員會幾乎全體成員都出席了音樂會！此外，沙爾芬貝格和許爾特爾，美國領事阿利森和英國代表傑佛瑞也大駕光臨.我們還極有耐心地讓人為《讀賣新聞》照了一張相，傑佛瑞和一個叫蓋沙的可愛女人站在我們中間。[180]

金陵女子文理學院美籍教授魏特琳女士在日記中，寫下了她觀看這場「軍人音樂會」時的內心感受：

　　（下午）2時45分。拉貝和斯邁士來帶我去參加在日本大使館舉行的吹奏音樂會。我們無心聽音樂，但覺得應該去。20人的樂隊在指揮的安排下演奏了很好的節目，但我無法沉湎於音樂之中。當他們演奏序曲《輕騎兵進行曲》時，我的思緒卻離不開12月14日路過我們大門口的隊伍——那群手被綁著、在日軍騎兵押

---

[180] [德]拉貝著，本書翻譯組譯：《拉貝日記》，江蘇人民出版社 1997 年版，第598～599 頁。

解下行進的一百多位平民，這群人一去不復返了。當他們自豪地演奏《我們的軍隊》時，被摧毀的城市、荒蕪的鄉村、遭強姦的婦女和小姑娘一一展現在我的眼前。我覺得並沒有聽到音樂。大約有二十名分別代表德國、英國和美國的西方人出席了音樂會，日本大使館的官員想幫我們忘掉那一幕。[181]

金陵大學美籍教授貝德士則在給其夫人的信中，寫道：

> 這裏有一個軍樂團的音樂會，用於拍攝一部精心準備的新聞紀錄片，向我們展示日本軍官和藝妓──在南京的友好國際關係。[182]

如前所述，德國駐南京使館的行政主管沙爾芬貝格是想貫徹納粹德國的外交政策，力圖維護或修復與日本的友好關係的。但他對日本軍人在南京的所作所為也有很多不滿。他對這次日方精心準備的「軍人音樂會」是這樣記述的：

> 本月 8 日 16 時，全體外國人聚集在日本大使館我們熟悉的房間裏，聽一場軍人音樂會，大餐廳裏坐著一支 42 人組成的陣容強大的樂隊，是專門從東京轉過來的，肯定會比我們這些愛挑剔的人所預料的要演奏得好得多。那位指揮隊長在巴黎學過音樂，指揮水平相當高，使我們高興的是他還加演了幾個節目，部分是他自己作的曲。外國人在大廳裏一排一排地坐著。我們落座後，先由藝妓端上「使館專用茶」。令我們高興的是派了 4 個最漂亮的藝妓過來為我們服務，然後演出就開始了，面前放著一份節目單。演完 4 個節目後休息。幕間休息的走廊裏擺滿了小吃，長餐桌上有蛋糕、甜食、糕餅、水果等等，彎彎曲曲地像是俄羅斯皇帝的專用食品。所有食品放得整整齊齊。藝伎又來上茶，特別

---

[181] 前引[美]魏特琳著，南京師範大學南京大屠殺研究中心譯：《魏特琳日記》，第 274～275 頁。

[182] 前引章開沅編譯：《天理難容》，南京大學出版社 1999 年版，第 33 頁。

是點煙時那迷人的姿勢，引得眾多攝影師擠過來拍照攝影，以便過後通過電影或報紙向不明情況的世人表明南京的日本人和外國人相處得多麼和諧。這完全是一枚勳章的反面，露出了馬腳。[183]

德國駐南京大使館的政務秘書羅森有意拒絕參加這次音樂會。他於1938 年 2 月 10 日給德國外交部的報告中，對南京日本當局為了宣傳特地舉辦的這場「軍樂隊的音樂會」進行了揭露。他寫道：

> 不久前（南京日本當局）舉行了這麼一個軍樂隊的音樂會（我沒有出席），現場好些外國客人被攝影記者不停地拍照和攝影，尤其是利用藝妓和他們在一起的時候。第二天日本的廣播電臺就整天廣播此次社交聚會，還期待利用這些電影資料和照片大肆宣傳。[184]

1938 年 2 月初，法國駐華大使館空軍武官回到南京進行三天訪問。在這期間，這位法國空軍武官也許出於外交禮節的需要，也許在南京為時過短，接觸面受到限制（日軍大屠殺期間沒有一個法國人留在南京），也許受到日方的宣傳影響，竟「對南京的現狀講了贊許的話，並特別對大使館建築物的完好無損表示滿意」。這使日方當局大為興奮，認為得到了最好的宣傳材料，就「立刻利用這個情況作宣傳，符合他們利用這裏的外交代表和其他外國人作宣傳對象的意圖。」上海的日方「軍事發言人」到處散佈法國空軍武官的上述講話，日本的新聞傳媒更是大肆報導，以此證明日軍在南京是如何刻意保護外國駐南京的外交機構與外僑房屋。[185]

---

[183] 《德國駐華大使館留守南京辦事處的行政主管沙爾芬貝格的報告》（1938 年 2 月 10 日），前引《南京大屠殺史料集》（6），江蘇人民出版社 2005 年版，第 408～409 頁。

[184] [德]羅森：《給德國外交部的報告》（1938 年 2 月 10 日），前引《南京大屠殺史料集》（6），江蘇人民出版社 2005 年版，第 388 頁。

[185] [德]羅森：《給德國外交部的報告》（1938 年 2 月 10 日），前引《南京大屠殺

　　已回到南京一個多月的德國駐華大使館政務秘書羅森對日軍在南京的真實情況，對日軍對各國駐南京使館與外僑房屋財產搶劫、焚燒的嚴重後果十分瞭解，對日本當局的宣傳手法也十分瞭解。1938 年 2 月10 日，羅森在給德國外交部的報告中，以事實揭露與駁斥了日方的謊言。他寫道：

　　　　情況與此恰恰相反，一個月前我和沙爾芬貝格去察看法國大使館——我在上海時一個法國同行為此請求過我——我們發現那裏好多房間都被洗劫過。許多箱子、櫃子都打開著，還沒有被偷走的東西都散落在地板上。留下來守衛大使館的警衛指給我們看柵欄那個地方，連續四天日本士兵就是從那裏翻過柵欄闖進來的。他們很害怕地懇求我們，不要法國大使館為這事進行交涉，因為那些日本兵威脅要殺死他們，要他們說是中國人幹的。當時我就把警衛們的這個要求轉告了駐上海的法國大使館，現在也對武官說了這件事。

羅森針對日本當局的虛偽宣傳，尖銳而嚴正地指出：

　　　　日本人應該知道一個最起碼的政治禮節是，南京對於這樣的努力並不是合適的地方。就像派駐在中國國民政府的大使館辦事機構，既要反對這個政府，又要隱瞞自己有過錯的宣傳那樣（參見天谷將軍的演講……），由此和這裏代表機構本身的關係造成不必要的麻煩。我認為，日方在南京的最好宣傳莫過於消滅每天不斷發生的暴力行為（昨天還有一個 11 歲的女孩，她的母親不想把孩子交給日本士兵們強姦，和房子一起被燒並被燒死了），以及儘快給予部分已失去生活來源的帝國公民以完全的賠償。[186]

　　　　史料集》（6），江蘇人民出版社 2005 年版，第 388 頁。

[186] [德]羅森：《給德國外交部的報告》（1938 年 2 月 10 日），前引《南京大屠殺史料集》（6），江蘇人民出版社 2005 年版，第 388～389 頁。

第七節　將不能掩飾的日軍暴行嫁禍於中國軍民

　　更為令人氣憤的是，日方記者還配合日本當局，將那些無法掩蓋的日軍在南京燒殺淫掠的暴行，嫁禍於中國軍民，嫁禍於中國國民政府，甚至嫁禍於中國共產黨。

　　如前所說，在 1937 年 12 月 13 日日軍佔領南京後，立即嚴密封鎖了全城，切斷了南京與外界的一切聯繫，包括人員進出、書信與電訊往來。這種情況一直持續到 1938 年 2 月初日軍大屠殺基本收斂為止。而當留駐南京的五位西方記者在 1937 年 12 月 15、16 日先後全部離開南京後，在約兩個月的時間內，日軍當局與由日軍當局控制的日本新聞記者成為關於南京現狀的唯一的「發言人」。他們利用這個「獨佔的權力」，精心製造與發佈各種虛假、編造的消息，其中，就包括嫁禍於人的內容。他們在那些日軍燒殺搶掠的暴行無法掩蓋時，就嫁禍於中國軍民，嫁禍於中國國民政府與中國共產黨。

　　1937 年 12 月 16 日，《東京朝日新聞》刊登記者平松、藤本 12 月 15 日從南京發出的電訊報導〈仍有二萬五千人潛伏，繼續追捕殘兵，特別保護外國權益〉，其中寫到「物資早被支那兵掠奪一空」：

> ［南京平松、藤本兩特派員 1937 年 12 月 15 日電］：……由於從前線撤退的蔣介石精銳部隊第 78 師和第 79 師的 5 萬人，此前在這裏駐紮過 3 周，所以民宅、教會等悉數充當過兵營。家財日用皆被洗劫一空，狼狽之狀慘不忍睹。……（日軍）官兵共同努力保護物資，糧庫設有步哨防止庫存遺失。但進去一看，物資早被支那兵掠奪一空，根本用不著設哨防守。[187]

---

[187] ［日］平松、藤本 12 月 15 日南京電：〈仍有二萬五千人潛伏，繼續追捕殘兵，特別保護外國權益〉，刊《東京朝日新聞》1937 年 12 月 16 日；前引《南京

1937 年 12 月 17 日，《東京日日新聞》刊登了如下的南京簡訊，聲稱日軍「已經肅清了搶劫的中國人」：

> 南京，1937 年 12 月 15 日。南京已經肅清了搶劫的中國人，現在可以期望該城不久將恢復正常狀態，中國商人已經離開難民區，準備重新開張營業。[188]

對日本記者在新聞報導中，不顧事實，將那些無法掩蓋的日軍燒殺搶掠的暴行嫁禍於中國軍民的卑劣行徑，當時身處南京、目睹日軍暴行的西方各國僑民十分氣憤。他們經常以自己的親見親聞的事實，對日方記者的無恥造謠進行有力的駁斥與辛辣的嘲諷。

例如，留駐南京的德國西門子公司商人、擔任「安全區國際委員會」主席的拉貝在 1938 年 1 月 8 日的日記中引述了上述 1937 年 12 月 17 日《東京日日新聞》的那則簡訊後，以事實給予了有力的駁斥與辛辣的嘲諷：

> 「搶劫的中國人」，我們從來未看見過。也許在 12 月 12 日到 13 日的那個夜裏有幾個。但是，與從 12 月 13 日起搶劫的日本士兵相比，他們簡直是天使。今天，整個城市沒有一家店鋪沒有遭到日本人的搶掠。在這些被洗劫一空的、如果不是被燒毀也是大部分成了斷壁殘垣的城區，怎樣振興商店，目前對於我們還是個謎。[189]

1938 年 1 月 1 日上午 11 時，位於南京中山北路的蘇聯駐華大使館館舍突然起火，濃煙滾滾，火勢兇猛，一直延續到下午 4 時。第二天，即 1 月 2 日的下午，大火重起，直至將大使館館舍全部燒毀。這顯然是正在南京為所欲為、燒殺淫掠的日軍的一個新的暴行。但是日本的新聞

大屠殺史料集》（6），江蘇人民出版社 2005 年版，第 240～241 頁。

[188] 轉引自[德]拉貝著，本書翻譯組譯：《拉貝日記》，江蘇人民出版社 1997 年版，第 381～382 頁。

[189] [德]拉貝著，本書翻譯組譯：《拉貝日記》，江蘇人民出版社 1997 年版，第 382～383 頁。

傳媒記者故伎重演，將這個無法掩蓋的日軍暴行說成是「中國的特殊機關陰謀策劃所致」。

1938 年 1 月 2 日，《東京朝日新聞》刊登關於蘇聯駐南京大使館於 1938 年 1 月 1 日發生焚毀事件的報導，並推斷這場火災的原因，說：

> 是蘇中達成秘密協定以來國民政府的抗日容共政策和特殊機關陰謀策劃所致，是為了銷毀證據而放的火。[190]

1938 年 1 月 6 日，由日方特務機關直接控制的上海中文《新申報》則在報導中，將蘇聯駐南京大使館的焚毀事件，憑空捏造說成是「共產黨人的秘密計畫」：

> 南京蘇維埃大使館發生災難性大火。共產黨人的秘密計畫大暴露。共產黨人為了銷毀自己抗日運動的文件，縱火燒毀自己的大使館。
>
> 1938 年 1 月 1 日上午 11 時，駐南京的蘇維埃大使館突然起火。所有建築物都濃煙滾滾，火焰沖天，一直延續到下午 4 時。1 月 2 日下午又燒了一次。整棟使館樓被燒毀，使館官員們的住房也完全被燒毀。鄰近的居民誰都無法對這次失火提供詳情。但是我們的南京通訊社的代表們還是從各個方面瞭解到一些情況。該大使館的圍牆特別高，人們不易攀越。日本軍隊佔領南京時，立即主動提出為該大使館進行保護，但卻遭到大使館官員們的嚴詞拒絕，他們稱他們自己會負責保護。失火前的好多天，有人發現中國人不斷出入大使館這些樓房。夜裏這些房屋有時特別明亮，給人的印象是在發出燈光信號。在火災廢墟中還找到了彈藥箱。若是考慮到從調查中得出的種種事實，那麼毫無疑問，大使館內人員來往和物資搬運都是為了實施秘密計畫和從事秘密

---

[190] 前引[日]田中正明著，軍事科學院外國軍事研究部譯：《「南京大屠殺」之虛構》，第 250 頁。

活動。在此情況下，估計他們是擔心，大使館慢慢地會變得不那麼保險了，因此寧可把所有房屋連同其危險材料付之一炬。只要人們考慮到中國共產黨最近已決心全力支援持久的抗日保衛戰爭，並為此使用自己獨特的方法，對前面的情況也就不難理解了。這方面的例子不勝枚舉，在這兒我們只提一句流行的話：「日本人的縱火導致饑餓的民眾窮困潦倒，流浪街頭。」

這就是他們別有用心的騙人把戲。他們也散發反日的傳單，目的在於挑起日本與其他國家間的不和睦。

1937 年 11 月中旬日本軍隊佔領（上海）南市後沒幾天，中國共產黨的黨員也在那裏縱火燒了一批房屋。他們總是採用這種方式。在松江、嘉興和其他地方，也可以看到同樣的情況。

縱火燒毀蘇維埃駐南京大使館又是共產黨人卑鄙行徑的一個例證，他們沒有其他損害日本軍隊的辦法。[191]

「南京安全區國際委員會」主席拉貝在 1938 年 1 月 13 日的日記中抄錄了這則報導，並在 1 月 14 日的日記中以事實作了針鋒相對的反駁：

凡是最近一個月內在這裏逗留過的人，對報紙上俄國駐南京大使館失火的那篇報導就無需討論了。——誰要是看到過日本士兵在這裏燒毀了一棟又一棟房子，就決不會相信那篇報導；誰要是像我一樣看到過日本兵將近 20 次翻越自己院子的圍牆，若是有人對他說無法進入正在燃燒的俄國大使館，是因為圍牆太高了，他就會忍不住笑起來。[192]

1938 年 1 月初，南京日軍當局利用他們「獨佔的新聞權力」，向中外新聞界發佈消息，稱在南京發生的燒殺淫掠行為都是暗藏在難民營中

[191] [日]《新申報》1938 年 1 月 6 日；轉引自[德]拉貝著，本書翻譯組譯：《拉貝日記》，江蘇人民出版社 1997 年版，第 402 頁。
[192] [德]拉貝著，本書翻譯組譯：《拉貝日記》，江蘇人民出版社 1997 年版，第 408 頁。

的中國官兵幹的，這些中國官兵已被日軍逮捕。很快，上海租界一些西方人辦的英文報紙，以有聞必錄的形式，刊登了這些捏造的消息。例如1938年1月3日，一直表現親日態度的英文《上海泰晤士報》刊登報導，題為〈原支那軍軍官混在難民中———夥軍官招認，把在南京犯下的罪行栽贓給日本〉，具體內容如下：

> 一些美國教授作為難民救助委員會的外國委員留在南京金陵女子大學裏。他們在校內發現，逃亡中的一名上校和他部下的六名軍官藏在校內。教授們讓他們繼續留在難民營裏，實際上是給了他們第二次在難民營裏避難的權力。這些軍官在支那軍隊從南京撤退時，脫下軍裝，住進了女子大學，後來被發現了。他們在大學的宿舍裏藏了6支來福槍、5支手槍、1挺從炮臺上拆下來的機關槍和彈藥，被日軍搜查隊發現後，他們承認這些是自己的東西。這些原來的軍官在美國和其他外國人面前承認，曾在南京掠奪，並從難民營裏將少女拖到暗處，第二天再偽裝成遭日本兵欺負的樣子。這些原來的軍官被逮捕了，按照戒嚴令恐怕要被處以極刑。[193]

同一日，《紐約時報》記者從上海發出電訊，也報導了上述消息，刊登在第二天，即1938年1月4日的該報上，題為〈前中國軍官藏在美國難民營中〉，副題為〈上校和他的隨員承認把自己在南京幹的壞事怪在日軍頭上〉，主要內容如下：

> [1月3日上海訊]：身為難民福利委員會的外籍成員，滯留南京金陵大學的美國教授極其尷尬地發現，他們一直在庇護一名逃亡的中國上校軍官和他的六名助手。實際上，教授們已經是第二次將這位上校安排在難民營的管理層。

---

[193] [日]東中野修道著，嚴欣群譯：《南京大屠殺的徹底檢證》，新華出版社2000年版，第185頁。

這些軍官在中國軍隊從南京退卻期間脫去軍裝。他們是住在一所大學樓內時被發現的，但日軍搜查人員發現他們在大樓內藏有 6 條步槍、5 支左輪手槍、1 挺已經拆卸的機關槍和一些彈藥後，這些人表明了自己的身份。

在有美國人和其他外國人在場的情況下，這些中國軍官供認在南京搶劫過，而且在一天晚上，他們還把幾個姑娘從難民營拖到黑暗處，第二天還指責這是日軍士兵幹的。

這些前軍官已經被逮捕，將會根據軍法受到懲罰，可能會被處決。[194]

很顯然，西方報紙上刊登的這些「南京消息」，只能是由在南京享有「獨佔的新聞權力」的日軍當局發佈的。

1938 年 1 月 24 日晚，日方當局為了就美國對日軍哨兵侵犯美國大使館提出抗議一事進行詭辯，經精心策劃，在上海舉行新聞發佈會，由日本陸軍發言人永井大佐在會上發佈一份報告書——由派駐南京的日軍憲兵隊與日本陸軍「華中方面軍」司令部派往南京的調查委員會在 1937 年 12 月 28 日共同提出的報告書。這份報告書稱，據南京的日軍憲兵隊與日本陸軍「華中方面軍」司令部派往南京的調查委員會在 1937 年 12 月共同進行的調查，中國軍隊的官兵在南京失守後，都逃進了「國際安全區」的難民收容所「尋求保護」，並秘密埋藏許多武器，「煽動反日情緒製造動亂」，「擄掠姦淫，威嚇百姓」等。[195]

第二天，即 1938 年 1 月 25 日，日偽各報都刊登了這份謊話連篇的南京日軍憲兵隊的報告書。上海租界西方人辦的一些英文報紙，以有聞必錄的形式，也刊登了這份報告書。當時在南京的德國僑民拉貝在日記

---

[194] 〈中國前軍官藏在美國難民營中〉，刊《紐約時報》1938 年 1 月 4 日；前引《南京大屠殺史料集》(29)，江蘇人民出版社 2007 年版，第 502～503 頁。

[195] [德]拉貝著，本書翻譯組譯：《拉貝日記》，江蘇人民出版社 1997 年版，第 583～584 頁。

裏記錄了他在上海英文《大陸報》（The China Press）上看到的上述報告書的主要內容：

《大陸報》發表的消息，上海，1938年1月25日

據日方報告，中國軍隊在南京難民收容所尋求保護。

晚上在（上海）新聞發佈會上發佈的這份報告，是以 1937 年 12 月的消息為依據的。

日本陸軍發言人永井大佐在昨天的新聞發佈會上聲稱，據駐南京的日本憲兵隊報告，中國軍隊的軍官和士兵們把居民疏散出首都後，在國際安全區尋求保護。

如上所述，此份報告是以去年 12 月份的資料為依據的，它指出，中國軍隊撤出南京後，大約有 20 萬難民被安置在安全區。報告說，此項調查是由日本憲兵隊與日本陸軍師團總部派往南京的調查法庭共同進行的。

中國軍官隱藏起來了！

報告說，可以確認，中國軍隊的高級軍官隱藏在外國官員撤出的大使館內。據說，直到 1937 年 12 月 28 日，日本人在安全區各所房子裏共抓獲了 23 名中國軍官和 1498 名士兵，其中有南京保安隊隊長王新堯（音譯），他對外稱陳覓（音譯），實際上領導著國際難民區第四區的工作。另外還有原第八十八師的副官馬寶山（音譯）中將以及中國警察局高級官員米幸喜（音譯）。

報告說，馬將軍在安全區內煽動反日情緒，製造動亂。安全區內還藏有王安（音譯）上尉及他的 17 名士兵。而王新輅及他先前的 3 名下屬在南京城擄掠姦淫，威脅百姓。

防空洞裏的武器是怎麼回事？

報告說，在外國官員撤出的大使館和公使館的防空洞裏發現藏有武器彈藥。經調查，藏在某特殊防空洞裏的武器有：

1 門輕型火炮；

21 挺捷克造機關槍和 60 梭子彈；

3 挺其他機關槍；

10 挺水冷式機關槍和 2000 梭子彈；

50 支步槍和 42 發子彈；

7000 顆手榴彈；

2000 發掩體迫擊炮炮彈；

500 發其他大炮炮彈；

有人問這個防空洞屬於哪國大使館，發言人回答說，他沒有授權對此問題作出陳述。此外，對美國大使館裏是否藏有或發現了中國軍官，他也避而不答。

雖然對此尚無官方報告，發言人卻說，有一批中國陸軍軍官因搶劫而被捕、被處決。

有人問，被捕者是否作為戰俘或間諜處理，他回答說，這要看當事者是在何種情況下被捕的。[196]

美國《紐約時報》在 1 月 25 日日刊登的駐上海記者阿本德 1 月 24 日從上海發出的電訊〈南京的無秩序狀態，日本公開調查報告〉，也報導了日方當局精心製造的這則「新聞」。其中寫道：

日方發表調查報告

　　根據約翰·M·阿利森領事從南京發來的報告，美國對日本哨兵侵犯美國大使館一事提出了抗議。對此，日本陸軍司令部於今晚公佈了一份調查報告。據稱，該報告系駐紮在南京的日軍憲兵部隊於 14 天提出，記載了南京 1 個月前的情況，報告最後一份文件的日期為 12 月 28 日。

　　這份報告涉及到在南京進行的庭審調查情況。報告顯示，本應該保持非軍事化的難民營和安全區內，總共藏匿了中國軍隊的23 名軍官、54 名軍士、1498 名士兵。其中，部分人員已經受到

---

[196] [德]拉貝著，本書翻譯組譯：《拉貝日記》，江蘇人民出版社 1997 年版，第583～584 頁。

搶劫指控而被處決。該報告特別指出，中國軍隊的部分高級軍官，帶著部下躲進外國大使館、領事館以及其他懸掛中立國國旗的建築物中藏身。

顯然，這些身著便裝的中國軍官及其部下通常還控制著藏匿戰爭物資的暗窖。報告還隱約地提到某國大使館，稱在其附近的一個防空洞裏，搜出了 1 門輕型大炮、34 挺機槍、2 萬發步槍子彈、7000 枚手榴彈、500 發炮彈以及 2000 枚迫擊炮彈。

在記者輪番追問下，日方發言人承認，中國軍隊是在所有大使館官員撤離後才進入的。他並沒有暗示任何破壞中立的共犯。當記者強烈要求公開這個大使館所屬國家的名稱時，該發言人閃爍其詞地回答道：

「關於這個問題，請大家自己去猜。」

稍後，當被問到美國大使館是否捲入這一事件時，該發言人回答說：

「我認為還是不要說白了為好。」

記者請該發言人提供南京 1 月份，尤其是 15 日以後的情況報告，但這位發言人聲稱「他對此毫不知情。」[197]

1938 年 3 月，東京日本官方的廣播電臺還向全世界播發這樣一條消息：

造成南京許多人死亡和財產損壞的暴徒已被捕獲，並處以極刑。發現他們是蔣介石軍隊中一些具有不滿情緒的軍人，現在一切都很平靜，日本正為 30 萬難民提供糧食，一直到他們在協助之下能返回自己的家園為止。[198]

---

[197] [美]阿本德上海報導：〈混亂在南京持續；它暗示嘩變〉，刊[美]《紐約時報》1938 年 1 月 25 日第 35 版；前引《南京大屠殺史料集》(29)，江蘇人民出版社 2007 年版，第 530 頁。

[198] 〈南京的浩劫——講述給約翰・馬勒尼的故事〉，刊[美國]《視野》(The Ken) 1938 年 6 月 2 日；前引《南京大屠殺史料集》(6)，第 195 頁。

事實是怎樣的呢？

首先，關於日軍在「安全區」發現中國軍隊在南京失守後埋藏的一些武器，早在 1937 年 12 月 30 日，金陵大學的美籍教授裏格斯與貝德士就以「安全區住房委員會成員」與「金陵大學救濟委員會主席」的身份，親筆簽名，向日本駐南京大使館發去公函作了說明，指出：

> 今天下午 2 時日本憲兵隊的軍官和士兵在金陵大學轄區的蠶廠旁邊，具體地說在廁所後面的地下發現了埋藏有約六支步槍和三支或四支手槍以及據說是一挺機槍的部件。正如當事人向我們報告的那樣，這些武器是中國士兵在潰逃時為避免麻煩而扔掉或埋藏的。……我們認為，這些武器不過是潰逃的中國士兵在潰逃時扔掉的和擔驚受怕的平民埋藏的或扔在池塘裏的。如果貴方讓貴軍搜索南京的池塘，或許會發現許多類似的武器。[199]

事情本來就這麼簡單，「安全區國際委員會」的說明也十分清晰，但別有用心的日軍當局偏偏要以此來大做文章，其用心是很清楚的，那就是賊喊捉賊，嫁禍於人。

至於究竟是誰在南京燒殺淫掠、胡作非為？那更是十分清楚。前引的拉貝在 1938 年 1 月 8 日的日記就以事實給予了日軍當局有力的駁斥與辛辣的嘲諷。其實，拉貝在日記中還有許多這樣的記載。例如，在1937 年 12 月 30 日的日記中，拉貝觀點鮮明地寫道：

> 我們大家都是證人，胡作非為的事是日本士兵而不是中國士兵幹的，對城裏的中國平民犯下的另一些殘暴行徑，更不用說，也是日本士兵所為了。日本軍隊的暴行還在繼續……[200]

---

[199] [德]拉貝著，本書翻譯組譯：《拉貝日記》，江蘇人民出版社 1997 年版，第 313 頁。

[200] [德]拉貝著，本書翻譯組譯：《拉貝日記》，江蘇人民出版社 1997 年版，第 307 頁。

　　其他的西方記者和西方僑民也以他們的親見親聞的事實，對日方當局的無恥造謠進行了有力的駁斥與辛辣的嘲諷。

　　例如美國《芝加哥每日新聞報》記者司迪爾在 1938 年 12 月 18 日發出的報導〈南京的美國人的勇敢〉中，寫道：

> [上海，1938 年 12 月 18 日發]：……中國軍隊即使是在士氣完全瓦解後，也沒有向外國人（外國人是很容易成為被搶掠的對象的）動手搶劫。這是值得注意的。日本兵就不同了，他們嘲笑外國人的權利，反覆侵犯外國人的財產，這些財產上都是有大使館的告示或是國旗等明顯標誌的。[201]

　　英國路透社記者史密斯在 1937 年 12 月 18 日從上海發出的通迅〈南京陷落的經過〉中，指出南京中國守軍即使在撤退中「仍然保持著紀律」：

> [1938 年 12 月 18 日上海通訊]：……有人剛大聲喊「日軍進城了」，中國軍就陸續退往城北，朝長江前進。撤退的軍隊保持了很好的紀律。一個士兵扔掉了武器。當退到美國大使館時，約有一個師。也有的軍隊再次殺往前線與日軍對抗。中山路上擠滿了撤退的士兵，秩序發生了混亂。日軍的飛機偵察到中國軍隊朝中山路撤退，就下令朝中山路開炮，路上的中國軍隊陷入了混亂，但仍然保持著紀律。[202]

　　戰時留駐南京的基督教南京青年會牧師、擔任「南京安全區國際委員會」總幹事的美國僑民喬治・費奇（G.A.Fitch），向他在上海的同事

---

[201] [美]司迪爾：〈南京的美國人的勇敢〉，刊《芝加哥每日新聞報》1938 年 12 月 18 日；前引《南京大屠殺史料集》(6)，江蘇人民出版社 2005 年版，第 102 頁。

[202] [英]史密斯：〈南京陷落的經過〉(1937 年 12 月 18 日)，刊[美]《世界日報》1938 年 1 月 14 日；前引《南京大屠殺史料集》(6)，江蘇人民出版社 2005 年版，第 145～146 頁。

約翰‧馬勒尼講述了日軍南京大屠殺的暴行。此講話記錄刊登在 1938
年 6 月 2 日美國芝加哥的《視野》雜誌（The Ken）上，題為〈南京的
浩劫——一名在中國居住 20 年、南京陷落後留駐下來的美國人講述給
約翰‧馬勒尼的故事〉。此文後經縮寫，刊載在美國著名的《讀者文摘》
（The Reader's Digest）1938 年 7 月號第 28～31 頁。此文記述了南京中
國守軍始終「保持著良好的秩序」：

> 雖然處在攻城的情況下達四周之久，直到日軍進城之際，城內
> 保持著良好的秩序。即使頭頂上空戰正酣，軍艦炮擊，重炮轟炸，
> 炸死數以百計的無數平民時，也只有最低限度的驚慌，完全沒有搶
> 劫、破壞外國人或本地人財產的現象。蔣介石的士兵按酬付勞，戰
> 火之中也能尊重老百姓的權益。整個攻城戰役中，士兵縱然只經過
> 倉促訓練，但在冷靜的軍官指揮下，保持著秩序不亂。[203]

戰時留駐南京的基督教南京德勝教堂牧師約翰‧馬吉在 1938 年 4
月 2 日致麥金函中，指出日軍進城前中國部分守軍雖因「出於防衛目的」
中的錯誤判斷而燒毀了城外一些民房以及「有小規模的搶劫」，但南京
大屠殺的可怕暴行卻絕不是他們幹的：

> 說暴行不是日軍幹的，而是中國軍隊在日軍進城以前所為。
> 就南京而言，這實在是極大的錯誤。雖然日軍入城前中國軍隊有
> 小規模的搶劫，而且城外許多民房確實是被中國軍隊出於防衛目
> 的而焚毀的，這當然也可以稱為暴行，但這樣做是因為錯誤地認
> 為有助於守城，但結果卻未見成效。這也是事實，張學良的軍隊
> 表現極差，曾於戰爭時期在南京與上海之間的大學搶劫，但他們

---

[203] 〈南京的浩劫——講述給約翰‧馬勒尼的故事〉，刊[美國]《視野》雜誌（The
Ken）1938 年 6 月 2 日；前引《南京大屠殺史料集》（6），江蘇人民出版社
2005 年版，第 188 頁。

亦曾被處決數百人。把此間發生如此可怕的事情公開諉過於中國人，這確實有失公正。[204]

南京金陵大學的美籍教授史邁士率領助手，在 1938 年 3 月到 6 月對南京地區的戰爭損失進行了為期約三個月的調查，寫成《南京戰禍寫真》一書。金陵大學的美籍教授貝德士為此書寫的前言中，根據調查的事實，以客觀公正的立場，「對所列舉的傷害行為的起因，做一個簡要的、實事求是的說明」：

> 緊靠南京城的市管地區和南京東南方某些城鎮和村莊的火，是中國軍隊放的。他們這樣做是作為一種軍事上的措施——至於是否合適，那就不是我們所能決定的了。東南沿線的戰事和四天裏對市區發起的幾次中等規模的進攻，給老百姓的生命財產造成了一些小的損失。事實上，所有在市區放的火，以及在大多數農村放的火，都是日本軍隊逐步幹下的（在南京，從日本軍隊進城後一個星期的十二月十九日直到二月初）。在調查報告報導的那段時間裏，整個地區發生的大多數搶劫，實際上對老百姓所施加的全部暴力，都是日本軍隊幹的——是否有正當理由證明他們合乎政事，那也不是我們所能決定的。[205]

鼓樓醫院的美籍行政主管麥卡倫在 1938 年 1 月 9 日的日記中，記述了日軍竟然威逼中國難民去否認西方僑民對日軍暴行的揭露，而將罪責推給中國人。他寫道：

> 日本人現在試圖破壞我們在安全區的努力。他們恐嚇脅迫可憐的中國人否認我們說過的事情。有些中國人甚至準備證明搶劫、強姦和焚燒乃是中國人而非日本人所為。[206]

---

[204] [美]馬吉：〈致麥金函〉（1938 年 4 月 2 日），章開沅編譯：《天理難容——美國傳教士眼中的南京大屠殺（1937-1938）》，南京大學出版社 1999 年版，第 222 頁。

[205] [美]貝德士：〈《南京戰禍寫真》前言〉；前引《侵華日軍南京大屠殺史料》，江蘇古籍出版社 1997 年版，第 263 頁。

[206] [美]麥卡倫：《致家人函——1938 年 1 月 9 日日記》，章開沅編譯：《天理難

德國駐華大使館南京留守處政務秘書羅森在 1938 年 1 月 13 日給漢口德國大使館的報告中說，當他於 1 月 9 日重回南京使館後，在調查德國人財產遭搶劫情況時，發生了這樣一件事：

> 後來，來了一個（日本）大使館的員警，給了房子的苦力 50 元錢，要他說東西是中國人偷的。由於害怕被殺害，這個苦力拿了錢，但由於信任新派來的德國保護人員，他說了真話。但他一再請求要顧及他的情況，不要把他捅出來。[207]

羅森在 1938 年 2 月 25 日給漢口德國大使館的報告中，對當時南京發生的搶劫事件進行了分析，駁斥了日方的言論，說：

> 城區內的主要洗劫事件已經查實是日本人幹的。……至於南京發生的中國人洗劫事件，據目擊證人的報告，都是在比較小的範圍內，主要是一些重要物品，尤其是糧食和必需的生活用品。對被日本人逼得陷入絕境的中國人來說，也不存在搬運較大數量洗劫物品的條件，日本人是用卡車裝的……除去「戰略性」燒毀的某些地方外，中國人沒有理由也沒有時間去毫無意義地「消滅」那些實物，如同日本人強加給他們罪名所說的那樣。[208]

羅森還公道地指出，即使後來出現了一些被日方大肆宣揚的少數中國人的搶劫行為，那也是因為日軍的侵略與暴行造成了中國社會的混亂與民眾的普遍貧窮所致。他在 1938 年 3 月 4 日給德國外交部的報告中指出：

容──美國傳教士眼中的南京大屠殺（1937-1938）》，南京大學出版社 1999 年版，第 264 頁。

[207] [德]羅森：《給漢口德國大使館的報告》（1938 年 1 月 13 日），前引《南京大屠殺史料集》（6），江蘇人民出版社 2005 年版，第 315 頁。

[208] [德]羅森：《給漢口德國大使館的報告》（1938 年 2 月 25 日）；前引《南京大屠殺史料集》（30），江蘇人民出版社 2007 年版，第 148 頁。

　　隨著普遍貧困和軍隊的解體，一種老的在此以前相當少見的現象又出現了：強盜搶劫。是日本人為此創造了前提條件，現在卻給日本人提供了宣傳的藉口。[209]

　　1941 年，美國著名記者斯諾在其名著《為亞洲而戰》（The Battle for Asia）一書中，也駁斥了日本當局將南京暴行的罪責推給中國軍隊的無恥讕言，鮮明地指出：

　　　　逃回南京的國軍紀律嚴明，沒有作出搶掠等非法行為。所有的掠奪都是因勝利而耀武揚威的日本軍隊幹出來的。[210]

　　無數的目擊者與無數的倖存者證明，無數的檔案史料與物證資料證明，還有許多良知未泯的日軍官兵與日本記者證明，在南京犯下慘絕人寰的屠殺 30 萬中國軍民與燒殺淫掠的暴行的，不是已放下武器的中國戰俘與手無寸鐵的中國平民，而是十多萬武裝到牙齒的、兇殘暴虐的日軍。日本當局與日方記者們將日軍在南京燒殺淫掠的暴行嫁禍於中國軍民，嫁禍於中國國民政府，甚至嫁禍於中國共產黨，只能顯示他們的屠夫技窮與無賴嘴臉。

第八節　宣揚日軍整飭軍紀——欲蓋彌彰

　　當日軍南京大屠殺的暴行在西方新聞傳媒的揭露與論證面前無可抵賴時，「日本官方則似乎以下列兩種理由，為自身辯護：第一，這些是單獨的偶然的事件；第二，在別的戰爭中發生同樣的事態。」[211]例如，

---

[209] [德]羅森：《給德國外交部的報告》（1938 年 3 月 4 日）；前引《南京大屠殺史料集》（6），江蘇人民出版社 2005 年版，第 431 頁。

[210] [美]愛德格·斯諾：《為亞洲而戰》；中譯文轉引自[日]洞富雄著，毛良鴻、朱阿根譯：《南京大屠殺》，上海譯文出版社 1987 年版，第 303 頁。

[211] [澳]田伯烈著，楊明譯：《外人目睹中之日軍暴行》；前引《侵華日軍南京大

日方當局當時在上海特地刊行了一本小冊子，題為〈中日戰爭的老實話〉，其中寫道：

> 即使承認日軍確有若干暴行，承認日軍和外僑間卻曾發生某種偶然事件，這些暴行和偶然事件所牽涉到的士兵，和在中國作戰的全體日軍比較起來，僅佔百分之零點一，或百分之零點五，至多是百分之一。即使承認百分之一的最高比率，鑒於日本軍隊之多，難道這就算大規模的不良行為嗎？任何公正的人士都將予以否定的答覆。[212]

　　將十多萬日軍在南京四十多天的大屠殺暴行，說成是極少數日軍官兵單獨的、偶爾發生的違紀事件，這是當時的日本當局為自己開脫的又一「理由」。日本新聞傳媒緊隨其後。例如，在大屠殺期間隨軍在南京採訪的日本官方通訊社同盟社的三位記者新井正義、前田雄二、深澤幹藏，雖然承認他們都親眼看到了日軍在南京屠殺與姦淫的「極為殘忍」的暴行，但他們卻一致認為「不像是軍隊有組織的行為」，還說「沒有幾十萬人的『大屠殺』事件」，「戰鬥以外被屠殺的人，大約就是一、二萬人的樣子」等：

> 三個人所說的共同點是，戰鬥行為、暴行和屠殺，是很難區分的。（日本）大本營公佈中國軍隊損失九萬人，也有人說其中包括相當數量的被屠殺的俘虜，因為日軍在進攻南京時是採取半包圍的陣勢，在下關以及雨花臺等處中國軍人大量被殺，這大概可以看作是戰死的。其他對於婦女的施暴、殘忍的屠殺等確實發生過，但他們說看來不像是軍隊有組織的行為。這三人都是經驗豐富的記者，他

　　屠殺史料》，江蘇古籍出版社 1997 年版，第 202～203 頁。

[212] [日]《中日戰爭的老實話》，1937 年上海刊行；中譯文引自[澳]田伯烈著，楊明譯：《外人目睹中之日軍暴行》；前引《侵華日軍南京大屠殺史料》，江蘇古籍出版社 1997 年版，第 203 頁。

們都說看來沒有幾十萬人的「大屠殺」事件，還說戰鬥以外被屠殺的人，大約就是一、二萬人的樣子。前田先生主要搜集社會題材新聞，他說剛佔領時，聽說在 14、15 日抓捕便衣隊鬧得十分厲害，但 12 月 20 日以後，市民的生活以及街面秩序都恢復了平時的氣氛。[213]

對日方當局與日本新聞傳媒的這種強詞奪理的詭辯，英國《曼徹斯特衛報》記者田伯烈針鋒相對地進行了駁斥：他首先指出日軍中犯有戰爭暴行的人數，絕不是少數，絕不是「單獨的偶然的事件」：

> 這一種強辯，很像一個撒了謊的人，以「這不過是一次小謊」的理由，為自己掩飾。鑒於確鑿有據的報告之多，可以斷定造成暴行的日本兵，佔日本在華軍隊總額的比率，遠在百分之一以上，至少當在四千人到五千人之間。

後來揭露的事實證明，日軍在南京大屠殺的暴行也絕不是數千人的問題，而是從上到下，遍及日軍的各個部隊與各級官兵。

田伯烈還以西方英、美等國家為例，指出日軍在中國所犯下的戰爭暴行，絕不是世界各國的普遍行為。他寫道：

> 假使英國或美國的軍事當局發覺其部下四、五千人濫事燒殺搶掠，一如前幾章所述，必大為不安。假使他們知道許多暴行的發生，曾受軍官的指揮監督，這不安的心理必更為增強。[214]

田伯烈進一步指出，即使將日軍的普遍暴行，說成「僅代表例外，非代表常規」，也不能「對於戰爭的恐怖和軍隊的殘暴成性，應該熟視無睹，假做癡聾」。因為如果這樣，「這就等於否認了正義和道德的根本

---

[213] [日]松本重治著，曹振威、沈中琦等譯：《上海時代》，上海書店出版社 2005 年版，第 609～610 頁。

[214] [澳]田伯烈著，楊明譯：《外人目睹中之日軍暴行》，前引《侵華日軍南京大屠殺史料》，江蘇古籍出版社 1997 年版，第 203 頁。

存在。如果暴行是例外，我們就更易向日方責難，表示我們嫉惡如仇的
正義感；如果暴行是常規，我們就更須設法阻止事態的發展。我們目前
所需要的，是對於法律道德表示絕對的忠誠，而不附帶任何條件，否則
忠誠也就不成其為忠誠了。」[215]

田伯烈還駁斥了另一個為日軍暴行辯護的似是而非的錯誤論調，即
「以『老生常談』的藉口替日軍洗刷，表示一切戰爭均不免產生恐怖的
結果。」田伯烈駁斥道：

> 他們似乎忘記了日本在華的行動，尚未經承認為正式的戰
> 爭，而且受難者主要是非戰鬥員的平民呵。[216]

田伯烈以豐富的史實與嚴密的邏輯，深刻地揭示出，日軍在南京的
大屠殺暴行，實際上是日本當局對中國軍民的「有計劃的恐怖政策」。
他寫道：

> 日軍在華所犯的種種暴行，究竟是在勝利的高潮中，士兵
> 失去常態所致呢？還是代表日軍當局所採取的有計劃的恐怖政
> 策？也許若干讀者會發生這樣的疑問。據事實推斷，後者較為
> 可信。
>
> 士兵失去常態的暴行，往往發生於佔領一個城市之際，或在
> 疲憊的戰爭將近結束之時，這些暴行雖仍難加以寬恕，卻不難明
> 瞭其情形。但日軍的暴行，試以南京為例，則繼續了三個月，直
> 到作者於四月間離華時，尚未完全終止。
>
> 因此，據我們推斷，非一部分日軍失去了控制，就是日本最
> 高軍事當局希望以恐怖手段，達到使中國民眾畏懼屈服的目的。

---

[215] [澳]田伯烈著，楊明譯：《外人目睹中之日軍暴行》，前引《侵華日軍南京大
屠殺史料》，江蘇古籍出版社 1997 年版，第 203 頁。
[216] [澳]田伯烈著，楊明譯：《外人目睹中之日軍暴行》，前引《侵華日軍南京大
屠殺史料》，江蘇古籍出版社 1997 年版，第 203 頁。

不管前一種結論是對的，或後一種結論是對的，這兩種結論同樣令人感到痛苦，此外又找不出第三種結論。

田伯烈在書中甚至正確地預見到日本在未來發動的侵略戰爭中，也將以同樣的殘暴血腥手段對付其他國家人民。他寫道：

> 日軍如果侵略任何國家，顯然也將採取同樣手段，對於這一點，似乎也找不出可以懷疑的理由。[217]

後來的歷史發展不幸被田伯烈言中了。田伯烈在深刻揭露日軍南京大屠殺暴行的同時，為世界各國敲響了預防日本法西斯侵略的警鐘。

> 日本的新聞傳媒記者秉承日本當局的意旨，不僅將日軍在南京燒殺淫掠的無法掩蓋的暴行推到「少數不守軍紀的下層官兵」身上，而且還在報導中大加渲染日本當局已經「整飭軍紀」，對「少數不守軍紀的下層官兵」進行了懲罰，並將他們調離了南京，云云。日本的新聞傳媒記者的目的是企圖以此舍卒保帥，維護整個「大日本皇軍」的正面形象，避免世界輿論對日本當局的追究，更可以此推卸掉日本當局對南京大屠殺的事先精心策劃和煽動、指揮的責任。

例如，1937 年 12 月 18 日下午 2 時，正處在大屠殺高潮中的日軍當局在南京明故宮機場舉行所謂「忠靈祭」——追悼在南京攻擊戰中陣亡的日軍官兵。日「華中方面軍」司令官松井石根與日海軍第三艦隊司令官長谷川清分別代表日本陸、海軍為主祭，宣讀祭文等。「忠靈祭」儀式結束後，松井石根迫於國際輿論壓力，訓誡其部下將領要約束官兵軍紀。當時，日本同盟通訊社上海分社社長松本重治正在南京採訪，對日軍大屠殺的暴行感到震驚，害怕在國際上產生不利於日本聲譽的影

---

[217] [澳]田伯烈著，楊明譯：《外人目睹中之日軍暴行》，前引《侵華日軍南京大屠殺史料》，江蘇古籍出版社 1997 年版，第 203～204 頁。

響。事實上，這種不利於日本聲譽的影響已經產生了。因此，當他聽到松井石根訓誡其部下將領的講話以後，遂立即與「華中方面軍」掌管對外宣傳的報導部部長深堀游龜中佐協商，要求將此事發表一條新聞。他說：「我已經聽說不少屠殺、暴行的傳言，剛才聽到松井大將的話，看來確實做了不少壞事。我希望能為日本軍隊恢復名譽出一臂之力」。在得到深堀中佐的同意後，1937 年 12 月 19 日，松本重治從南京回到上海，立即寫成一條短新聞，報導松井石根 12 月 18 日在南京訓誡其部下將領要約束官兵軍紀的講話。他將這條短新聞發給東京本社，還譯成英文發給路透社與上海的各家外商英文報紙。——企圖以此表明日軍當局已經在南京約束軍紀，推卸掉日本當局對南京大屠殺應負的責任，淡化與掩飾日軍南京大屠殺的暴行。上海《北華捷報》等英文報紙迅速刊登了松本重治寫的這一條短新聞。[218]

然而，「這個消息可能傳到了世界各國，但在重要的日本，卻未見報，那是不言而喻的。」[219]——這個事實說明了什麼呢？它說明日本新聞傳媒發佈松井石根在南京訓誡部下將領要約束官兵軍紀講話的用意與效果，只是為了應付與欺騙世界輿論，而不是真正想阻遏日軍的暴行。

1938 年 1 月 25 日，美國《紐約時報》刊登總題為〈混亂在南京持續，它暗示嘩變〉的一組電訊，報導日本當局向國際輿論界所作的「承諾」與「保證」：

日本方面已經承諾，要把施暴的部隊調離南京，……東京方面保證，已經針對這些情況採取了相應的措施，以後還將採取更多的措施以應對目前出現的情況。……那些紀律鬆弛、膽大妄為的日本南京駐軍將被分批調往江北。取而代之的將是經過挑選的軍紀嚴明、行為端正的部隊。

---

[218] [日]松本重治著，曹振威、沈中琦等譯：《上海時代》，上海書店出版社 2005 年版，第 607～608 頁。

[219] [日]洞富雄著，毛良鴻、朱阿根譯：《南京大屠殺》，上海譯文出版社 1987 年版，第 230 頁。

　　然而南京的現實是：「直到 1 月 20 日，毫無約束的無法無天狀況還在繼續。……新來的部隊也和原來駐守南京、本應該作為法律和秩序維護者的部隊一樣，毫無軍紀可言。」[220]

　　1938 年 1 月 26 日，在南京發生了日軍士兵粗暴地毆打美國外交官阿裏森的事件。面對美國政府的嚴厲抗議與國際輿論的日益強烈的譴責，日本當局再次以「整飭軍紀」來掩人耳目。

　　1938 年 2 月初，新任日軍南京警備司令官天谷真次郎少將對外宣稱要整頓南京日軍的軍紀。1938 年 2 月 9 日，美國《紐約時報》刊登〈新任南京駐軍長官整肅軍紀〉，副題為〈大本營的懲罰也使日軍士兵的行為得以改進〉，報導南京日軍當局在國際輿論壓力下，不得不宣佈「整肅軍紀」：

　　致《紐約時報》專電

　　　　[2 月 9 日，星期三，上海訊]：華中派遣軍司令松井石根將軍關於改善南京日本駐軍紀律的命令正在落實之中。來自南京的那些不帶偏見的觀察人員報告了許多軍紀改善的事例。

　　　　日軍大本營正在對違反軍紀以及行為不端者實施嚴厲的懲罰。以南京警備司令身份出現的天谷中將正在取得明顯的效果。……上週，天谷將軍向外交官們承認，許多暴行是由某些日軍部隊犯下的，這些部隊大部分已經從南京調往長江北岸。他強調指出，許多事端是中國人挑起的。他說：「我請求你們這以後要考慮到各種因素，如果可能，請你們採取善意的旁觀者的態度。我尤其希望你們停止在海外用嚴厲的言辭批評日軍士兵的行為。因為這種批評破壞了人們對日本部隊中健康力量的好感，並引發整個帝國國民的敵視。」[221]

---

[220] [美]阿本德 1938 年 1 月 24 日上海電：〈混亂在南京持續，它暗示嘩變〉，刊《紐約時報》1938 年 1 月 25 日；前引《南京大屠殺史料集》(29)，江蘇人民出版社 2007 年版，第 528～529 頁。

[221] 報導：〈新任南京駐軍長官整肅軍紀〉，刊《紐約時報》1938 年 2 月 9 日；前引《南京大屠殺史料集》(29)，江蘇人民出版社 2007 年版，第 537～538 頁。

1938 年 2 月 9 日，日本駐南京的代理大使發佈消息，稱日軍駐南京部隊中有 10 名以上的軍人因為擾亂軍紀而受到軍法會議的重罰。當日，美國《芝加哥每日新聞》（The Chicago Daily News）刊登了記者發自上海的電訊，內容如下：

> 南京佔領軍中 10 名以上的軍人因為擾亂軍紀而受到軍法會議的重罰，這是當日日本駐當地的代理大使發佈的。他們所犯的罪行是對前首都的中國人及外國人的財產進行了侵犯和掠奪。[222]

如前所述，日軍在南京大屠殺與燒殺淫掠的暴行，從上到下，遍及日軍的各個部隊與各級官兵，是日軍當局策劃與指揮的，僅對區區十多個日軍官兵的「擾亂軍紀」進行「軍法會議的重罰」，豈不是欲蓋彌彰？至於日本當局是否真的會對這十多個日軍官兵的「擾亂軍紀」進行「軍法會議的重罰」，國際上誰也不把它當一回事。

日軍在南京的暴行激起了世界的廣泛抗議與譴責。這已經是不能用懲處幾個日軍官兵就可以掩盡天下人耳目的了。1938 年 2 月 14 日，日本大本營不得不公佈了關於重組華中日軍編制的命令：撤銷原「華中方面軍」、「上海派遣軍」與第 10 軍的戰鬥序列，召回「華中方面軍」司令官松井石根大將、「上海派遣軍」司令官朝香宮鳩彥中將與第十軍司令官柳川平助中將等一批南京大屠殺的罪魁禍首；新組建「華中派遣軍」，司令部，設南京，任命畑俊六大將為司令官，河邊正三少將為參謀長，統一指揮在華中地區的日軍。——明眼人立即就可看出，日方之意，不過是借此籠絡中國的民心，應付國際輿論的譴責而已。日本最高當局並不會追究松井石根等人的罪責，甚至還要給他們種種榮耀，這在本書後面將有記述。正如德國駐日本外交官奈貝爾在 1938 年 3 月 3 日

---

[222] [美]《芝加哥每日新聞報》1938 年 2 月 9 日；中譯文引自[日]松村俊夫著，趙博源等譯：《南京大屠殺大疑問》，新華出版社 2001 年版，第 188 頁。

從東京寫給德國外交部的報告所說：「松井被召回並不一定意味著找到了南京大屠殺的替罪羊」。[223]

　　1938 年 2 月 28 日，進駐南京的新的日軍當局在南京挹江門裏的西山腳下，為在南京陣亡的中國官兵舉行「慰靈祭」。因為這裏是中國守軍潰敗遭日軍圍殲屠殺死人最多的地方。日軍駐軍將領與偽「南京市自治委員會」的頭目多人到場。日本隨軍僧作法事，日軍將領焚香祭祀。日本各新聞傳媒迅速作了大量報導，又是發文章，又是刊照相。日方之意，仍不過是籠絡中國的民心，掩飾日軍南京大屠殺的暴行，應付國際輿論的譴責而已。當時正隱藏在南京難民中的中國守軍營長郭岐氣憤地責問道：

　　　　他們在挹江門裏西山腳下，舉行追悼我陣亡將士，這真是猩猩作態。試問：第一，這些將士因何而死，何人打死？第二，陣亡將士苟地下有知，是否接受他們的追悼？第三，他們在追悼會上講些什麼？明明是獸兵的子彈穿過了他們的胸膛，都是慷慨激昂痛憤殉國的，曾到九泉之下亦含恨無窮，他們的朋友、同志、後代子孫，正準備報仇！他們何能接受這種假慈悲呢！他們在追悼會只能講他們都是中國的民族英雄，為人道正義而死，是死得其所，他們的骨與血長成了復興中國之花。日本人既無仁義又無人道，殘殺（我）同胞，貽笑友邦，罪大惡極，莫此為甚！多行不義必自斃，總有一日公理伸張，我想除此而外再也無話可說！推其實在原因無他，因殺死我幾十萬同胞，內心慚愧，最講迷信之日本鬼，日夕不安，無法解脫，出此無聊下策，出些滑稽醜態，如果他們講一點道德的話，對於活的俘虜，在解除武裝之後不應槍斃呵！對活人格殺勿論，而對死了的反來追悼，真無聊與滑稽也！[224]

---

[223] [德]納貝爾：《給德國外交部的報告》，前引《南京大屠殺史料集》（6），江蘇人民出版社 2005 年版，第 429 頁。

[224] 郭岐：〈陷都血淚錄〉；刊《西京平報》1938 年 8 月；前引《侵華日軍南京

國家圖書館出版品預行編目

遮蓋不了的罪惡：日本新聞傳媒與南京大屠殺
/ 經盛鴻作. -- 一版. -- 臺北市：秀威資訊
科技, 2009.07
　　冊；　公分. -- (史地傳記類；PC0088)
BOD 版
參考書目：面
ISBN 978-986-221-245-5 (上冊：平裝). --
ISBN 978-986-221-246-2 (下冊：平裝). --

1.南京大屠殺　2.軍事新聞　3.新聞媒體　4.日本

628.525　　　　　　　　　　　　98010005

史地傳記類　PC0088

遮蓋不了的罪惡
——日本新聞傳媒與南京大屠殺（上）

作　　者 / 經盛鴻
主　　編 / 蔡登山
發 行 人 / 宋政坤
執行編輯 / 賴敬暉
圖文排版 / 黃莉珊
封面設計 / 陳佩蓉
數位轉譯 / 徐真玉　沈裕閔
圖書銷售 / 林怡君
法律顧問 / 毛國樑　律師
出版印製 / 秀威資訊科技股份有限公司
　　　　　　台北市內湖區瑞光路 583 巷 25 號 1 樓
　　　　　　電話：02-2657-9211　　　傳真：02-2657-9106
　　　　　　E-mail：service@showwe.com.tw
經 銷 商 / 紅螞蟻圖書有限公司
　　　　　　台北市內湖區舊宗路二段 121 巷 28、32 號 4 樓
　　　　　　電話：02-2795-3656　　　傳真：02-2795-4100
　　　　　　http://www.e-redant.com

2009 年 7 月 BOD 一版
定價：390 元

讀　者　回　函　卡

感謝您購買本書，為提升服務品質，煩請填寫以下問卷，收到您的寶貴意見後，我們會仔細收藏記錄並回贈紀念品，謝謝！

1. 您購買的書名：＿＿＿＿＿＿＿＿＿＿＿＿＿＿＿＿＿

2. 您從何得知本書的消息？

　　□網路書店　　□部落格　　□資料庫搜尋　　□書訊　　□電子報　　□書店

　　□平面媒體　　□ 朋友推薦　　□網站推薦　□其他＿＿＿＿＿＿

3. 您對本書的評價：(請填代號　1.非常滿意 2.滿意 3.尚可 4.再改進)

　　封面設計＿＿　 版面編排＿＿　 內容＿＿　 文/譯筆＿＿　 價格＿＿

4. 讀完書後您覺得：

　　□很有收獲　　□有收獲　　□收獲不多　　□沒收獲

5. 您會推薦本書給朋友嗎？

　　□會　　□不會，為什麼？＿＿＿＿＿＿＿＿＿＿＿＿＿＿＿

6. 其他寶貴的意見：＿＿＿＿＿＿＿＿＿＿＿＿＿＿＿＿＿

＿＿＿＿＿＿＿＿＿＿＿＿＿＿＿＿＿＿＿＿＿＿＿＿＿＿

＿＿＿＿＿＿＿＿＿＿＿＿＿＿＿＿＿＿＿＿＿＿＿＿＿＿

＿＿＿＿＿＿＿＿＿＿＿＿＿＿＿＿＿＿＿＿＿＿＿＿＿＿

讀者基本資料

姓名：＿＿＿＿＿＿＿＿＿　　年齡：＿＿＿　　性別：□女 □男

聯絡電話：＿＿＿＿＿＿＿　　E-mail：＿＿＿＿＿＿＿＿＿

地址：＿＿＿＿＿＿＿＿＿＿＿＿＿＿＿＿＿＿＿＿＿＿＿＿

學歷：□高中(含)以下　　　□高中　　□專科學校　　□大學

　　　□研究所(含)以上 □其他＿＿＿＿＿＿＿

職業：□製造業 □金融業 □資訊業 □軍警 □傳播業 □自由業

　　　□服務業 □公務員 □教職　 □學生 □其他＿＿＿＿＿

秀威與 BOD

BOD（Books On Demand）是數位出版的大趨勢，秀威資訊率先運用 POD 數位印刷設備來生產書籍，並提供作者全程數位出版服務，致使書籍產銷零庫存，知識傳承不絕版，目前已開闢以下書系：

一、BOD 學術著作—專業論述的閱讀延伸
二、BOD 個人著作—分享生命的心路歷程
三、BOD 旅遊著作—個人深度旅遊文學創作
四、BOD 大陸學者—大陸專業學者學術出版
五、POD 獨家經銷—數位產製的代發行書籍

BOD 秀威網路書店：www.showwe.com.tw
政府出版品網路書店：www.govbooks.com.tw

　　永不絕版的故事・自己寫・永不休止的音符・自己唱